JASMIN SCHOTT CARVALHEIRO

CONNECT *me*

Verbunden mit mir selbst

kailash

Verlagsgruppe Random House FSC® N001967

1. Auflage
Originalausgabe
© 2020 Kailash Verlag, München
in der Verlagsgruppe Random House GmbH
Neumarkter Str. 28, 81673 München
Lektorat: Angela Kuepper
Satz: Uhl + Massopust, Aalen
Umschlaggestaltung: ki 36, Sabine Krohberger
Editorial Design, München
Autorenfoto: privat
Druck und Bindung: CPI books GmbH, Leck
Printed in the Czech Republic
ISBN 978-3-424-63191-3
www.kailash-verlag.de

Besuchen Sie den Kailash Verlag im Netz

Für Nelson.
Sempre juntos.

Inhalt

Inhalt

I. Wie wir Krisen für unser Wachstum nutzen können – und was das mit der Performance-Falle zu tun hat

In diesem einführenden Kapitel möchte ich dir erzählen, wie die Performance-Falle mich in eine Lebenskrise geführt hat, aus der ich letztlich gestärkt hervorgegangen bin. So lernst du mich kennen und wirst hoffentlich gleichzeitig ermutigt, durch meinen Weg, auch deinen eigenen zu gehen – hin zu einem erfüllten Leben. Es wird aber auch darum gehen, dass wir äußere Krisen, in die wir ohne unser Zutun geraten können, wesentlich besser überstehen, wenn wir nicht in der Performance-Falle gefangen, sondern gut mit uns selbst verbunden sind.

Die Angst, mein Schutzengel

Solange ich noch in der Performance-Falle steckte und glaubte, mich ständig im besten Licht präsentieren und etwas leisten zu müssen, hatte ich nicht die geringste Ahnung, wer ich eigentlich bin. Von außen betrachtet, konnte ich zufrieden mit mir sein – ich hatte ein sympathisches Lächeln, war auch sonst eine hübsche junge Frau, bei jedem beliebt, hatte einen Haufen Freunde, schicke Klamotten im Schrank und steckte eigentlich immer in einer Beziehung mit einem attraktiven jungen Mann. Was meinen Beruf anging, konnte ich eine Leistung nach der anderen abhaken: ein erfolgreich abgeschlossenes Studium, der gut bezahlte Job in einem renommierten Wirtschaftsunternehmen, die erste eigene Projektleitung im Ausland mit Aussicht auf großartige berufliche Aufstiegschancen. An meinem Arbeitsplatz legte ich die perfekte Performance hin und tat auch privat alles, um den Ansprüchen gerecht zu werden, die ich an mich selbst als Freundin, Partnerin und junge Frau so stellte. Und das waren eine ganze Menge! Zu meinem Konzept von perfekter Performance gehörten neben einem Zwölf-Stunden-Arbeitstag ein bestimmtes Körpergewicht, das es zu erhalten (oder eher zu erhungern) galt, ein stets makelloses Styling mit persönlicher Note, jederzeit ein offenes Ohr und quasi grenzenlose Unterstützung für meine Freunde, eine abwechslungsreiche Freizeitgestaltung mit angesagten Partys und Events, Reisen an tolle Orte und eine Liebesbeziehung, die vor Romantik und Leidenschaft nur so strotzte. Wann immer einer dieser Bereiche nicht hundertprozentig von mir bedient wurde, wurden meine Knie in meiner perfekt sitzenden Jeans weich, mein Selbstwert ging wie auf Knopfdruck in den Keller, und ich verspürte Angst, die Menschen in meinem Umfeld zu verlieren. Was dazu führte, dass ich schnellstmöglich dafür sorgte, dass alle – inklusive meiner selbst – wieder happy waren.

Während ich mich in diesem Mitte-zwanzig-Hochglanzleben aus stetem Erbringen von Leistungen und andauernder Selbstoptimierung eingerichtet hatte, meldete sich eines Tages mein persönlicher Schutzengel zu Wort: Ich hatte meine erste Panikattacke. Hyperventilierend, mit Herzrasen und dem Gefühl, als würde meine Zunge anschwellen, mir Stück für Stück die Kehle zugeschnürt und mein Brustkorb immer enger werden, schreckte ich mitten in der Nacht aus dem Schlaf hoch. Zitternd weckte ich meinen Freund und bat ihn, mich sofort ins Krankenhaus zu bringen. Ich hatte keine Ahnung, was da gerade mit mir geschah, aber ich war mir absolut sicher, dass ich es nicht überleben würde, wenn ich nicht augenblicklich Hilfe bekäme. In der Klinik gab man mir nach einer kurzen Untersuchung eine Spritze, dann ein Rezept für ein starkes Beruhigungsmittel und den Hinweis, dass ich mich am Montag an meinen Hausarzt wenden solle.

Es folgten zahlreiche Arztbesuche über Monate hinweg bei allen möglichen Spezialisten, bis mir endlich jemand sagte, dass es sich bei dem, was ich seit jener Nacht in regelmäßigen Abständen immer wieder erlebte, um Panikattacken handeln könne.

In der Zwischenzeit war zu diesen schrecklichen Anfällen eine generalisierte Angststörung hinzugekommen, was, wie ich später lernen durfte, nicht ungewöhnlich ist, wenn Panikattacken oder Ängste nicht rechtzeitig angemessen behandelt werden. Ich hatte vor allem Möglichen Angst: vor öffentlichen Verkehrsmitteln, Räumen, bei denen ich den Ausgang nicht sehen konnte, Fahrstühlen, Autobahnen ohne Standstreifen, großen Menschenmassen, menschenleeren Orten, Flugreisen und auch Businesstrips mit Kollegen in Autos, Vorträgen, wenn ich beim Sport außer Puste kam, wenn die Bahn außerplanmäßig hielt, ohne dass man aussteigen konnte, vor dem Baden im Meer – was sonst immer das Schönste für mich gewesen war –, manchmal sogar vor dem Atmen oder dem Essen, das ich zu mir nahm. All diese Ängste beeinflussten mein tägliches Leben erheblich. Da ich zudem noch in meinem Performance-Denken feststeckte und den schönen Schein um jeden Preis aufrechterhalten wollte, hatte ich nur meine engsten Vertrauten eingeweiht und lebte tagtäglich mit dieser Angst, in der Hoffnung, dass man sie unter meinem perfekt geschminkten Lächeln nicht entdecken würde.

Dass ich die Angst heute als meinen Schutzengel bezeichnen kann, war ein jahrelanger Prozess, den klassische Psychologen wie auch moderne Life-Coach-Influencer wohl ganz klar #persönlichkeitsentwicklung nennen würden.

Meine Persönlichkeit zum Zeitpunkt der ersten Panikattacke hätte mir platt gesagt den Vogel gezeigt, wenn mir damals jemand etwas von einem »Schutzengel« erzählt hätte oder mir mit irgendwelchem Psychogedöns à la »In jeder Krise liegt eine Wachstumschance« gekommen wäre. Mein damaliges Ich wollte diesen Mist einfach nur loswerden, und zwar auf immer!

Auch wenn ich inzwischen selbst Psychologin und Therapeutin bin, stehe ich immer noch nicht auf die einfühlsamen Stimmchen, die mit weisem Augenaufschlag sagen: »Leiden gehört nun mal zum Leben dazu.« Doch woran ich merke, dass eine Entwicklung in meiner Persönlichkeit stattfand, ist, dass ich der Angst und Panik von damals und der Krise, die ich durchlebte, heute einen *Sinn* geben kann.

Die Angst hatte den Sinn, mich mit mir selbst und mit anderen zu verbinden, und das gelang mir, indem ich Stück für Stück aus der Performance-Falle ausstieg. Ich bin überzeugt davon, dass ich ohne diese angsteinflößenden Attacken immer noch so unverbunden mit mir selbst und anderen Menschen durch die Welt gehen würde, wie ich es damals tat. Es hat einige Zeit gedauert, und es war kein leichter Weg, aber durch die existenziellen Gefühle habe ich tatsächlich erst zu meiner wahren Existenz gefunden und konnte mir Stück für Stück ein Leben erschaffen, das sich durch und durch nach *meinem* Leben anfühlt.

Auf diesem Weg zu meinem Leben bin ich nicht nur den Schritt gegangen, meine eigene Persönlichkeit zu verändern, mein Denken und Handeln einmal grundlegend auf den Kopf zu stellen und neu auszurichten, ich habe mich auch zur Expertin ausbilden lassen, um andere Menschen auf dem Weg zu sich selbst zu begleiten. Dadurch hat die Angst nicht bloß einen Sinn für meine persönliche Weiterentwicklung bekommen, sondern mich zudem zu meiner Berufung geführt. Heute darf ich jeden Tag mit dem Gefühl beginnen, dass ich etwas tue, das ich zutiefst liebe. Ich darf Menschen dabei unterstützen, sich – wie ich damals – von Blockaden und Leidensdruck zu lösen und sich dann neugierig, mit Mut, Demut und voller Lebenslust auf den eigenen Weg zu machen. Ich darf sie dazu inspirieren, Dinge auszuprobieren, die sie spannend finden und die ihr Leben bereichern. Und ich darf das auch noch auf meine ganz eigene Art tun, mit Tiefe, dem nötigen Ernst und gleichzeitig einer Portion Humor und einem Lächeln, das nun endlich kein gespieltes mehr ist.

Kannst du verstehen, warum ich die Angst meinen Schutzengel nenne? Wenn das mal nicht großartig ist, was sie alles an Potenzial freigesetzt hat!

Krise ist Veränderung

Krise ist das Ungewisse. Es ist der Zustand, wenn das Alte nicht mehr greift und das Neue noch nicht da ist und wir etwas dazulernen müssen. Für mich heißt Veränderung deshalb, den Mut zu haben, mit allen Sinnen durch eine Krise zu gehen.

Im Grunde sind wir Therapeuten ja alle Krisenanstifter. Denn wir begleiten jeden Tag, Therapiestunde um Therapiestunde, Veränderungsprozesse und unterstützen unsere Klienten dabei, das Ungewisse auszuhalten. Oft kommen diese, weil sie wollen, dass wir etwas tun, um die Krise sofort zu stoppen – genau wie ich damals! Die Angst soll nicht mehr da sein. Die depressiven Gefühle wollen nicht mehr gefühlt werden. Die Gedankenschleifen sollen aufhören, und auch der Körper soll endlich wieder so leistungsfähig sein wie zuvor. Eine Lösung soll her. Am besten sofort. Und alles soll wieder »normal« werden.

Dann kommt die große Ernüchterung, wenn die Therapeutin kein Patentrezept anbieten kann, wie das alles auf der Stelle oder wenigstens morgen nicht mehr wehtut und womöglich noch sagt, dass es wichtig sei, durch den Schmerz und am Unangenehmen entlang zu gehen. Als Therapeutin ermutige ich Menschen also dabei, die Krise zu leben, sie quasi mit allen Sinnen auszukosten und durch Gefühle wie Angst, Furcht, Schmerz, Hilflosigkeit, Wut und Trauer durchzugehen und darauf zu vertrauen, dass danach wieder etwas Neues, ja auch Besseres, auf sie wartet. Und ich tue dies, ohne selbst genau zu wissen, was *danach* ist. Auch ganz schön mutig. Doch noch ein wenig mutiger ist immer der Klient, denn als Therapeutin weiß ich bereits aus so vielen Prozessen, die ich bisher begleiten durfte und natürlich insbesondere aus meiner eigenen Erfahrung mit der Angst, dass wir »nur« vertrauen müssen, damit das Wachstum geschehen kann. Wir brauchen die Lösung nicht zu kennen, denn sie wird sich ganz von allein zeigen, wenn wir nur die Barrieren abbauen, die uns den Blick darauf verdecken könnten. Es gilt also, richtig gut hinzuschauen und hinzuhören, was uns die Krise sagen will. Wenn wir aufmerksam und offen für die Veränderung sind und dann die nötigen neuen Schritte anstoßen – denn natürlich müssen wir auch etwas Neues lernen und in unserem Leben etablieren –, werden wir am Ende dafür belohnt: Wir werden als Person an der Krise gewachsen sein, und unser Leben wird sich reicher und erfüllter anfühlen.

Wenn die ganze Welt durch eine Krise geht – Corona und unsere Wachstumschancen

Anfang 2020 wurden wir mit einer Krise völlig neuen Ausmaßes konfrontiert: Corona hat die ganze Welt außer Balance gebracht und uns die Illusion der Kontrolle genommen. Wenn ich selbst oder auch Klienten von mir mit Krisen konfrontiert werden, die uns deutlich machen, dass unser mühsam erarbeitetes Kontrollbedürfnis im Grunde immer auf extrem wackligem Boden steht, gehe ich meist davon aus, dass die Intensität der Krise oder Konfrontation damit zu tun hat, wie schlecht die jeweilige Person vorher zugehört hat. Ihrem Körper zugehört, was Stress, Ernährung und Pflege angeht. Ihrem Geist zugehört, was ungesunde Denk- und Glaubenssätze angeht. Ihren Mitmenschen zugehört, die sich immer wieder besorgt gezeigt haben. Ihrer inneren Stimme zugehört, was der stimmige Weg ist.

Folge ich meiner eigenen Theorie nun auch, was die Corona-Krise angeht, hieße das, dass die ganze Welt durch Corona gnadenlos ihre Schwachstellen aufgezeigt bekam, die auf globaler und individueller Ebene bislang zu wenig Beachtung fanden. Wir wurden alle mächtig durchgeschüttelt, um hoffentlich – hoffentlich! – achtsamer, aufmerksamer und verbundener aus der Krise herauszukommen.

Krisen können uns also in unterschiedlicher Form begegnen. Auf individueller Ebene, wenn uns Symptome wie Angst, Depression, Burn-out, Schlafstörungen, chronische Schmerzen, Beziehungs- oder Berufsprobleme darauf hinweisen, dass etwas in unserem Leben nicht stimmig ist. Und, wie im Fall von Corona deutlich wurde, kann sich eine Krise auch gesamtgesellschaftlich und sogar global manifestieren und dann wiederum Auswirkungen auf jeden Einzelnen haben, der auf seine eigene Weise einen Umgang mit dieser Krise finden muss.

Krisenauslöser müssen übrigens auf den ersten Blick auch nicht immer negativ oder bedrohlich daherkommen. Es kann sich auch um einen neuen, eigentlich ganz sympathischen Chef handeln oder ein neues, von Herzen geliebtes Familienmitglied. Ein Krisenauslöser kann sogar die lang ersehnte Schwangerschaft, der neue Traumpartner oder die seit Jahren erhoffte Beförderung sein. Was all diese Dinge gemeinsam haben: Sie bringen ein bestehendes System aus der Balance und dieses System – der Mensch oder im Fall von Corona die Gesellschaft auf globaler Ebene – reagiert dann ganz automatisch mit Stress und damit, dass es in den Performance-Modus schaltet.

Im Performance-Modus erstarren wir entweder vor Angst oder sorgen dafür, dass wir durch übertriebenen Aktionismus keinerlei unangenehme Gefühle spüren müssen und stattdessen unser Kontrollbedürfnis füttern. Wir werden, wie ich später noch ausführlich erläutern werde, von PANIC oder DRIVE gesteuert, den Antreibern des Performance-Modus. Dieser Modus ist zu Beginn einer Krise völlig normal und total verständlich. Doch wenn wir dauerhaft in Angst oder Aktionismus bleiben, löst das nicht nur eine chronische Stressreaktion aus, wir bringen uns auch um die wertvollen Wachstumschancen, die in jeder Krise stecken.

Was es braucht, um aus dem Performance-Modus auszusteigen und Zugang zum Weg des Wachstums zu bekommen, ist das sogenannte CARE-System. Dieses System sorgt dafür, dass wir in Verbundenheit mit uns selbst und anderen durch eine Krise gehen. Es sorgt dafür, dass wir *bemerken*, was es zu lernen gilt. Das CARE-System ist auch dafür zuständig, dass du zum Beispiel nach einer Krise wie der Corona-Pandemie nicht gleich wieder in das same old Hamsterrad einsteigst wie zuvor. Es sorgt dafür, dass du ernst nimmst, was du während der Krise für dich herausgefunden hast.

Vielleicht hat es dir ja auch gutgetan, in Zeiten von Corona weniger Menschen in deinem Alltag zu treffen, und du hast festgestellt, dass dir deine Freundschaften erhalten bleiben, auch wenn du nicht auf jeder Party dabei bist oder selbst stets die tollste Gastgeberin. Oder du hast bemerkt, dass du durch regelmäßige Pausen im Homeoffice viel produktiver und schneller arbeiten konntest und dass du diese Pausen auf die eine oder andere Weise etablieren solltest, wenn du wieder zurück bist in deiner Firma. Vielleicht wurde dir in der Krisenzeit auch bewusst, welche Menschen dir wirklich wichtig sind oder wen du schmerzlich vermisst hast. Dann gib dir einen Ruck und verharre nicht länger in der Angst, Kontakt aufzunehmen oder dein Gesicht zu verlieren und verbinde dich (wieder) mit diesen Menschen. Oder vielleicht wurde dir auch klar, dass du zu wenig Erfüllung in deinem derzeitigen Beruf erlebst und er sich nicht mit deiner Berufung deckt. Dann nutze die Kraft, die in Krisen steckt, um dich zu stärken, mutig neue Schritte zu gehen und herauszufinden, was dich im Leben wirklich erfüllt.

Alle Klienten, die ich während der Corona-Krise begleitet habe, waren nicht mit der Angst vor Corona beschäftigt, sondern vielmehr mit Dingen, die Corona deutlich machte. Alle fühlten sich durch Corona ordentlich gebeutelt, und alle waren gleichzeitig so stark und mutig wie nie zuvor in ihrem Leben. Ich hatte Klienten, die sich endlich verlobt haben, weil sie durch Corona Zugang zu ihrem CARE-System bekamen und dem, was ihnen wirklich wichtig war. Andere wagten es endlich, sich zu trennen, weil sie merkten, dass es ihnen nicht gut miteinander ging und sie ihre Zeit nicht länger mit Streitereien verbringen wollten. Ich hatte Klienten, die mit bereits überstanden geglaubten Ängsten zu mir kamen und feststellen mussten, was es in der Vergangenheit noch zu heilen galt. Und dann gab es diejenigen, deren tiefe Erschöpfung erst durch die erzwungene Entschleunigung deutlich wurde und die merkten, wie sehr sie sich in den vergangenen Jahren überfordert hatten.

Mit allen bin ich, in unterschiedlicher Form, den Prozess der »sechs Schritte« gegangen – heraus aus der Performance-Falle, hin zu mehr Verbundenheit und nachhaltiger Veränderung. Wenn auch du lernen möchtest, Krisen für dein Wachstum zu nutzen, dann freue dich auf dieses Buch und die Veränderung, die wir Hand in Hand gemeinsam durchlaufen.

Verbundenheit schafft Kontakt und lässt uns wachsen

Ich glaube daran, dass Veränderung immer möglich ist. Ich glaube, dass die Schritte zur Veränderung nicht nur schwer sind, sondern auch Spaß machen können. Und ich glaube an die Art von Coaching, Therapie und Ratgeber, die deshalb funktionieren, weil sich der Leser, Coachee oder Klient mit der Therapeutin, dem Therapeuten, der Autorin oder dem Autor *verbinden* kann. Nicht unbedingt identifizieren, sondern verbinden. Wenn wir uns identifizieren, suchen wir oft nach Gleichem und verdrängen oder eliminieren Unterschiede, die aber auch zu uns gehören. Wenn wir uns stattdessen verbinden, resonieren wir mit einer Ähnlichkeit und schätzen gleichzeitig die Unterschiede, die wir am anderen und an uns selbst bemerken. Durch Verbundenheit ist echter, nährender Kontakt möglich. Kontakt, der uns wachsen lässt in der Verbindung zum anderen.

Verbindung geschieht darüber hinaus durch Teilen. Durch Mitteilen, mit wem man es wirklich zu tun hat, losgelöst von Titeln und Errungenschaften. Deshalb habe ich mich auch entschieden, dieses Buch so persönlich zu beginnen. Die Ratgeber, an die ich mich wirklich erinnere, sind diejenigen, bei denen ich ein Gespür dafür bekommen habe, wer die Person ist, die die Worte geschrieben hat, und wie sie mit dem jeweiligen Thema verwoben ist.

Natürlich hätte ich auch so starten können:

Mein Name ist Jasmin Schott Carvalheiro, ich bin Diplom-Psychologin, zertifizierter Business-Coach, Achtsamkeitstrainerin, Resilienztrainerin, Gestalttherapeutin und Körpertherapeutin. Meine Arbeitsschwerpunkte sind Ängste, Stressmanagement und Achtsamkeit. Ich arbeite mit Einzelnen und Gruppen und leite regelmäßig Workshops und Seminare.

Klingt für den einen oder anderen vermutlich überzeugend genug, um dieser Frau zuzutrauen, dass sie etwas zum Thema Achtsamkeit und Persönlichkeitsentwicklung zu sagen hat. Wenn wir Menschen allerdings lediglich dahingehend abchecken, was sie bisher in ihrem Leben geleistet haben und welche Titel sie befähigen, uns etwas Wertvolles mitzuteilen, stolpern wir geradewegs in die Performance-Falle. Dadurch bringen wir uns, wie ich später im Buch erklären werde, um eine Menge Wissen und Erfahrung. Genau so, als würden wir uns selbst lediglich über unsere Errungenschaften definieren. Wir lassen dann gar nicht zu, dass unser Gegenüber neben den Hard Facts auch ein *Gefühl* dafür bekommt, wer wir überhaupt sind und was sie oder ihn an uns interessieren könnte.

Ob uns etwas oder jemand wirklich anspricht, wir auf einer Wellenlänge sind oder sagen: »Das klingt interessant, davon will ich mehr«, hängt immer auch von der Geschichte hinter der Geschichte ab. Ratgeber mit schlauen Sätzen gibt es viele. Ob wir uns mit dem, was der Autor schreibt, wirklich *verbinden* können, entscheidet meiner Meinung nach das Maß, in dem er durchscheinen lässt, welch ein Mensch er ist und was ihn antreibt.

Heute bin ich also selbst Psychologin und Psychotherapeutin, und wenn ich auf meinen Weg zurückblicke, erscheint es mir fast schon absurd, dass mir damals nach meiner ersten Panikattacke nicht gleich jemand eine Psychotherapie empfohlen hat. Doch ich bin zutiefst davon überzeugt, dass das Leben immer *für* uns ist und dass alles, was wir erleben, Sinn macht. Wahrscheinlich hätte ich ständig ein klein wenig daran gezweifelt, ob mein Leiden nicht doch körperliche Ursachen hatte, wenn ich nicht von allen möglichen Ärzten umfangreich untersucht worden wäre. So aber *musste* ich mich letztlich auf die Tatsache einlassen, dass ich ein psychisches Problem hatte, was damals so gar nicht in mein Bild von mir passen wollte, denn es kratzte ganz schön an der perfekten Fassade.

Rückblickend hatte ich mir alles, wirklich alles so eingerichtet, dass es im Grunde nicht zu mir passte: von der Kleidergröße über den Job, meine Freizeitgestaltung bis hin zu der Art, wie ich Beziehungen und Freundschaften führte – vor allem aber, wie ich über mich selbst dachte und mit mir umging.

Ich machte mich also auf den Weg, um in allen Bereichen meines Lebens aufzuräumen. Auch was das angeht, bin ich dankbar, dass ich gleich eine psychische Großbaustelle zu betreuen hatte. So kann ich heute meine Erfahrungen auf allen möglichen Gebieten weitergeben, von »Frau Schott, ich gerate einfach immer an die falschen Männer!« über »Ich habe einen Kinderwunsch, führe aber seit Jahren eine Beziehung ohne richtiges Commitment« oder »Mein Selbstbewusstsein ist so im Keller, was kann ich da tun?« bis hin zu: »Mein Business ist total erfolgreich, und gleichzeitig spüre ich einfach keine Freude mehr bei der Arbeit.«

Ich habe diese Bandbreite an Gefühlen und Kämpfen selbst erlebt und kann mich deshalb heute auch so gut in meine Klientinnen und Klienten einfühlen. So unterschiedlich diese Anliegen klingen, meiner Erfahrung nach haben sie *immer* etwas mit der Performance-Falle zu tun, wie ich in diesem Buch genau erklären werde.

Über dieses Buch

Die folgenden Kapitel bieten dir eine praktische Anleitung, um aus Krisen gewachsen hervorzugehen. Du wirst feststellen, ob du unverbunden durchs Leben gehst, weil du in der Performance-Falle feststeckst, vielleicht schon erste Symptome bemerkst, die darauf hindeuten, dass du in deinem Leben etwas ändern solltest und wie du diesen Veränderungsprozess zu mehr Verbundenheit konkret umsetzen kannst.

In meinem Sechs-Schritte-Programm begegnest du den Themen GROUNDING, DETOXING, LOVING, BONDING, BOUNDING und

GROWING: Du erlangst schrittweise innere Stabilität, bereitest dich auf eine tiefgreifende Veränderung vor, aktivierst die Weisheit deines Herzens, betrachtest und verbesserst deine Bindungen, lernst, deine Grenzen wahrzunehmen und zu achten, und bist bereit für Integration und Wachstum.

Ich stelle dir dafür viele Übungen aus der Persönlichkeitsentwicklung, der Achtsamkeitsmeditation und der Gestalttherapie vor, die du ohne allzu viel Zeitaufwand – allerdings durchaus mit dem nötigen Commitment! – in deinen Alltag integrieren kannst.

Anhand von Beispielen einiger meiner Klienten, deren Namen und Geschichten so verändert wurden, dass keine Rückschlüsse auf reale Personen möglich sind, möchte ich dir bereits an dieser Stelle einen ersten Einblick geben, wie ein zu dominantes Performance-Ich zu Krisen und Leidensdruck in unterschiedlichen Lebensbereichen führen kann und wie sich dieser Druck lösen lässt, wenn wir in Kontakt mit unserem Verbundenen Ich treten und es mehr und mehr die Regie in unserem Leben übernehmen lassen.

So zum Beispiel Julia, eine erfolgreiche Unternehmerin, deren Selbstwert als Frau und Partnerin derart angeknackst war, dass sie keinerlei Idee hatte, was sie in einer Beziehung eigentlich genau brauchte, um glücklich zu sein. Regelmäßig machte sie die Erfahrung, dass Männer sie erst superspannend fanden, dann aber kleinhalten wollten und sie als Frau abwerteten. Stück für Stück fing Julia an, den Männern zu glauben, und lebte nur noch aus ihrem Performance-Ich heraus, das dadurch geprägt war, zumindest beruflich für genügend Anerkennung zu sorgen. Als Julia während der Therapie bei mir Kontakt zu ihrem Verbundenen Ich aufnahm, bekam die kluge, toughe, schnelle, kreative Business-Frau endlich wieder Gesellschaft von den vielen sonstigen Anteilen ihres Wesens: der liebevollen, mütterlichen, frechen, verspielten, leidenschaftlichen, sinnlichen Frau.

In Schritt 5 – BOUNDING erzähle ich von zwei männlichen Klienten, die unterschiedlicher kaum sein könnten und dennoch gemeinsam hatten, dass beide tief in der Performance-Falle feststeckten, als sie zu mir kamen: Robert, Autor und Filmemacher aus Berlin, und Cooper, Social-Media-Experte aus Kalifornien. Robert litt im Laufe seines Lebens immer wieder unter depressiven Episoden. Er wurde von seiner Frau in die Therapie geschickt mit dem Auftrag, »interessierter an anderen Menschen zu werden«. Cooper hatte genau das gegenteilige Problem, er wurde ein ums andere Mal von Frauen verlassen, weil er es stets allen recht machen wollte, anderen somit kein wirkliches Gegenüber bot und für die Frauen irgendwann völlig uninteressant wurde. So unterschiedlich sie waren: Beide hatten keine Ahnung, wer sie im tiefsten Innern eigentlich waren, und versteckten ihr wahres Ich hinter einer Performance-Maske.

Die Performance-Falle muss sich aber nicht immer nur in Problemen im zwischenmenschlichen Bereich zeigen. Auch am Umgang mit dir selbst kannst du erkennen, ob du verbunden oder unverbunden durchs Leben gehst.

Bestenfalls liest du dieses Buch bereits dann, wenn du vielleicht an der einen oder anderen Stelle im Leben Symptome von Überforderung oder Orientierungslosigkeit wahrnimmst. Vielleicht hast du das Gefühl, du verheddderst dich immer mal wieder in einer Selbstoptimierungsschleife, die dir nicht guttut, bist aber noch nicht im klinischen Sinne psychisch oder körperlich krank. Dann werden die Übungen dich vor allem darin unterstützen, deine Resilienz zu stärken, also deine psychische Widerstandskraft, die du für herausfordernde Zeiten brauchst.

Wenn du mit starkem psychischem Leidensdruck zu kämpfen hast, solltest du *immer* einen Psychotherapeuten aufsuchen und dich nicht mit der Lektüre eines Ratgebers allein zufriedengeben. Dieses Buch kann eine wunderbare Unterstützung sein, um die

Funktion von psychischen Alarmglocken zu verstehen, es ersetzt jedoch in keinem Fall eine Therapie. Ich gehe hier auf psychische Symptome in der Form ein, dass ich sie als Zeichen begreife, die deutlich machen, wie unverbunden und abgeschnitten von unseren Bedürfnissen wir oft leben. Und so stelle ich dir immer wieder Klienten vor, die auf ganz unterschiedliche Weise von ihrem Körper und Geist auf ihre Unverbundenheit und ihr Feststecken in der Performance-Falle hingewiesen wurden: durch geringen Selbstwert, Depression, Ängste, Burn-out, psychosomatische Beschwerden, Beziehungsstörungen, Nicht-abschalten-Können, ungesunden Perfektionismus, keinen Kontakt zu den eigenen Bedürfnissen und Wünschen bis hin zu depressiven Episoden. Die Bandbreite ist groß, und ziemlich sicher wirst du dich in dem einen oder anderen Beispiel wiederfinden.

Wir werden im Verlauf dieses Buches üben, wie wir uns anstelle des Anspruchs, immer besser zu sein, auch einfach mal so sein lassen, wie wir gerade sind – beziehungsweise, wie wir überhaupt dahin kommen zu merken, wer wir wirklich sind, um uns dann so sein zu lassen. Dies ist jedoch kein Sechs-Schritte-Plan zu deinem perfekten Selbst! Wenn du auf der Suche nach Selbstoptimierung bist oder wissen willst, wie du »die beste Version deiner selbst« wirst oder bestmöglich an dir »arbeiten« kannst, dann ist dieses Buch nicht das Richtige für dich. Dann bin ich nicht die Richtige für dich. Die Informationen, die ich dir in den folgenden Kapiteln gebe, und die Übungen, die wir machen, haben ganz im Gegenteil die Funktion, dich von dem Zwang der andauernden Selbstdarstellung zu befreien. Sie helfen dir, wieder mal einen Blick darauf zu erhaschen, was sich unter den ganzen Schichten befindet, die du dir mit den Jahren um deinen Körper und Geist gelegt hast.

Dieses Buch hat den Anspruch, dir einen Weg zu zeigen, wie du zu echter Verbundenheit findest – mit dir selbst und der Welt, in der du lebst. Und: Du darfst dabei weiterhin erfolgreich, leistungsstark und gut aussehend bleiben. Toll, oder?!

Echte Verbundenheit heißt, dass du selbstBEWUSST und selbst-VERANTWORTLICH durchs Leben gehst. Dass du dich darauf einlässt, dich selbst und andere wirklich kennenzulernen, dich und andere wirklich zu sehen, wirklich zu berühren, und du dem Leben dein Interesse, deine Hingabe und dein verantwortungsvolles Tun schenkst. Echte Verbundenheit merkst du an Lebendigkeit, Zugehörigkeit, Präsenz, Echtheit und Liebe. Und du merkst diese Verbundenheit mit dem Leben auch daran, dass du mit ihm ständig wächst und dich veränderst.

Verbundenheit ist also nichts Statisches. Sie ist ein Prozess, den du durchlebst, indem du immer wieder aufs Neue Fragen an das Leben und dich stellst und so deine Bewusstheit ausweitest. Du bist Homo sapiens sapiens – der Mensch, der weiß, dass er weiß. Der Mensch, der, während er wahrnimmt, gleichzeitig fähig ist zu erfassen, dass er wahrnimmt.

Diese Tatsache macht uns automatisch verantwortlich für unser Tun. Wir können uns nicht herausreden, indem wir sagen: »Das passiert mir einfach so. Ich weiß nicht, warum ich das tue, und daher kann ich auch nichts dafür.« Ich nehme stark an, dass auch du dich als Mensch definierst, und als dieser Homo sapiens sapiens hast du spätestens als Erwachsener die Verantwortung, dir so viel Wissen über dich und die Welt um dich herum anzueignen, dass du zumindest eine Idee davon hast, warum du handelst, wie du handelst, und welche Konsequenzen dein Tun für dich und deine Umwelt haben kann. Du kannst etwas verANTWORTEN, also deine Meinung zu dem, was hier tagtäglich in unserer Welt passiert, äußern und mit deinem Sein und Tun der Welt deine Antwort hinterlassen.

Dadurch, dass du ein Mensch bist, bist du mit dieser Fähigkeit zu antworten, der *responseABILITY,* ausgestattet und solltest sie nutzen, um zum Gestalter deines Lebens zu werden. Klar, viele Handlungen laufen automatisch und oft unbewusst ab. Das heißt aber nicht, dass wir uns die Motivation dahinter und die Schritte, die zur Handlung führen, nicht bewusst machen können. Bewusst*heit* ist das Mittel, mit dem wir uns solche unbewussten, automatisch ablaufenden Prozesse ins Bewusst*sein* holen können. Und diese Bewusstheit ermöglicht es uns, verantwortlich zu entscheiden, ob wir in diesem Moment so oder lieber anders reagieren wollen. Und hey, es ist doch viel großartiger, als bewusst denkender und handelnder Mensch durch die Welt zu gehen, statt sich von der Welt fremdbestimmt und -gedacht zu fühlen, oder?!

Als Homo sapiens sapiens bist du also automatisch ausgestattet mit der Fähigkeit zu Bewusstheit. Du musst sie dir nicht irgendwie implantieren lassen. Es ist wie mit den Bauchmuskeln. Nur, weil du darauf vielleicht im Moment nicht gerade Klavier spielen kannst, sind sie potenziell da. Du kannst dich auch nicht herausreden und sagen: »Sorry, die ist in meinem Körper nicht angelegt, hat irgendwer vergessen.« Um deine Bewusstheit wahrzunehmen, braucht es Übung, genau wie bei den Bauchmuskeln. Es liegt in deiner Verantwortung, diese Fähigkeit zu nutzen und zu trainieren. Genau das lernst du im Laufe dieses Buches. Du lernst dich durch die Übungen selbst immer besser kennen und gelangst so automatisch auf den Weg zu mehr Verbundenheit.

Lernen ist nichts anderes als die Entdeckung,
dass etwas möglich ist.

Fᴏᴏᴏ ... Fʀɪᴛᴢ Pᴇʀʟs

Neben einer Wahrnehmungs- und Bewusstheitsschulung erfährst du in diesem Buch auch, welche Strategien zur Selbstfürsorge und Selbstwertschätzung es gibt, um dein Repertoire an Wahlmöglichkeiten sogar in stressigen Zeiten zu erweitern. Ich bin fest davon überzeugt, dass dies auch dich wie schon viele meiner Klienten in Verbindung bringt mit der Erfahrung von mehr Lebendigkeit, Zugehörigkeit, Präsenz, Echtheit und Liebe. Durch lebendige, liebevolle, echte Zuwendung und Präsenz fühlst du dich nicht nur verbundener, du berührst auch andere Menschen.

Ich persönlich bin immer wieder berührt davon, wenn ich merke, dass mir jemand aufrichtig zuhört, meinen Worten sein Interesse und seine Zeit schenkt. Es gibt kaum ein schöneres Geschenk, das wir Menschen einander machen können, als uns mit voller Präsenz und mit ganzer Aufmerksamkeit zu begegnen.

Mit Lebendigkeit, Zugehörigkeit, Präsenz, Echtheit und Liebe gewinnst du viel mehr innere und äußere Strahlkraft als durch jede Höher-schneller-weiter-Übung aus den Selbstoptimierungs-Bootcamps, in denen du lernst, wie du deine Zeit am besten managst, hundert Dinge gleichzeitig erledigst, dabei noch schick aussiehst, mental sortiert und körperlich fit bleibst, um am Ende wieder nur bei einer perfekten Vorstellung von dir anzugelangen anstatt bei dem Menschen, der du wirklich bist.

Vom Performance-Ich zum Verbundenen Ich

Was ich in diesem Buch weitergeben möchte, ist der Weg vom Performance-Ich zu einem kontaktvollen, Verbundenen Ich. Es handelt sich dabei um eine Abkürzung des Weges, den ich zum einen selbst gegangen bin und dessen Schritte zahlreiche meiner Therapie- und Coaching-Klienten erfolgreich durchlaufen haben. Vieles von dem, was ich mir über die Jahre an Wissen und Erfahrung angeeignet habe, wusste ich zu dem Zeitpunkt, als ich zum ersten Mal mit psychischen Problemen konfrontiert war, noch lange nicht, und ich wäre sehr dankbar gewesen, wenn mir andere Menschen damals mit diesem Wissen, das ich heute habe, geholfen hätten. Am besten bereits, bevor ich so eine existenzielle Erschütterung durch die Angst und deren Folgen erleben musste.

Um ein Gefühl zu bekommen, wo genau du gerade stehst in Bezug auf die Themen Performance und Verbundenheit, findest du in Kapitel IV einen Test, mit dem du überprüfen kannst, ob du hauptsächlich mit deinem Performance-Ich unterwegs bist. Diese Übung eignet sich auch dafür, am Ende des Buches zu vergleichen, was meine Empfehlungen mit deinem Performance-Ich gemacht haben und inwiefern sich etwas zugunsten deines Verbundenen Ichs verändert hat.

Ich finde es immer wieder spannend, davon zu hören oder zu lesen, wie Menschen es auf ihre ganz eigene Art geschafft haben, Krisen zu überwinden und sich ein Leben aufzubauen, das sich zutiefst echt anfühlt. Ich durfte in den letzten Jahren während der Arbeit in meiner Berliner Praxis Zeuge so vieler besonderer Geschichten werden, wie es anderen gelungen ist, aus Angst, Einsamkeit, Depression, dem Stress-Hamsterrad, unglücklichen Beziehungen und Ähnlichem auszusteigen und sich jetzt verbundener und viel zufriedener zu fühlen.

Von keinem dieser Menschen habe ich allerdings gehört: »Ich habe einfach so weitergemacht wie bisher und hatte irgendwann ein ganz anderes, erfülltes Leben.« Um ein anderes Leben zu erschaffen, müssen wir Dinge *anders* machen. Genau davon erzählt dieses Buch: von der Notwendigkeit, Dinge zu hinterfragen, neue Wege zu beschreiten und entsprechend zu handeln. Und ich zeige dir auch, *wie* das geht. Wie wir aus Leistungs-Routinen aussteigen, die uns nicht guttun, und stattdessen ein erfülltes Leben aufbauen, in dem wir uns wieder verbunden mit uns selbst und anderen fühlen.

Lass uns jetzt damit starten!

II. Schein oder Sein – was ist die Performance-Falle?

Nun habe ich schon einige Male die Begriffe Performance-Ich und Performance-Falle verwendet und möchte dir im Folgenden gern genauer erklären, was ich damit meine. Dabei werde ich dir auch das psychologische Modell vorstellen, das diesem Buch zugrunde liegt.

Der Sein- oder Schein-Modus

Von Geburt an haben wir alle das tiefe Bedürfnis, anerkannt zu werden. Wir wünschen uns liebevolle Zuwendung und selbstverständliche Wertschätzung von unseren Eltern oder ersten Bezugspersonen. Später richten wir diesen Wunsch auch an Freunde, Partner, berufliche und private Kontakte. Anhand der Bestätigung unseres Seins durch andere erfahren und definieren wir uns in dieser Welt und lernen dabei – mehr oder weniger gut –, uns selbst so anzunehmen, wie wir sind. Je nachdem, welche Erfahrungen wir gemacht haben, also ob wir für unser natürliches So-Sein anerkannt oder eher abgelehnt wurden, werden wir im Laufe unseres Lebens entscheiden, welches die sicherere Art für uns ist, durchs Leben zu gehen: im Sein-Modus oder im Schein-Modus.

Im Sein-Modus erleben wir uns so, wie wir sind, und zeigen unser natürliches Wesen auch unseren Mitmenschen. Wir agieren im Wesentlichen unangestrengt, spontan, lebendig.

Im Schein-Modus hingegen leben wir ein Bild oder eine Idee von uns und lassen auch die anderen nur dieses Bild von uns sehen. Wir sind eher gehemmt, gebremst und kontrolliert. Im Schein-Modus performen wir – wir tun so, als ob, stellen uns dar, spielen eine Rolle. Manchmal ist uns diese Performance bewusst, oft aber haben wir uns derart an diesen Zustand gewöhnt, weil vielleicht schon sehr früh im Leben angeeignet, dass wir den Schein- oder Performance-Modus für unser wahres Wesen halten.

Im Englischen bedeutet *performance* gleichermaßen Leistung beziehungsweise Leistungsverhalten wie Darstellung und Aufführung. In meinem Modell der Performance-Falle sind genau diese beiden Elemente zentral: Leistung und Aufführung. Leistung ist wiederum definiert als innerhalb einer Zeitspanne umgesetzte Energie mit einem bestimmten Ergebnis. Aufführung meint das Spielen eines Stücks vor Publikum.

Für sich betrachtet ist sowohl an Leistung wie auch am Aufführen nichts verkehrt. Im Grunde auch nicht, wenn beide Elemente zusammenkommen. Dann handelt es sich um die Energie, die in die Aufführung eines Stücks investiert wird, mit dem Ziel, ein gewisses Ergebnis zu erreichen. Situationen, bei denen sich Leistung und Aufführung treffen, gibt es im Leben zuhauf: etwa, wenn wir uns jemandem vorstellen, an einem Bewerbungsgespräch teilnehmen, unserem Chef oder Auftraggeber ein Ergebnis präsentieren oder eine Idee pitchen, und immer auch dann, wenn wir uns zu einem ersten Date treffen oder zum Beispiel jemanden davon überzeugen wollen, dass unser Kind in einer bestimmten Kita oder Schule angenommen werden soll.

Performance-Ich meint den Persönlichkeitsanteil von dir, der Energie in eine Darstellung vor anderen investiert, um ein bestimmtes Ziel zu erreichen.

Dein Performance-Ich ist, wie bereits gesagt, in vielen Situationen des Lebens äußerst hilfreich. Menschen, die von sich behaupten, dass sie gewöhnlich das bekommen, was sie sich wünschen, ihre gesetzten Ziele erreichen und damit im gebräuchlichen Sinn erfolgreich sind, haben alle ein ausgeprägtes Performance-Ich.

Auch für die Entwicklung einer Gesellschaft ist die Verbesserung von Fähigkeiten, die Optimierung des Selbst von großem Wert, und es wäre fatal, dafür zu plädieren, die Selbstoptimierung komplett abzuschaffen oder als etwas durch und durch Schädliches abzustempeln. Das ist sie bestimmt nicht, sondern sogar notwendig, um mit dem Leben zu wachsen und sich den veränderten Bedingungen in der Umwelt anzupassen. Dass wir uns überhaupt damit beschäftigen dürfen, wie wir uns weiterentwickeln, uns selbst immer besser kennenlernen, unseren Körper und Geist trainieren und auch durch unsere Leistungen für das persönliche Wachstum und das einer Gesellschaft beitragen, zeigt, in welch einer privilegierten Zeit und an welch einem sicheren Ort wir leben, wo es um mehr geht als die Erhaltung von Leben und Befriedigung von Grundbedürfnissen. Wichtig ist nur, dass wir im Blick behalten, wodurch unser Leistungs- und Darstellungsstreben motiviert wird und in welche Richtung es sich entwickelt.

Wenn wir leisten, weil wir Freude daran haben, etwas zu erschaffen, mitzudenken in diesem Leben, mitzureden, mitzumachen, wenn wir etwas hinterlassen und geben wollen, ist das eine völlig andere Motivation, als wenn wir leisten, weil wir das Gefühl haben, nur noch durch Leistung Sicherheit in uns zu erfahren.

Das Bedürfnis nach Kontrolle

Leistung kann sehr orientierungsstiftend auf uns wirken in einer Gesellschaft, bei der sich unser Geist an die exponentielle Entwicklung des technologischen Fortschritts um uns herum anpassen musste: Mehrere Hunderttausend Jahre hatte der Mensch Zeit, um sich vom Umgang mit Feuer, Steinwerkzeugen und Pfeil und Bogen an die Erfindung und erste Anwendung des Rads zu gewöhnen. Gute viertausend Jahre lagen zwischen dem Einsatz von Sonnenuhren und der Erfindung der Taschenuhr, etwa dreihundert Jahre zwischen den ersten belegten Schienenbahnen in Bergwerken und der Erfindung des Automobils. Nicht einmal dreißig Jahre später flogen Menschen zum ersten Mal mit Motorkraft in einem Flugzeug. Zwischen dem ersten Start des World Wide Web und dem ersten Handy lagen dann gerade mal neun Jahre. Und im Jahr 2019 werden innerhalb eines Zeitraums von sechzig *Sekunden* achtzehn Millionen Textmitteilungen verschickt, passieren eine Million Logins auf Facebook, dreihundertsiebenundvierzigtausend Scrollings auf Instagram, werden einhundertachtundachtzig Millionen E-Mails versendet, und es wird 3,8 Millionen Mal auf Google etwas gesucht. Der technologische Fortschritt verläuft ganz eindeutig exponentiell und nicht linear, und es braucht keine aufwendigen wissenschaftlichen Studien und Forschungen, sondern meiner Meinung nach lediglich den gesunden Menschenverstand, um daraus abzuleiten, dass dies Auswirkungen auf den menschlichen Körper und Geist hat.

In einer sich mit solch rasanter Geschwindigkeit entwickelnden Multioptionsgesellschaft *muss* einfach irgendwann unser Sicherheitsbedürfnis angegriffen sein. Übertriebenes Leisten und Selbstoptimierung kann in diesem Kontext die Funktion von Kontrolle übernehmen. Wenn sich alles andere unkontrollierbar anfühlt, wenn wir mit der Geschwindigkeit eines Mausklicks von unserem

Arbeitgeber oder der Person, die wir gerade daten, durch jemand anderen ausgetauscht werden können, der besser performt und eine bessere Leistung abliefert, dann kontrolliere ich mich doch am besten selbst, um so noch irgendwie das Gefühl von Handlungssicherheit zu behalten! Das Performance-Ich suggeriert uns, dass wir die Welt unter Kontrolle halten und nichts zu befürchten haben.

In meiner Praxis habe ich hauptsächlich mit Menschen zwischen Anfang dreißig und Mitte vierzig zu tun, die in der Performance-Falle gefangen sind und ihr Leben auf gerade beschriebene Weise kontrollieren wollen. Dass vor allem Menschen in dieser Altersspanne zu mir kommen, liegt mit Sicherheit mit daran, dass ich selbst jetzt vierzig bin und meine Klienten denken, dass ich ihre Nöte aus einer gemeinsamen Altersperspektive besser nachvollziehen kann, was ja auch stimmt. Zum anderen sind es aber auch die Werte unserer Generation, die Menschen unseres Alters besonders anfällig für den allgegenwärtigen Leistungsanspruch machen. Wir gehören noch nicht zur in letzter Zeit viel diskutierten Generation Y, die einen großen Wunsch nach Vereinbarkeit von Familienleben, Freizeit und Beruf hat, sich für berufliche und private Erfüllung stark einsetzt, allerdings nicht mehr unter allen Bedingungen an einem nicht erfüllenden Job oder einer frustrierenden Beziehung kleben bleibt. Der nächstjüngeren, um 2000 geborenen Generation Z wird sogar nachgesagt, dass sie vor allem ein Bedürfnis nach Ruhe und Zufriedenheit hat und nicht wie wir, die heutigen Mittdreißiger und Mittvierziger, den Fokus stark auf Karriere, materielle Sicherheit und Wohlstand ausrichtet. Unsere Generation zeichnet sich auch dadurch aus, dass wir oftmals Kinder von Eltern sind, die sehr stolz auf die Leistungen sind, die sie im Leben erbracht haben, und die hart dafür gearbeitet haben, dass wir noch mehr Leistung als sie erbringen können, indem sie uns zum Beispiel durch finanzielle Unterstützung den Zugang zu höherer Bildung ermöglicht oder den Weg zum High-Performer auf andere Art gefördert haben.

Ich glaube, dass man all diese Aspekte bei der Entwicklung des Performance-Ichs zwar mitdenken muss, da die Entwicklung des Individuums auch immer nur im sozialen Kontext einen Sinn ergibt, allerdings bin ich kein Fan von Pauschalisierungen wie:»Die Performance-Falle ist ein Problem der Dreißig- bis Fünfundvierzigjährigen.« Oder:»Die Gesellschaft und ihre Werte lassen uns gar keine andere Wahl, als an psychischen Problemen zu erkranken.«

Ich habe in den letzten Jahren mit Menschen gesprochen, die mit Anfang zwanzig über ihren ersten Burn-out auf Instagram schreiben und Hunderte von Kommentaren erhalten, von jungen Erwachsenen, die Ähnliches erleben oder bereits erlebt haben. Ich kenne Menschen, die Teilzeitmodelle leben und dennoch am Abend unerfüllt und total gestresst in ihr Bett fallen. Aussteiger, die am Strand am anderen Ende der Welt genauso von einem Gefühl von Getrieben-Sein und Nie-irgendwo-Ankommen heimgesucht werden wie vorher im Anzug an ihrem Schreibtisch. Es ist niemals allein »die Leistungsgesellschaft«, die uns in die Performance-Falle treibt.

Papa muss pünktlich zum Meeting, der Sohn pünktlich zum Morgenkreis in der Kita, Mama hat eine Deadline für ihren Halbtagsjob einzuhalten, die ihr enormen Druck macht mit einem weiteren kranken Kind zu Hause. Ja, das stresst. Und ja, es wird uns einiges von der Gesellschaft vorgegeben, die manchmal völlig ignorant erscheint, wenn es um persönliche Bedürfnisse geht. Aber wer soll denn das sein,»die Gesellschaft«? Stehen da plötzlich mehr als achtzig Millionen Menschen mit erhobenem Leistungszeigefinger vor deiner Haustür und schimpfen dich aus, wenn du ihre Erwartungen nicht erfüllst? Nein, es sind maximal Einzelne, die Erwartungen an dich haben, genau wie Erwartungen an sie gestellt werden. Und: Du kannst es zu deiner *Entscheidung* machen, ob und wie du diese Erwartungen erfüllen willst oder nicht, kannst dich aktiv dafür entscheiden, Regeln zu befolgen, weil es dir wichtig ist, auch von den Vorteilen dieses Systems zu profitieren, in dem du lebst, oder kannst dich aktiv dagegen entscheiden. Du kannst also Anpassung oder Einflussnahme zu einer bewussten Entscheidung machen und bist damit nicht länger Opfer der Umstände »dieser Gesellschaft«. Einfluss nimmst du zum Beispiel, indem du mit den einzelnen Menschen, die Erwartungen an dich haben, sprichst und ihr gegenseitig abgleicht, was an Leistung möglich ist und was nicht. Und Einflussnahme bedeutet auch, dass du dir darüber bewusst wirst, ob die Felder, in denen du dich bewegst, dir vielleicht zu viel Leistung abverlangen, als gut für dich ist, und du es dann auch wieder zu deiner Entscheidung machst, ob du dich weiterhin in diesen Feldern aufhältst oder nicht.

Zum Verhängnis wird uns das Performance-Ich also immer nur dann, wenn wir uns dadurch fremdbestimmen und zum Opfer machen lassen, pausenlos und zu lange darin feststecken und Leistung und Darstellung nicht nur in Situationen einsetzen, wenn sie sinnvoll sind, weil wir ein bestimmtes Ergebnis erzielen wollen, sondern die Performance zu unserer zweiten Haut werden lassen. Das ist dann der Fall, wenn wir zum Beispiel das Gefühl haben, sobald wir das Büro betreten oder mit unserer Arbeit starten, nicht mehr ganz wir selbst zu sein und vielmehr für die nächsten Stunden – meist den Großteil unseres Tages! – nur einen Teil von uns zu leben. Den Teil nämlich, der sich nonstop anstrengt, um Zielen hinterherzuhecheln, anderen zu gefallen oder um das Leistungs-Hamsterrad am Laufen zu halten.

Wir können auch wahrnehmen, dass wir im Performance-Ich festhängen, wenn wir bei jedem Austausch mit der Chefin oder dem Kollegen das Gefühl haben, wir dürfen bestimmte Eigenschaften von uns nicht zeigen, sonst könnte das für uns in irgendeiner Form von Nachteil sein. Ein weiteres, meist untrügliches Zeichen eines fixierten Perfomance-Ichs ist, wenn wir uns nach dem Austausch mit anderen Menschen, beruflich oder privat, regelmäßig total erschöpft fühlen, das Gefühl haben, dass sozialer Kontakt eher anstrengend als wohltuend ist und wir nur dann auftanken können, wenn wir allein sind.

Eigentlich immer ist der Performance-Modus von körperlichen Symptomen begleitet, die wir mehr oder weniger bewusst wahrnehmen: Verspannungen und Druck in unterschiedlicher Form, schnellerer Atem und Herzschlag. Alle vom sympathischen Nervensystem gesteuerten Vorgänge sind im Performance-Modus stärker aktiviert, wohingegen die parasympathischen Vorgänge, welche für Entspannung, Regeneration und Energiespeicherung zuständig sind – wie erholsamer Schlaf, normale Darmtätigkeit oder entspannte Atmung –, im Performance-Modus gedrosselt sind. Wenn wir uns dauerhaft im Performance-Modus befinden und der Körper verlernt, das natürliche Gleichgewicht aus Anspannungs- und Entspannungsphasen herzustellen, können chronische Beschwerden entstehen.

Ich hatte einmal eine Klientin, die als Vorstandsassistentin arbeitete. Ihr Chef wusste nur von einem ihrer drei Kinder, weil sie befürchtete, dass sie ihren Job verlieren könnte, wenn er »so viel Mutter« und »so wenig Karrierefrau« in ihr sähe. Frühmorgens, noch bevor die Kinder zur Schule gingen, hatte sie regelmäßig Videokonferenzen mit ihrem Chef. Ihren Kindern wurde bereits erfolgreich eingebläut, dass sie in dieser Zeit ganz leise beim Frühstück mit Papa sein mussten, während Mama in Business-Jackett obenrum und Pyjamahose untenrum im Arbeitszimmer vor dem Computer saß. Diese Trennung ging bei meiner Klientin so weit, dass sie psychosomatische Beschwerden entwickelte, und diese interessanterweise lediglich in der *oberen* Körperhälfte. Von der Hüfte aufwärts hatte sie kaum oder nur schmerzhaften Kontakt zu ihrem Körper, sie spürte regelmäßig Enge in der Brust und im Bauchbereich und hatte mit Angst- und Panikgefühlen zu kämpfen. »So als hätte mir jemand ein Korsett zu fest gezurrt«, sagte sie. Durch das Feststecken im Performance-Modus hatte sich der Organismus meiner Klientin mit der Zeit an diesen Zustand des andauernden Erbringens von Leistung angepasst, und sie hatte verlernt, eine Balance zwischen oben und unten, zwischen Sympathikus und Parasympathikus, zwischen Performance und Erholung herzustellen.

Im Verlauf des Buches werden dir zahlreiche weitere Beispiele von Menschen begegnen, die zu mir kommen, weil sie unter der Gestaltung ihrer Work-Life-Balance leiden. Menschen, die ihr Leben so eingerichtet haben, dass sie zwar auf Knopfdruck performen können, sich aber selbst nicht mehr richtig spüren; die nach ihrer täglichen Leistungs-Show total erschöpft nach Hause kommen oder bereits mit körperlichen oder psychischen Beschwerden zu kämpfen haben.

Im Privatleben kann uns das Performance-Ich ebenso zum Verhängnis werden: dann, wenn wir das Gefühl haben, auch hier dauernd liefern zu müssen – sexy sein, liebevoll, sportlich, attraktiv, interessant, erfolgreich, ein guter Zuhörer, starker Partner, geduldiger Elternteil, engagierter Freund… Und das alles am besten gleichzeitig und auf Dauer.

Oft erzählen mir Klientinnen und Klienten in diesem Kontext von ihren Erfahrungen, die sie auf Online-Plattformen wie Tinder, Parship oder Bumble machen. Die Geschichten, die der Berliner-Single-Markt im Jahr 2019 zu bieten hat, wären allein schon ein Buch wert… Was mir bei all den Erzählungen immer wieder auffällt, ist, dass viele meiner Klienten aus der anfänglichen Performance, die sie bei den ersten Dates abgeliefert und umgekehrt auch von ihrem Gegenüber eingefordert haben, im Laufe des Kennenlernens und sogar der Beziehung gar nicht mehr herauskommen.

Im Prinzip läuft es immer gleich ab: Menschen werden anfangs mittels einer Checkliste nach verschiedenen Kriterien ausgewählt. Dann wird mit routiniertem Scannerblick entschieden, wer den

Anforderungen entspricht und wer es nicht bringt. Der Bodensatz des Dating-Materials wird *schwupp* mit einem Fingerwisch von der Bildfläche verbannt. Bei den Dates geht es darum zu überprüfen, ob die reale Person dem wirklich standhalten kann, was sie im Online-Profil zum Besten gab. Die modernen Liebes-Performer sitzen sich sodann bei einem Bier oder Cocktail gegenüber und checken sich gegenseitig in Bezug auf ihr Performance-Ich ab. Dieser ganze Dating-Prozess hört sich dermaßen anstrengend an, dass ich schon beim Zuhören unfassbar müde werde!

Wenn es dann klappt und man sich entscheidet, es mit einer Person zu probieren – was meist bedeutet, dass die beiden Dating-Protagonisten eine irgendwie interessante, fortsetzungswürdige Show abgeliefert haben –, geht es mit dem Leisten erst richtig los. Der Sex muss stimmen, von Anfang an und vor allem auf Dauer. Das rechte Maß an Interesse und Eigenständigkeit soll vom anderen erraten und mit der korrekten Anzahl an SMS oder Sprachnachrichten zur richtigen Zeit ausgedrückt werden. Bloß nicht zu bedürftig erscheinen. Bloß nicht zu gleichgültig. Bloß nicht zu viele Ansprüche. Auf keinen Fall anspruchslos. Sich nicht gehen lassen. Nur nicht zu früh langweiligen Alltag. Der könnte ja andeuten, dass ein langweiliges Leben bevorsteht. Was womöglich so aussieht, als wäre man selbst langweilig. Aber Kinder sollen es dann schon sein. Zur richtigen Zeit. Wenn alles andere auch passt. Das Geld. Der Job. Die Karriere. Die persönliche Weiterentwicklung.

Bei späteren Abweichungen der Performance von der viel versprechenden Premiere wird gleich die ganze Beziehung infrage gestellt. Und so habe ich prompt den nächsten Klienten vor mir sitzen, der mir sagt, dass er oder sie auch diesmal nicht den richtigen Partner gefunden habe, dass alles langsam keinen Sinn mehr mache und die interessanten Menschen bereits vergeben seien.

Puh! Ganz schön krass, denke ich oft, wie schnell Menschen aussortiert werden, sobald sie sich Fehler oder Unzulänglichkeiten erlauben. Und vor allem ganz schön am Leben vorbei, das ja davon geprägt ist, dass wir uns verändern, mal mehr und mal weniger in unserer Kraft sind, Dinge mal richtig, mal falsch machen und Tolles, aber auch weniger Schickes zu bieten haben.

Das Performance-Ich suggeriert immer, dass es noch besser geht und man sich nicht mit etwas zufriedengeben sollte, das in irgendeiner Form optimiert werden könnte.

Wenn zwei Menschen aufeinandertreffen, die im Performance-Ich feststecken, wird nie ein echtes Gespräch möglich sein. Denn die Voraussetzung, dass ein wirklicher Austausch stattfinden kann, ist, dass man sich gegenseitig auch wirklich meint und sich in seinem Grundbedürfnis nach Anerkennung bestätigt weiß. Anerkennen heißt dabei nicht, dass man alles gut findet, was der andere sagt oder tut. Anerkennen heißt erst einmal nur so viel wie aufrecht wahrnehmen. Den anderen in seinen Unterschieden und in den Ähnlichkeiten wahrzunehmen, sich im Zuhören und Sprechen wirklich dem anderen zuwenden, so wie er ist, und nicht so, wie man ihn gerne hätte.

Nehmen wir noch einmal das Beispiel Online-Dating. Wenn sich zwei Menschen, ich nenne sie mal Anna und Lutz, in ein reales Café geklickt haben und weiterhin im Schein-Modus beziehungsweise Performance-Ich feststecken, wer begegnet sich dann da überhaupt? Da sitzt eine Anna, an ihrem Aperol Spritz nuckelnd, wie sie von Lutz gesehen werden will. Und da sitzt der Lutz, einen kräftigen Schluck von seinem Bier nehmend, wie er Anna erscheinen will. Da sowohl Anna als auch Lutz ihr jeweiliges Gegenüber durch die eigene Brille wahrnehmen und diese Brille wiederum von all den bisherigen Erfahrungen von Anna und Lutz geprägt ist, haben sich da noch eine Anna und ein Lutz hinzugesellt, so wie sie von

Lutz und Anna tatsächlich wahrgenommen werden. Zudem gibt es noch eine Anna und einen Lutz, die so sind, wie sich Anna und Lutz jeweils selbst wahrnehmen, sowie eine Anna und einen Lutz, wie sie ihrem Wesen nach wirklich sind. Ja, genauso verwirrend ist das, wenn wir dem Performance-Ich zu viel Raum geben! Wir haben es dann in einem Gespräch, bei dem eigentlich nur zwei Menschen anwesend sind, zusätzlich zu den zwei lebenden Wesen mit sechs »gespenstischen Scheingestalten« zu tun, wie Martin Buber das in seinem Buch *Das dialogische Prinzip* so treffend beschrieben hat.

Welche Chance haben Anna und Lutz nun, sich wirklich kennenzulernen, zu erfahren, wer der jeweils andere tatsächlich ist, und damit ihr Bedürfnis nach echter Anerkennung zu befriedigen? Am besten wäre es, wenn mindestens einer der beiden irgendwann keinen Bock mehr auf diese ganze Show hätte. Wenn Anna oder Lutz oder sogar Anna *und* Lutz möglichst bald merken, dass es bestenfalls Zeitverschwendung, im Grunde totale Respektlosigkeit sich selbst und dem anderen gegenüber ist, sich im Schein-Modus zu begegnen, um dem anderen am Ende doch nur vorzuwerfen, er sei nicht wirklich auf die eigenen Bedürfnisse eingegangen. Wie auch, wenn keiner preisgibt, wer da eigentlich zum Date erschienen ist?

Mitten hinein ins destruktive Self-Separating

Irgendwo auf dem Weg von Germany's Next Topmodel über Insta-Storys und Industrie 4.0 haben wir verlernt, was es heißt, im Sein-Modus zu leben, uns der Welt so zu zeigen, wie wir sind, und uns und andere auch so anzuerkennen. Ob im Job oder im Privatleben, wenn wir den Großteil unserer Zeit im Performance-Ich verbringen, wird der Effekt stets sein, dass wir am Ende frustrierende Beziehungen erleben oder die Erfahrung machen, dass viele soziale Kontakte oder ein prestigeträchtiger Job keine Garanten für ein glückliches Leben sind. Denn Fakt ist, es gibt keinen perfekten Menschen. Keine perfekte Beziehung. Keinen perfekten Job. Keinen perfekten Zeitpunkt. Kein perfektes Leben. Und, so unsexy es auch klingen mag, wir genügen tatsächlich manchmal nicht. Ja, wir sind ab und zu eine echte Enttäuschung für uns selbst und für andere. Es gibt Momente, da genügen wir weder den Ansprüchen unserer Partner noch denen unserer Kinder, unserer Chefs, Mütter und Väter und oft auch nicht dem wildfremden Typen, der uns bei einem ersten Date gegenübersitzt. So what?!

Ich halte nicht viel von dem oft propagierten Achtsamkeits-Slogan »Du bist genug!« und würde sogar behaupten, dass genau das Gegenteil der Fall ist und darin unsere Freiheit liegt. Wenn wir lernen anzunehmen, dass wir eben nicht genug sind und andere Menschen auch nicht, dass es jede Beziehung aushalten sollte, den anderen auch einmal zu enttäuschen und vom anderen enttäuscht zu werden, dann sind wir unserem Sein-Modus schon ein riesiges Stück näher gekommen!

Wir geraten dann in die Performance-Falle, wenn wir insgeheim hoffen, dass irgendwo doch das perfekte Leben auf uns wartet. Die Enttäuschung, die zwangsweise aus dieser Hoffnung resultiert, versuchen wir, nicht zu spüren und mit andauerndem Leisten zuzudecken. Damit verbrauchen wir mit unserer Leistungs-Show mehr Energie, als uns guttut, lassen unser tägliches Handeln von Ideen und Konzepten steuern, wie das Leben, wir selbst und unsere Mitmenschen sein sollten, und entfernen uns damit immer mehr vom Leben, wie es ist, und von unserem natürlichen So-Sein.

Es wird Zeit, dass wir damit aufhören, unser Selbst in *vorzeigbar* und *privat* aufzuteilen, weil das immer impliziert, dass ein Teil von uns gerade still sein soll, während der andere *alles* gibt. Dem aktiven Teil suggerieren wir stattdessen häufig auch noch, dass er nichts wert sei, wenn seine Performance nicht bei einhundertdreißig Prozent liegt. Ist das nicht total verrückt? Wir schalten – je nach Situation – einen Teil unserer Potenziale und Kompetenzen auf lautlos, weil wir der Meinung sind, dass zum Beispiel Mutterqualitäten nichts im toughen Business zu suchen haben, und motivieren den Business-Teil in uns dann nicht einmal, sondern setzen ihn so immens unter Druck, dass ein Scheitern früher oder später programmiert ist. Ich muss mich an dieser Stelle wiederholen: Es ist *verrückt!*

Im verzweifelten Work-Life-Balancing und High-Performing kreieren wir eine Welt von destruktivem Self-Separating. Diese Spaltung kann tiefgreifende negative Folgen für unsere Psyche und unseren Körper haben. Wenn wir mit offenen Sinnen durch die Welt gehen, bekommen wir eigentlich auch mit, dass die Zeiten, als das »Prinzip Performance« im Job oder bei Dates aufgegangen ist, längst vorbei sind. Im modernen, langfristig erfolgreichen Business zählen genau wie im privaten zwischenmenschlichen Kontakt immer mehr Qualitäten wie Präsenz, Authentizität und emotionale Kompetenz wie Flexibilität. Und diese Fähigkeiten und Fertigkeiten erlangen wir nur, wenn wir in *allen* Lebensbereichen Zugang zu *allen* Persönlichkeitsanteilen haben und uns vom »Prinzip Performance« verabschieden.

Lass uns jetzt gemeinsam betrachten, was es dafür braucht.

III. Das DRIVE-, PANIC- und CARE-System – wie wir aus der Performance-Falle aussteigen

Um herauszufinden, wie wir aus der Performance-Falle aussteigen können, müssen wir erst einmal begreifen, wie wir überhaupt hineingeraten sind. Daher stelle ich dir in diesem Kapitel ein Modell vor, das den Prozess veranschaulichen soll. Es ist inspiriert vom Modell der drei Regulationssysteme der Gefühle und der Compassion Focused Therapy nach Paul Gilbert. Ich selbst habe an einem achtwöchigen Selbstmitgefühlkurs (MBCL-Kurs, Mindfulness Based Compassionate Living) bei Frau Dr. Karin Nadig in Berlin teilgenommen und vieles von dem, was ich in diesem wunderbaren Kurs erlebt habe, in mein Modell einfließen lassen.

Das DRIVE- und PANIC-System: etwas erreichen wollen und sich schützen

Psychologisch gesehen ist interessant, dass das Performance-Ich auf zwei Systemen basiert. In meinem Modell nenne ich sie DRIVE- und PANIC-System. Beide werden vom Sympathikus gesteuert, dessen zentrale Aufgaben ich im vorherigen Kapitel bereits kurz angerissen habe. Vereinfacht gesagt kümmert sich dieser Teil unseres Nervensystems um Aktivierung und Selbstschutz. Im DRIVE-Modus werden wir aktiviert, um zu leisten, was das Zeug hält, und im PANIC-Modus stellt der Sympathikus alles Notwendige bereit, um uns in einen Erstarrungs- oder Flucht-Modus zu versetzen.

Der DRIVE-Modus wird durch Wünsche und Begierden angeknipst. Hier geht es um all das, was wir *wollen*: etwas erreichen, essen, trinken, fühlen, erleben, werden, haben wollen. Mit unserer Aufmerksamkeit sind wir ganz in der Zukunft beim ersehnten Zustand oder Objekt und bei den nötigen Schritten, um dies zu verwirklichen. Die dazugehörigen Emotionen des DRIVE-Modus sind überwiegend angenehm, weshalb es auch ziemlich verlockend für uns ist, so oft und so lange wie möglich darin zu verharren: Wir fühlen uns voller Kraft und Vitalität, haben den Eindruck, unser Leben beeinflussen zu können und unter Kontrolle zu haben, und erleben Freude und Genuss. All das geschieht, weil der Sympathikus dafür sorgt, dass wir genügend Energie zur Verfügung gestellt bekommen, um das Objekt unserer Begierde zu verfolgen und auch zu erreichen. Unser Gehirn versorgt uns bei diesem Prozess zudem mit einer ordentlichen Portion des Glückshormons Dopamin. Der DRIVE-Modus ist also an dem Teil des Performance-Ichs beteiligt, dem es um Leistung, Zielerreichung, Kontrolle und Optimierung des Status quo geht.

Im vorangegangenen Kapitel haben wir erfahren, dass jeder von uns das Grundbedürfnis nach Anerkennung seines wahren Wesens hat, wir uns manchmal allerdings hinter unserem Performance-Ich verstecken, sodass unsere Mitmenschen nur eine verfälschte Version von uns kennenlernen. Hier kommt das PANIC-System ins Spiel. Es hat sich aufgrund von negativen Erfahrungen entwickelt, die uns gelehrt haben, dass es nicht sicher oder nicht erwünscht ist, uns so zu zeigen, wie wir sind. Stattdessen verhalten wir uns lieber so, wie andere uns haben wollen oder wie wir glauben, dass andere uns haben wollen.

Die zentrale Aufgabe des PANIC-Systems ist es, uns zu schützen; entsprechend wird es durch echte oder imaginierte Gefahren ausgelöst. Wir haben vielleicht Angst, unseren Job zu verlieren, wenn wir »zu viel Mutter« zeigen, wie im Beispiel zuvor. Oder wir befürchten, von einem potenziellen neuen Partner abgelehnt zu werden, wenn wir unsere Bedürfnisse deutlich formulieren, weil unser Ex-Partner diese womöglich als »zu fordernd«, »zu viel«, »zu anstrengend« erlebt hat. Und so tun wir oft selbstbewusster, als wir sind, haben Angst vor Ablehnung oder Veränderung und verharren deshalb in einem Job oder einer Beziehung länger, als uns guttut.

> Dein Performance-Ich zieht seine Energie aus zwei Systemen: DRIVE und PANIC. Es strebt nach Belohnung und hat Angst. Auf Dauer aktiviert, steckst du im Performance-Modus im Teufelskreis von Zuckerbrot und Peitsche.

In der Performance-Falle suggerieren uns DRIVE und PANIC, dass wir keine andere Wahl haben, als entweder wie verrückt zu leisten oder in Panik zu verfallen. In der Gestalttherapie, der Fachrichtung, in der ich ausgebildet bin, ist das erklärte Ziel der therapeutischen Arbeit, den Klienten dabei zu unterstützen, seine Wahlmöglichkeiten im Leben zu erweitern. Ich arbeite also meist daran, DRIVE und PANIC die Luft aus den Segeln zu nehmen, damit der Klient nicht mehr so oft in automatisierten Prozessen feststeckt. Prozesse, die gefühlt einfach passieren, über einen kommen, anstatt dass man denkt, man könne bewusst Einfluss darauf nehmen. Diese Annahme ist jedoch nur teilweise richtig.

Ja, es gibt Teile unseres Gehirns, die instinktiv und automatisch anspringen, sodass wir erst einmal keinen Einfluss auf deren *Akti-*

vierung haben. Wir sprechen hier vom sogenannten Reptiliengehirn oder auch Stammhirn, das alle lebenswichtigen Funktionen wie Atmung, Verdauung, Blutdruck und Herzschlag, Sexualtrieb und Nahrungsaufnahme steuert. Es macht größtenteils Sinn, dass diese Funktionen so automatisiert ablaufen, da wir sonst zu nichts anderem kommen würden, wenn wir jeden Atemzug bewusst in Gang setzen oder jeden Herzschlag genau planen müssten. Das Stammhirn ist der älteste Teil unseres Gehirns. Erst danach hat sich das alte Säugetiergehirn entwickelt. Ist das Stammhirn für das pure Überleben zuständig, so geht es beim alten Säugetiergehirn zudem um emotionale und zwischenmenschliche Aspekte, wie das menschliche Verhalten beim Zusammenleben mit anderen, die emotionale Bindung und auch die Fähigkeit zur Fürsorge. Das alte Säugetiergehirn steuert wie das Stammhirn hauptsächlich angeborene Reaktionen, ist allerdings schon etwas weiter entwickelt und flexibler als das Stammhirn, das heißt, es kann *lernen*. Es merkt sich, wenn wir etwas als angenehm empfinden, und signalisiert dann unserem Verhalten, dass wir es beibehalten sollen. Umgekehrt wird Verhalten eingestellt, wenn es im alten Säugetiergehirn als unangenehme Erfahrung abgespeichert wird.

So richtig mitentscheiden können wir allerdings erst, seit sich das neue Säugetiergehirn, der sogenannte Neokortex, entwickelt hat. Der Neokortex gibt uns die Fähigkeit, innezuhalten und eine bevorstehende oder bereits erfolgte Handlung zu durchdenken. Wir können mithilfe des Neokortex unter anderem auch über unsere Gefühle nachsinnen, uns also – wie wir das in der Achtsamkeitsmeditation üben – wie ein externer Beobachter unseres Selbst mit einer gewissen Distanz betrachten. Wir sind in dem Moment nicht nur Wahrnehmende, sondern können, während wir etwas wahrnehmen, zudem darüber reflektieren, was wir da gerade wahrnehmen und was es mit uns macht. Diese Fähigkeit des Innehaltens, Pausemachens und Reflektierens verschafft uns Freiheit: die Freiheit, unsere Handlungen, Entscheidungen und auch emotionalen Reaktionen selbst zu steuern, unsere Segel bewusst zu setzen und nicht nur Opfer von automatisierten Prozessen zu sein.

Mich persönlich hat es sehr erleichtert, mir klar darüber zu werden, was so alles in meinem Hirn und dem anderer Menschen abläuft. Dass da Teile etwas zu sagen haben, die sich schon vor dreihundert bis fünfhundert Millionen Jahren entwickelt haben und dafür sorgen, dass ich bei einer Panikattacke vor Angst keine Luft mehr bekomme, nur wegrennen will oder wahllos jedes Medikament einnehmen würde, um nicht mehr zu spüren, was ich gerade spüre, und weiter funktionieren kann. (Du merkst: Wenn wir mit den ganz frühen Gehirnfunktionen zu tun haben, sind wir wieder bei PANIC und DRIVE.) Zum Glück weiß ich jetzt auch von meinem Neokortex, der evolutionstechnisch viel jünger ist. Er unterstützt mich dabei herauszufinden, was ich gegen diese Panik unternehmen kann, welchen Sinn dieses oder jenes Symptom gerade hat, und ermöglicht es mir, in Zukunft achtsamer mit mir umzugehen und Strategien zu entwickeln, damit sich diese Symptome gar nicht erst zeigen.

Was ich darüber hinaus als hilfreich empfinde, ist die Information, dass die drei genannten Gehirnsysteme nicht nur in uns existieren, sondern auch interagieren. Und dass dies mal sinnvoll und mal weniger sinnvoll für uns ist. Es kann zum Beispiel sein, dass unser Reptiliengehirn und altes Säugetiergehirn alles dafür tun, damit wir das Signal erhalten: »Arbeite so lange und so exzessiv, bis Belohnung einsetzt, deine Chefin zufrieden ist und du deinen Status in der Firma verbessert hast!«, und unser Neokortex uns zeitgleich sagt: »Du hast Schlafprobleme, Herzrasen und seit sechs Wochen keinen vernünftigen Satz mehr mit deiner Familie gesprochen, weil du völlig überarbeitet bist. Es ist jetzt wirklich mal an der Zeit, dass du eine Pause machst und dein Arbeitspensum runterschraubst!«

Der Neokortex muss allerdings nicht immer nur weise und fürsorgliche Bemerkungen von sich geben. Es kann zum Beispiel auch sein, dass dir die älteren Hirnstrukturen Lust auf ein leckeres Essen machen und der Neokortex meint, dass du lieber eine Diät einlegen solltest, weil es Frühling wird und deine Nachbarin viel schlanker ist als du. Was ich mit all dem sagen will: So wie unser Leben nicht perfekt ist, ist auch unser Gehirn nicht perfekt. Es sendet zum Teil widersprüchliche Signale, und es ist nicht immer einfach herauszufinden, auf welche Information wir am besten hören sollten.

Oft hilft es jedoch schon zu *wissen*, dass das Gehirn nicht perfekt ist, und dich in die Tatsache zu entspannen, dass du manchmal verwirrt sein darfst. Dein Gehirn besteht aus Teilen, die unglaublich viel können, aber eben auch nicht alles. Vieles macht es großartig – und dann kommt es an seine eigenen Grenzen, verwirrt dich, erzählt dir Unsinn, und da kann niemand etwas dafür. Stell dir vor: Selbst dein Partner, deine Partnerin, deine Eltern, dein Chef, die Lehrerin deiner Kinder, deine Oma, dein Therapeut, Buddha, Albert Einstein, Stephen Hawking und auch die Person, die du in deinem Leben am meisten bewunderst, sind mit einem solchen Gehirn ausgestattet, das in manchen Bereichen unzulänglich ist. Das in manchen Situationen einfach dumm und absolut nicht nachvollziehbar reagiert. So wie deins. So wie meins.

Wenn wir diese Tatsache anerkennen, können wir erst mal tief durchatmen, eine Runde Mitgefühl für uns selbst und unsere Mitmenschen verteilen und dann aber auch ruhig unseren Hintern hochkriegen und uns überlegen, wie wir denn jetzt unsere Wahlmöglichkeiten im Leben erweitern können, aus DRIVE und PANIC und der Performance-Falle aussteigen und mit den Teilen unseres Hirns lernen, die dazu fähig sind. Denn selbst wenn wir vielleicht keinen Einfluss darauf haben, dass archaische Hirnstrukturen *aktiviert* werden, können wir jedoch immer aktiv mitgestalten, was wir mit dieser Aktivierung *machen* wollen. Also ob wir das ausagieren wollen, was wir gerade fühlen, und wenn ja, in welcher Form. Für solche Überlegungen ist es immer gut, ein Repertoire an Wahlmöglichkeiten zur Verfügung zu haben.

Und wie lernt man, neue Wahlmöglichkeiten entstehen zu lassen? Indem man seine Wahrnehmung schult, fürsorglicher und achtsamer mit sich und der Umwelt umgeht und sich damit ein drittes Segel aufs Boot holt, das ich in meinem Model das CARE-System nenne und dir jetzt gerne vorstellen möchte.

Das CARE-System: innehalten, überprüfen, ausloten

Was mich am meisten faszinierte, als ich zum ersten Mal Kontakt mit Psychotherapeuten im Allgemeinen und Gestalttherapeuten im Besonderen hatte, war, dass all diese Menschen zutiefst davon überzeugt schienen, dass man immer eine (andere) Wahl hat. Dass es für jede erdenkliche Situation im Leben einen Handlungsspielraum gibt, wir nie zu hundert Prozent dazu gezwungen werden können, wie wir mit einem Ereignis oder einem Tatbestand umgehen, darüber denken, dazu fühlen und wir nie nur Opfer sind, sondern dass wir immer, ja, *immer,* Einfluss nehmen können.

Für mich war das damals mit Ende zwanzig tatsächlich ein sehr radikaler Gedanke, dem ich anfangs mit großer Skepsis gegenüberstand. Kein Wunder, dass mein DRIVE- und PANIC-System misstrauisch reagierten, denn wenn etwas an dieser These dran wäre, würde diesen beiden Systemen ganz schön Wind aus den Segeln genommen werden! Sobald das DRIVE-System mir suggerierte: »Es ist noch lange nicht genug, *du* bist noch lange nicht genug! Los, mach noch mehr Uni-Abschlüsse und Weiterbildungen, hol dir noch mehr Bestätigung bei deinen Vorgesetzten, Kunden, Freunden, Partnern und deiner Familie. Es reicht noch lange nicht!«, hieße das also, ich hätte tatsächlich die Wahl, ob ich dem glauben wollte oder nicht. Es könnte also auch eine andere Wahrheit geben und die Möglichkeit, etwas anderes zu glauben. Wie zum Beispiel: »Hey, du hast schon so viel geschafft und erreicht, das ist absolut genug, um dich selbstbewusst nach draußen zu trauen und den Menschen zu zeigen, dass du viel weißt und kannst. Du musst nicht ständig noch mehr leisten!« Und wenn das PANIC-System zu schreien anfinge: »Hey! Bist du wahnsinnig, wie kannst du nur darüber nachdenken, deinen Job zu kündigen! Du kannst froh sein, dass du überhaupt so eine Chance im Leben bekommen hast, und an den Stress gewöhnst du dich schon mit der Zeit. Wenn du das jetzt aufgibst, wer soll dann deine Rechnungen bezahlen? Willst du deinen Lebensstandard wirklich so radikal ändern? Denn das musst du auf jeden Fall, wenn du dein Leben umkrempelst und in einer derart brotlosen Branche wie diesem Psychokram Fuß fassen willst. Du passt da sowieso nicht hin. Sieh dich doch mal an, du Berlin-Mitte-Schnitte mit deinen ACNE-Jeans, weißen Reeboks und dem Patagonia-Cap. Sieht so eine ernst zu nehmende Therapeutin aus? In deine Praxis kommt bestimmt keiner. Mach du mal lieber weiter Marketing.« Was, wenn ich also auch hier eine Wahl hätte und sagen könnte: »Stopp, mein liebes PANIC-System! Wir atmen jetzt erst mal beide tief durch und überprüfen, ob du wirklich recht hast oder ob es auch ganz anders sein könnte. So nämlich, dass das Leben nicht nur *eine* Chance auf einen guten Job zu vergeben hat, sondern dass ich jederzeit wieder einen guten Job finden kann. Und womöglich ist nicht nur ein *guter* Job für mich drin, sondern eine Aufgabe, von der ich mich zutiefst erfüllt fühle und für die ich jeden Morgen gerne aufstehe. Und jetzt halt dich fest, denn der nächste Gedanke ist wirklich krass, aber womöglich gibt es sogar Menschen, die mich so *schätzen*, wie ich bin, die sich mit mir identifizieren können und daher auch gern zur Therapie gehen.«

Awareness ist das Mittel, durch das ein Mensch sich durch Wahl regulieren kann.

GARY YONTEF

Zuständig für dieses Stopp, das Innehalten, Überprüfen und Ausloten, was denn nun wirklich gut und stimmig für einen selbst und die jeweilige Situation ist, ist das CARE-System. Es bekommt immer dann Raum, wenn wir kurz aus DRIVE und PANIC aussteigen, wenn wir gerade nicht leisten, keiner Lust hinterher- und vor keiner echten oder eingebildeten Gefahr davonrennen.

Mit der folgenden Übung kannst du gleich selbst ausprobieren, was dein CARE-System auf deine typischen DRIVE- und PANIC-Sätze antworten könnte. Überlege, an welche Gedanken, die dich immer wieder in Stress versetzen und in die Performance-Falle treiben, du glaubst.

Hier ein paar Anregungen:

Wenn du zum Beispiel ein großes Bedürfnis nach Anerkennung oder Erfolg und gleichzeitig Angst davor hast, zu versagen oder von anderen abgelehnt zu werden, könnte dein von DRIVE und PANIC gefeierter Satz lauten: »Ich muss immer perfekt sein und darf mir keine Fehler leisten.«

Wenn es für dich ein Graus ist, dich von Menschen oder Umständen abhängig zu fühlen, und du daher schwer um etwas bitten oder deine eigene Bedürftigkeit schwer zeigen kannst, könnte es sein, dass deine Handlungen auf folgender Überzeugung basieren:

51

»Ich mache lieber alles alleine, muss immer stark sein und will mir auch nicht von anderen helfen lassen.«

»Das kann ich niemals!« Wenn dies ein vertrauter Satz für dich ist, dann womöglich, weil du dich immer eher in einer emotionalen Kuschelzone bewegst, in der es hauptsächlich darum geht, dass du dich wohlfühlst, und unangenehme Gefühle wie Angst, Scham, Hilflosigkeit, Frust keinen Platz haben. Das führt wiederum dazu, dass du Schritte vermeidest, die gefühlt »eine Nummer zu groß« für dich sind, die dich aber wachsen und im Leben weiterkommen lassen würden.

So, jetzt du!

Meine typischen DRIVE- und PANIC-Sätze

Um einen oder mehrere deiner DRIVE- und PANIC-Sätze in dir zu finden, nimm dir ein paar Minuten bewusst Zeit und wende deine Aufmerksamkeit nach innen. Setz dich dafür mit aufrechtem Rücken hin, beide Füße fest am Boden verankert, die Hände liegen im Schoß, die Augen kannst du schließen oder den Blick gen Boden wenden.

Erinnere dich an eine Situation, die dich gestresst oder belastet hat. Dies kann gerade heute passiert sein, schon länger zurückliegen oder aber dich immer mal wieder in Stress versetzen.

Wähle nun eine solche Situation aus, und stell dir für ein paar Momente vor deinem inneren Auge vor, dass du genau jetzt wieder in dieser Situation bist. Wo befindest du dich? Wer ist bei dir? Was genau war der Auslöser dieser stressigen Situation? Wie sprichst du, wie bewegst oder verhältst du dich? Wie verhalten sich die Menschen um dich herum? Welche Körperempfindungen kannst du an dir wahrnehmen, wenn du dir vorstellst, dass du jetzt in dieser Situation bist? Was fühlst du? Welche Gedanken hast du?

Und nun sieh zu, ob du einen Satz findest, eine innere Stimme, an die du in dieser Situation glaubst. Welcher Satz oder welche Idee könnte dafür verantwortlich sein, dass dich diese Situation so stresst? Stell dir dafür auch ruhig deinen kleinen inneren Leistungs-Freak auf der rechten Schulter vor, wie er dir eine Antreiber-Parole ins Ohr posaunt. Oder vielleicht ist es eher ein Satz des kleinen Angsthasen auf deiner linken Schulter, der dich einschüchtert. Hör dir an, ob einer von beiden oder auch beide zugleich etwas zu dieser Situation zu sagen haben und wie ihre Sätze genau lauten.

Zum Abschluss der Übung gehe ganz bewusst aus dieser Visualisierung heraus, sage deinem Leistungs-Freak und Angsthasen herzlichen Dank für die Auskunft und verabschiede dich dann von ihnen und aus der Situation. Lenke deine Aufmerksamkeit nun wieder auf deinen Atem und anschließend auf deinen ganzen Körper, indem du die Arme, Schultern und die Kiefer lockerst, Beine und Füße etwas bewegst, wenn du magst, und mit den Fingern ein wenig dein Gesicht massierst. Und dann öffne die Augen wieder und schreib das auf, was du in dir finden konntest.

Ein typischer von DRIVE und PANIC ganz laut gefeierter Satz von mir lautet:

_____

_____

_____

_____

Übrigens: Du kannst diese Übung mit weiteren stressigen Situationen beliebig oft wiederholen und so Stück für Stück deinen Antreibern und Panikmachern auf die Spur kommen.

Und hier ist noch Platz für mehr, falls dir gleich mehrere Sätze eingefallen sind. In der Regel haben wir Menschen nämlich einige solcher Antreiber im Repertoire. Es ist sehr hilfreich für dich, diese zu kennen, weil du erst dann weißt, was du ihnen aus dem CARE-System heraus antworten beziehungsweise als alternative Gedanken anbieten kannst. Also nimm dir ruhig noch etwas mehr Zeit und schreibe all die DRIVE- und PANIC-Parolen auf, die du zum jetzigen Zeitpunkt in dir finden kannst.

_____

_____

_____

_____

_____

_____

_____

_____

_____

_____

Dein CARE-System

Nimm dir als Erstes Stück für Stück deine oben notierten Sätze vor. Schreibe sie in der Tabelle auf Seite 57 nochmals in die linke Spalte (es kann wie gesagt nie schaden, den DRIVE- und PANIC-Geistern nochmals tief in die Augen zu blicken, um ihnen mehr und mehr den Schrecken zu nehmen). Dann wende dich mithilfe der folgenden Übung der rechten Spalte der Tabelle zu und überlege dir, wie stattdessen ein wohlwollender, aber durchaus realistischer Satz aus deinem CARE-System lauten könnte.

Hier einige Beispiele für dich:

Beispiel der DRIVE- und PANIC-Sätze	Mögliche Antwort/Alternative aus dem CARE-System
»Ich muss immer perfekt sein und darf mir keine Fehler leisten.«	»Ich kann sowieso nicht kontrollieren, was die andern von mir denken, und darf mir ruhig auch mal erlauben, Schwächen zu zeigen. Das macht mich nicht weniger liebenswert, sondern sogar menschlicher.«
»Ich mache lieber alles alleine, muss immer stark sein und will mir auch nicht von anderen helfen lassen.«	»Etwas von jemand anderem zu brauchen ist kein Zeichen von Schwäche, und ich mache mich dadurch nicht abhängig. Ich darf Hilfe auch ohne Gegenleistung annehmen und mir Unterstützung holen, wenn ich diese brauche.«
»Das kann ich niemals!«	»Ich habe schon vieles in meinem Leben gemeistert, auch das kann ich schaffen. Es ist in Ordnung, wenn es mir mal nicht so gut geht. Wenn ich Angst habe oder mich hilflos fühle, geht das auch wieder vorbei. Herausforderungen bringen mich nicht gleich um, sondern geben mir die Möglichkeit dazuzulernen.«

Um Kontakt zu deinem CARE-System aufzunehmen, setz dich bitte wieder aufrecht und gleichzeitig so entspannt wie möglich hin. Beide Fußsohlen haben guten Kontakt mit dem Boden, das Kinn ist ganz leicht zum Brustkorb hin geneigt, sodass sich deine Wirbelsäule bis nach oben aufrichten kann.

Nun entspanne diesmal gleich zu Beginn der Übung deinen Körper einmal ganz bewusst, indem du beim Einatmen so viele Muskeln wie möglich gleichzeitig anspannst und beim Ausatmen wieder loslässt.

Mach also beim Einatmen ein Zitronengesicht, spanne die Muskeln in den Armen, Händen, im Oberkörper, Rücken, Po, in den Beinen und Füßen an, halte die Spannung für ein paar Sekunden und lass beim Ausatmen die Muskeln ganz bewusst wieder locker. Stell dir vor, wie nur noch die Muskeln aktiv sind, die du brauchst, um deine jetzige Körperposition zu halten. Jegliche andere Anspannung darf jetzt gehen. Nachdem du diese An- und Entspannung drei Mal gemacht hast, überprüfe, ob es noch eine Restspannung in deinem Körper gibt, die du auch noch loslassen kannst.

Nimm jetzt Kontakt zu deinem Herzen auf, und stell dir für die nächsten Atemzüge vor, du würdest mit deinem Herzen ein- und ausatmen.

Stell dir weiterhin vor, wie jetzt eine gute Freundin, ein guter Freund oder ein anderer Mensch, der dir sehr wohlgesonnen ist und dir nur das Beste wünscht, vor dir auftaucht. Es kann auch ein Tier sein ... Lass einfach auftauchen, was deine Fantasie gerade für dich bereithält, während du dir jemanden in diese Visualisierung einlädst, der dir Liebe, Zuneigung und Mitgefühl entgegenbringt.

Höre dir mit den Ohren dieses mitfühlenden Lebewesens zu, wenn du dir gleich deine DRIVE- und PANIC-Sätze nochmals laut vorliest und dann mit der Stimme deines wohlwollenden Gefährten aus deinem CARE-System heraus erforschst, wie du mit seinem oder ihrem Blick auf alles schauen könntest.

Füge hier nun deine Sätze ein:

Meine DRIVE-Antreiber und PANIC-Einschüchterer	Was mein CARE-System dazu zu sagen hat

Falls es dir schwergefallen ist, deinem CARE-System Alternativen zu entlocken, denke bitte an Folgendes: Beim CARE-System geht es darum, dir im ersten Schritt bewusst zu machen, dass dir DRIVE und PANIC gerade Scheuklappen aufgesetzt haben, die dir nicht länger ermöglichen, das ganze Spektrum an Möglichkeiten einer Situation zu sehen. Im zweiten Schritt nimmst du diese Scheuklappen ab und versuchst, deine Wahrnehmung und damit auch deine Handlungsoptionen zu erweitern.

Bewusstheit als Schlüssel

Erinnerst du dich an das Zitat des Gestalttherapeuten Gary Yontef, das ich an den Anfang des Abschnitts über das CARE-System gestellt habe? »Awareness ist das Mittel, durch das ein Mensch sich durch Wahl regulieren kann.« In der Gestalttherapie verstehen wir unter *awareness* so viel wie Gewahrsein oder Bewusstheit. Gewahrsein hilft uns, uns für das Leben zu öffnen, so wie es ist, und das können wir, wenn wir uns darin üben, unsere Sinne zu schärfen, unserer Intuition wieder mehr Raum zu geben und Gefühlen genauso viel Platz zu machen wie Gedanken. All das lässt sich hervorragend mit Achtsamkeitsübungen trainieren, die ich dir im Sechs-Schritte-Plan genauer vorstellen werde.

Beim CARE-System geht es also auch darum, deinem Bauchgefühl zu vertrauen sowie zu wissen und zu spüren, dass du immer eine Wahl hast. Es geht zudem darum, deine Haltung nicht aus Angst von anderen und deren Meinung aufweichen zu lassen, sondern dir Platz zu schaffen, um all das zu aktivieren, was wirklich hilft, damit du dich im Leben gut orientieren kannst und dich verbunden fühlst: Selbstkenntnis, Selbstfürsorge, Empathie, Wissen um die eigenen Werte und Grenzen, Liebe und Mitgefühl.

Das CARE-System bringt uns in Kontakt mit unserem Verbundenen Ich. Wir sind dann mit einer inneren Weisheit verbunden und vertrauen darauf, dass es das Leben trotz widriger Umstände schlussendlich gut mit uns meint.

Ein gesundes Zusammenspiel aller drei Systeme

Im CARE-System geht es auch darum, deinem Performance-Ich und all diesen Persönlichkeitsanteilen von dir Platz zu schaffen, die dich im Leben voranbringen und schützen, das gesunde Leisten und die gesunde Angst sozusagen. Es ist mir wichtig, dass du mein Modell nicht so verstehst, dass es das Ziel sein sollte, Antrieb und Angst, DRIVE und PANIC, Leisten und Darstellen *abzustellen* und stattdessen nur noch im CARE-Modus auf rosa Achtsamkeitswölkchen durchs Leben zu spazieren. Das ist weder möglich noch nötig, noch wünschenswert. Wie ich anfangs schon erwähnt habe, hat dein Performance-Ich fantastische Qualitäten, die du nicht ungenutzt lassen solltest. Mithilfe des DRIVE-Modus kannst du Dinge erreichen, Ideen, Wünsche und Träume verfolgen und vom Träumer zum Macher werden. Und im PANIC-Modus gibt es dir bisweilen sehr hilfreiche Informationen, wovor du dich schützen solltest, wo es Sinn macht, Angst zu haben, und wo du dir deshalb besser einen anderen Weg suchen solltest.

Probleme mit dem Performance-Ich gibt es immer dann, wenn wir zu lange im morastigen DRIVE- oder PANIC-Sumpf feststecken und das CARE-System, das dritte für uns Menschen lebensnotwendige System, dadurch nicht mehr aktivieren oder total verkümmern lassen.

Im Verbundenen Ich haben alle drei Systeme Platz: DRIVE, PANIC und CARE. Dein Verbundenes Ich ist in Kontakt mit den Qualitäten des CARE-Systems wie Selbstfürsorge, Empathie und Achtsamkeit und ignoriert dabei nicht, dass es im Leben auch um Leistung, Darstellung und Vorsicht beziehungsweise Umsicht geht. DRIVE leistet, PANIC schützt, CARE liebt.

Dein Performance-Ich besteht aus:

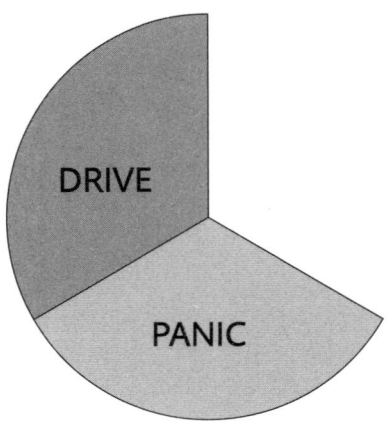

Im Performance-Modus, angetrieben von DRIVE und PANIC, lässt du einen großen Teil deines Potenzials und deiner Möglichkeiten ungenutzt und verbrauchst auch eine Menge Kraft, weil DRIVE und PANIC vor allem auf Dauer echte Energiefresser sind. Egal, ob beruflich oder privat: Wenn du immer nur aus diesen beiden Modi heraus agierst, wirst du dich unweigerlich irgendwann ausgebrannt, erschöpft und orientierungslos fühlen.

> Du steckst dann in der Performance-Falle fest, wenn du dein Performance-Ich und das Performance-Ich deiner Mitmenschen überstrapazierst und keinen Platz mehr lässt für den ganzen Menschen und das Verbundene Ich.

Um deinen inneren Kompass wieder neu auszurichten und vom Performance- zum Verbundenen Ich zu finden, braucht es das dritte wichtige Puzzleteil: das CARE-System.

Dein Verbundenes Ich besteht aus:

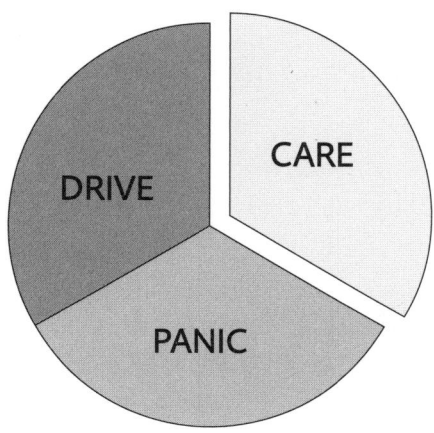

Das CARE-System macht Platz für Qualitäten wie Gelassenheit, Fürsorge für sich und andere, Mitgefühl, Achtsamkeit und Verbindung zum eigenen Wesenskern. Wenn das CARE-System aktiv ist, sind wir in einer offenen, nicht wertenden Haltung, wir kümmern und sorgen uns um unser Wohlbefinden und das Wohlbefinden anderer und das, ohne uns zu verausgaben. Dinge fallen uns leicht, weil wir lockerlassen. Weil wir in diesem Modus nicht mehr alles kontrollieren wollen, sondern uns auch in die Ungewissheit entspannen können.

Im DRIVE- und PANIC-Modus haben wir wenig Spielraum für Ungewisses und Unsicheres. Alles, was sich nicht kontrollierbar anfühlt, wird in diesen beiden Modi abgewertet (»Es gibt keinen anderen guten Job für dich.«) oder als Bedrohung gesehen (»Du wirst deine Rechnungen nicht mehr bezahlen können.«). Im CARE-Modus sind wir uns der im Grunde allgegenwärtigen Tatsache bewusst, dass Leben immer Veränderung bedeutet, jede Veränderung auch ein Schritt ins Ungewisse ist und die Dinge manchmal einfach Raum und Zeit brauchen, um sich zu ordnen. Wenn wir gut mit uns und anderen verbunden sind, können wir uns diesen Raum geben, dieses Nicht-Wissen zulassen und die Angst in Aufregung verwandeln.

Fear is excitement without breath.

FRITZ PERLS

Anders als bei DRIVE oder PANIC sind wir im CARE-Modus auch gut mit unserem Körper und unserem Atem verbunden. Wie Fritz Perls, einer der Begründer der Gestalttherapie, das so großartig auf den Punkt gebracht hat, ist Angst immer ein Zustand, in den wir uns manövrieren, wenn uns die Aufregung zu viel wird und dem Kontrollfreak in uns der Boden unter den Füßen wankt, sodass dieser aus dem Bedürfnis heraus, zumindest noch irgendetwas zu kontrollieren, den Atem anhält oder den Körper verspannt. Ein Mensch, der tief und ruhig atmet und dafür sorgt, dass seine Muskeln so gut wie möglich entspannt sind, kann nie völlig außer sich sein. Was umgekehrt bedeutet, dass man ein »Außer-sich-Sein« stets beeinflussen kann, indem man die Muskeln ganz bewusst entspannt (durch progressive Muskelentspannung nach Jacobson zum Beispiel), sich auf den Atem konzentriert und sich mit tiefen Atemzügen wieder ins Hier und Jetzt holt, das nie so schlimm ist wie die Vorstellung, was noch alles passieren könnte. Ja, manchmal fühlen sich Situationen beängstigend an, hin und wieder sogar bedrohlich, aber solange du am Leben bist, wirst du es überleben. Und du wirst es entspannter überleben, wenn du nicht so viel Angst vor der Angst oder den sogenannten negativen Gefühlen hast.

Ich sage immer wieder zu meinen Klienten:»Es ist einfach nur Angst. Bloß ein Gefühl. Genau wie Freude oder Trauer oder Ekel oder Überraschung oder Liebe oder Wut. Einfach nur Emotionen. Es gibt keine guten oder schlechten Gefühle. Keine positiven oder negativen. Du allein machst sie dazu. Weil Liebe angenehmere chemische Prozesse in dir in Gang setzt als Wut oder Angst, versuchst du, Letztere so wenig wie möglich zu spüren. Zum Leben, ja, zu dir, gehören aber all diese Emotionen. Und es wird dir leichterfallen, mit denjenigen umzugehen, die sich unangenehmer anfühlen, wenn du sie besser kennenlernst, erlebst, dass sie dich nicht umbringen, und Kontakt aufnimmst mit der Aufregung hinter der jeweiligen Emotion.«

Damit sich Aufregung entfalten kann, ohne dass diese in Angst umschlägt, oder umgekehrt: damit du die Aufregung hinter der Angst entdecken kannst, braucht es Raum zum Atmen und den Mut, etwas Neues zuzulassen.

Absurderweise entscheiden wir Menschen uns viel öfter dafür, uns in die Angst zu flüchten, als die Aufregung und Unkontrollierbarkeit einer neuen Situation zu spüren. Ein Phänomen, das mir in meiner Praxistätigkeit ständig begegnet. Viele Menschen lassen meiner Erfahrung nach Aufregung nur noch kontrolliert zu, und meine These ist auch, dass es deshalb immer mehr Angsterkrankungen gibt. Die Aufregung des täglichen Lebens wird vermieden und in kontrollierter Form, oft mittels Drogen- oder Alkoholkonsum, dann wieder gesucht, denn sonst wäre es ja doch zu langweilig. Der Alltag von vielen Menschen ist so kontrolliert gestaltet, dass sie sich am Abend oder am Wochenende entsprechende Zeitfenster für die nötige Dosis Aufregung schaffen. So entstehen nicht nur feste Time Slots für Business-Meetings, den Kinder-Sport oder die Maniküre, auch die Aufregung bekommt einen vorbestimmten Raum, in dem sie stattfinden darf. Dabei bietet das Leben selbst so unendlich viel Potenzial an Aufregung, die zudem Körper und Geist nicht schadet und meiner Meinung nach auch absolut nötig ist, damit sich Ängste nicht so leicht manifestieren. Jeder echte Augenkontakt mit einem anderen Menschen kann aufregend sein. Jeder ehrliche Austausch bei einem beruflichen Treffen. Die Bandbreite der Gefühle, denen wir tagtäglich begegnen können, ist ziemlich aufregend, wenn wir denn nur Platz für sie machen: von Freude über Ärger, Scham, Angst, Langeweile, Frust, Gelassenheit... All das zu fühlen und uns zu überlegen, wie wir damit umgehen, kann zu Aufregung führen. Uns zu fragen, was denn unsere großen Lebensziele sind und was wir tagtäglich dafür tun, um diese zu erreichen, ist unglaublich spannend. Unsere Bedürfnisse zu erforschen und uns selbst besser kennenzulernen und tagtäglich weiterzuentwickeln, einen anderen Menschen wirklich kennenzulernen, ihm wirklich zuzuhören und zu erforschen, wie das Gesagte auf uns wirkt, etwas komplett Neues auszuprobieren, anderen von den eigenen Träumen und Lebenszielen zu erzählen, Zeit mit Kindern zu verbringen, sich ganz und gar auf eine Beziehung mit einem anderen Menschen einzulassen ...

Wie du merkst: Im CARE-Modus geht es also nicht nur um Entspannung und esoterische Om-Vibes, sondern auch um eine Form von Verbundenheit, die spannend ist und uns mit unserer natürlichen Lebendigkeit in Kontakt bringt. Das CARE-System ist somit ganz schön vielfältig, bringt sowohl Gelassenheit als auch Spannung in unser Leben, aktiviert unser Verbundenes Ich und macht wirklich Freude! Aber wie knipsen wir es jetzt genau an und sorgen dafür, dass es uns zur Verfügung steht, wenn wir es brauchen?

Genau das stelle ich dir in meinem Sechs-Schritte-Plan vor. Du wirst Schritt für Schritt lernen, wie du das CARE-System aktivierst, ihm mehr Platz in deinem Leben einräumst und den Kontakt zu deinem Verbundenen Ich verbesserst. Ziel der Übungen ist es, dass du dein Gewahrsein, deine Achtsamkeit schärfst, dir dadurch bewusster über deine Wahlmöglichkeiten wirst, um dann selbstbewusster und selbstverantwortlicher zu handeln sowie gelassener und verbundener durchs Leben zu gehen.

Klingt gut? Dann lass uns damit beginnen!

IV. Dein Fragebogen zur Performance-Falle

In diesem Kapitel kannst du anhand eines Fragebogens testen, wo du gerade stehst in Bezug auf dein Performance-Ich und dein Verbundenes Ich. Wenn du die Übungen aus dem Sechs-Schritte-Plan einige Zeit praktiziert hast, gehe gern diesen Fragebogen nochmals durch und überprüfe, ob dein CARE-System bereits etwas an Fahrt aufgenommen hat.

Mein Modell der Performance-Falle und auch diesen Fragebogen habe ich aus der direkten Erfahrung mit meinen Klienten entwickelt. Während einer Sitzung mache ich mir auch ab und zu Notizen und schreibe zum Beispiel Sätze von Klienten auf, die meiner Meinung nach ein Ausdruck ihres Konfliktes, Problems oder ihrer derzeitigen belastenden Situation sind. Im Laufe der Zeit konnte ich viele Sätze sammeln, die auf ein stark ausgeprägtes Performance-Ich und ein wenig ausgeprägtes CARE-System hinweisen. (Zum Beispiel: »Wenn das Leben schwierig wird, funktioniere ich und bin hart zu mir und anderen.«)

Ich empfehle dir, dich nicht so sehr am Punktewert festzuhalten, den du in der Auswertung am Ende des Fragebogens siehst. Solch ein Wert kann niemals genau benennen, wie verbunden du gerade mit dir und anderen bist. Doch er kann dir eine Tendenz aufzeigen und dir die nötige Motivation zum Üben der sechs Schritte geben. Nutze den Fragebogen am besten, indem du die einzelnen Aussagen gut auf dich wirken lässt und guckst, ob du dich darin wiedererkennst oder nicht. Viel Spaß damit!

	Ja, genau	Ja, öfter mal	Manch- mal	Eher selten	Nein, nie
1 Wenn das Leben schwierig wird, funktioniere ich und bin hart zu mir und anderen.	5	4	3	2	1
2 Ich kann gut unterscheiden zwischen dem, was ich will, und dem, was ich brauche.	1	2	3	4	5
3 Es gibt Gefühle, die ich lieber nicht spüren möchte, weil sie mir Angst machen.	5	4	3	2	1
4 Ich verurteile meine Schwä- chen und Unzulänglichkeiten, möchte sie weghaben oder tue alles, damit andere sie nicht sehen.	5	4	3	2	1
5 Werde ich mit einer Krise oder mit Problemen konfrontiert, versuche ich, diese als Teil des Lebens zu sehen, und werde dadurch nie völlig aus der Bahn geworfen.	1	2	3	4	5
6 Ich nehme mir jeden Tag immer mal wieder kurz Zeit, um zu prüfen, wie es mir gerade geht, und mich zu fragen, was ich und die Menschen um mich herum jetzt brauchen könnten.	1	2	3	4	5
7 In meinem täglichen Leben bin ich viel damit beschäftigt, eine oder mehrere Rollen zu spielen, und weiß manchmal gar nicht, wer ich eigentlich wirklich bin.	5	4	3	2	1

Fragebogen

		Ja, genau	Ja, öfter mal	Manch- mal	Eher selten	Nein, nie
8	Ich kann andere Menschen in ihrer Andersartigkeit annehmen, kann akzeptieren und schätzen, dass sie Dinge anders machen als ich, ein anderes Tempo haben als ich, andere Werte und Bedürfnisse, und es nicht mir allein zusteht zu bewerten, ob etwas richtig oder gut ist.	1	2	3	4	5
9	Es fällt mir schwer, andere um etwas zu bitten.	5	4	3	2	1
10	Wenn ich durch die Straßen gehe, bin ich damit beschäftigt, andere zu beurteilen oder mich zu fragen, wie ich von den Vorbeigehenden beurteilt werde.	5	4	3	2	1
11	Jede Aufgabe, die ich angehe, muss ich perfekt machen.	5	4	3	2	1
12	Ich weiß, dass ich ein liebens- werter Mensch bin.	1	2	3	4	5
13	Wenn ich eine Zeit lang keine Bestätigung von meinem Partner bekommen habe, stelle ich die Beziehung infrage.	5	4	3	2	1
14	Ich kenne mich selbst gut, kenne meine Bedürfnisse, Werte und Ziele.	1	2	3	4	5
15	Ich weiß, was ich tun muss, um in einer stressigen Situa- tion wieder in meine Mitte zu kommen und Kraft zu tanken.	1	2	3	4	5

	Ja, genau	Ja, öfter mal	Manch-mal	Eher selten	Nein, nie
16 Ich kenne mein persönliches Warum, den Grund, warum ich morgens aufstehe, den Sinn meiner Existenz.	1	2	3	4	5
17 Ich weiß, was ich gut kann und was mir gar nicht liegt.	1	2	3	4	5
18 Ich weiß, wie ich mich selbst unterstützen kann, wenn ich ungeduldig oder ärger-lich werde, eine Situation aber Gelassenheit und Sanftmut braucht.	1	2	3	4	5
19 Wenn mich jemand gelobt und gleichzeitig auch kriti-siert hat, habe ich die Tendenz, das Positive zu vergessen und mich nur am Negativen fest-zubeißen.	5	4	3	2	1
20 Wenn ich die Erwartungen der anderen nicht erfülle, mache ich mich deswegen nieder.	5	4	3	2	1
21 Ich kann akzeptieren, dass die Menschen, die ich liebe und gerne mag, auch Seiten haben, mit denen ich nichts anfangen oder die ich vielleicht gar nicht leiden kann. An meiner Liebe und Zuneigung zu den Menschen ändert sich dadurch nichts.	1	2	3	4	5
22 Ich gehe im Autopilot-Modus durch den Tag und komme erst richtig zu mir, wenn alles erledigt ist.	5	4	3	2	1

	Ja, genau	Ja, öfter mal	Manch- mal	Eher selten	Nein, nie
23 Viele Dinge zu besitzen und sich stets viel leisten zu können gehört für mich zu einem guten Leben dazu, und es macht mich nervös und unzufrieden, wenn ich dies nicht kann.	5	4	3	2	1
24 In meinen Gedanken bin ich meist mit zukünftigen oder vergangenen Ereignissen beschäftigt, statt mich auf den jetzigen Moment zu konzen- trieren.	5	4	3	2	1
25 Ich habe das Gefühl, richtig süchtig danach zu sein, Dinge haben oder erreichen zu wollen.	5	4	3	2	1
26 Ich bin mit meinem Leben, so wie es jetzt ist, zufrieden.	1	2	3	4	5
27 Wenn ich den Mut hätte, würde ich viele Dinge in meinem Leben anders machen.	5	4	3	2	1
28 Es ist mir extrem wichtig, was andere von mir denken.	5	4	3	2	1
29 Ich tue jeden Tag etwas dafür, um meine Lebensziele zu errei- chen oder um herauszufinden, was diese genau sind.	1	2	3	4	5
30 Ich bin zutiefst davon über- zeugt, dass ich immer eine (andere) Wahl habe und nie komplett Opfer der Umstände bin.	1	2	3	4	5

	Ja, genau	Ja, öfter mal	Manch-mal	Eher selten	Nein, nie
31 Ich darf meine Meinung ändern und kann gleichzeitig ein zuverlässiger Mensch sein.	1	2	3	4	5
32 Ich genüge anderen vielleicht manchmal nicht, aber ich bin immer richtig und wertvoll so, wie ich bin.	1	2	3	4	5
33 Irgendwann ist es zu spät, um sich oder sein Leben zu ändern.	5	4	3	2	1
34 Wenn ich Zeit für mich, Abstand von Menschen oder Situationen brauche, dann kann ich mir diesen Raum nehmen, ohne vorher um mich zu hauen und zu behaupten, die anderen ließen mir nicht genügend Luft zum Atmen.	1	2	3	4	5
35 Ein einmal eingeschlagener Kurs muss beibehalten werden, auch wenn sich auf dem Weg herausstellt, dass es nicht der stimmige ist.	5	4	3	2	1
36 Wenn jemand ungerecht, wütend oder auf andere Weise außer sich ist, kann ich mit einem gewissen Abstand auch sehen, dass diese Person gerade leidet, hilflos oder ängstlich ist und sich ihr Reper-toire an Ausdrucksmöglich-keiten derzeit auf Wut oder Ungerechtigkeit reduziert.	1	2	3	4	5

Fragebogen

	Ja, genau	Ja, öfter mal	Manch- mal	Eher selten	Nein, nie
37	In meinem Leben herrscht eine gute Balance zwischen dem, was ich gebe, und dem, was ich bekomme.	1	2	3	4	5
38	Ich habe Kontakt zu meiner Intuition und Kreativität.	1	2	3	4	5
39	Ich wünsche mir, dass mein Partner und/oder die Menschen, die mir wichtig sind, ihre Träume verwirklichen können, auch wenn das bedeutet, dass mir deshalb manchmal weniger Aufmerksamkeit zuteilwird.	1	2	3	4	5
40	Veränderung macht mir Angst.	5	4	3	2	1
41	Nach Treffen mit anderen Menschen fühle ich mich angestrengt, weil ich viel von dem, was ich fühle und denke, zurückhalte.	5	4	3	2	1
42	Andere beurteile ich schnell danach, was sie bisher in ihrem Leben erreicht haben.	5	4	3	2	1
43	Ich muss sehr viel dafür tun, um das, was mir wichtig ist, zu erhalten (Lebensstandard, Partner, Freunde, Figur, Aussehen...).	5	4	3	2	1
44	Ich habe Vertrauen, dass das Leben es gut mit mir meint und ich mir stets Unterstützung holen kann, wenn ich diese brauche.	1	2	3	4	5

	Ja, genau	Ja, öfter mal	Manch- mal	Eher selten	Nein, nie
45 Ich weiß, wie ich mich wieder erden kann, wenn ich das Gefühl habe, aus der Balance geraten zu sein.	1	2	3	4	5
46 Es fällt mir schwer, Menschen oder Situationen zu verlassen, selbst wenn ich deutlich merke, dass mir diese schaden oder ich in diesem Umfeld nicht in mein volles Potenzial komme.	5	4	3	2	1
47 Das Leben, das ich lebe, fühlt sich zutiefst nach meinem Leben an, ich lebe es nicht jemand anderem zuliebe.	1	2	3	4	5
48 Bei der Arbeit und privat bin ich ein komplett anderer Mensch.	5	4	3	2	1
49 Ich weiß, was mein Körper und was mein Geist brauchen, um gesund, frisch und flexibel zu bleiben, und ich setze dieses Wissen auch in die Tat um.	1	2	3	4	5
50 Es gibt Menschen und/oder Lebewesen in meinem Leben, die ich von Herzen liebe.	1	2	3	4	5
Punkte pro Spalte					
Punkte insgesamt					

Auswertung

50–110 Punkte: Du bist bereits gut im Kontakt mit deinem Verbundenen Ich. Den Sechs-Schritte-Plan in diesem Buch kannst du dafür nutzen, um dein prima entwickeltes CARE-System-Repertoire mit spannenden Übungen und Fragen zur persönlichen Entwicklung zu erweitern. Ich wünsche dir ganz viel Spaß dabei!

111–180 Punkte: Du weißt, wie du dich mit dir und anderen verbinden kannst, und hast gleichzeitig Tendenzen, dich ab und an zu sehr von deinem Performance-Ich steuern zu lassen. Dein CARE-System darf ruhig noch mehr Platz in deinem Leben einnehmen. Und keine Angst, du wirst dadurch nicht weniger produktiv oder erfolgreich, ganz im Gegenteil! Die Dinge werden dir dadurch mit viel weniger Anstrengung von der Hand gehen, und du gelangst gelassener durch Krisen und herausfordernde Zeiten. Viel Freude mit den Übungen und bei deiner persönlichen Weiterentwicklung!

181–250 Punkte: Nach meinem Modell hast du ein ausgeprägtes Performance-Ich und steckst womöglich auch gerade richtig in der Performance-Falle fest. Kein Grund zur Panik, deshalb hast du dieses Buch ja schon bis hierhin gelesen, oder?! Weil du ahnst, dass es da noch einen anderen Weg geben könnte als den, den du tagtäglich gehst. Genau! Den gibt es, und du kannst gleich damit loslegen. Alles Gute dafür!

Mantra-Meditation

Vor jedem Schritt in diesem Kapitel stelle ich dir ein passendes Mantra vor das dich wie eine Intro-Musik auf das Kommende einstimmen soll. Der Begriff Mantra setzt sich zusammen aus den beiden Sanskrit-Worten »manas« für »Geist« und »trai«, was so viel bedeutet wie »von etwas befreien« oder »beschützen«. Bei einem Mantra handelt es sich also um eine Silbe, ein Wort oder ganze Wortfolgen, welche deinen geschäftigen Geist befreien, beschützen und zur Ruhe bringen sollen, indem sie ihn durch Fokussierung auf ein spezielles Mantra zentrieren.

Du kannst zu einem Mantra still meditieren, indem du es im Geist wie in einer Endlosschleife wiederholst, es laut singen oder ihm einfach konzentriert zuhören (auf YouTube findest du Audios zu vielen Mantras, auch zum folgenden).

Ajai Alai
Abhai Abai
Abhoo Ajoo
Anaas Akaas.

Das ausführliche Mantra lautet: *Ajai Alai, Abhai Abai, Abhoo Ajoo, Anaas Akaas, Aganj Abhanj, Alakkh Abhakkh, Akaal Dy-aal, Alaykh Abhaykh, Anaam Akaam, Agaah Adhaah, Aaathay Pramaathay, Ajonee Amonee, Na Raagay Na Rangay, Na Roopay Na Raykhay, Akarmang Abharmang, Aganja Alaykhay.*

Es unterstützt dich dabei, in deine Kraft zu kommen. Auch soll es dich bei neuen Herausforderungen begleiten, Hindernisse aus dem Weg räumen und dein volles Potenzial zur Geltung bringen.

V. Dein Mindful Commitment zum Sechs-Schritte-Programm

Verbindlichkeit gehört dazu

Vor Kurzem sprach ich mit einem Klienten, der damit beschäftigt war, ob, wie und wann er seiner Freundin einen Heiratsantrag machen sollte. Ich fand es sehr spannend, einen Einblick in das Gefühlsleben eines Mannes zu bekommen, der kurz vor so einem Schritt steht, und war sehr berührt davon, welche Gedanken sich mein Klient machte, um diese Entscheidung wirklich zu *seiner* wachsen zu lassen und nicht irgendwelchen gesellschaftlichen Konventionen oder Ansprüchen anderer zu folgen.

Wir sprachen auch darüber, warum er überhaupt heiraten wollte, und kamen folgender Antwort auf die Spur: Es ging ihm um ein starkes Zeichen von Commitment. Er hatte den Wunsch, sich zu etwas zu verpflichten, eine Zusage zu treffen zu einer Bindung, die durch das Ritual der Heirat auch vor anderen bezeugt, dass es sich um eine Entscheidung handelt, die man so einfach nicht wieder ungeschehen machen kann. Diese Aussage fand ich erneut sehr bewegend, weil ich mit eben diesem Klienten schon seit einigen Jahren daran arbeitete, wie er Entscheidungen und den damit verbundenen Gefühlen nicht immer aus dem Weg gehen könnte. Sobald ihm eine Situation begegnete, bei der er Stellung beziehen musste, hatte er in der Vergangenheit sein ganzes Vermeidungsrepertoire rauf- und runtergespielt, von der Flucht in Ängste, Drogen, Alkohol, Partys oder indem er bei wichtigen Treffen einfach nicht erschien. Und jetzt das! Ausgerechnet er hatte nun den *Wunsch* nach einer solch großen Entscheidung! Die Aufregung, diesen Schritt tatsächlich zu gehen, war ihm deutlich anzusehen. Er wirkte auf mich wie ein Junge am Strand, der kurz davor war, mit seinem Bodyboard loszurennen und sich in die tosenden Wellen zu stürzen. Der ganze Körper sagte Ja, während der Kopf ihn noch zögern ließ. Ob ihn die nächste Welle wohl einmal komplett im Strudel mitreißen und herumschleudern würde oder ob er es schaffte, sie irgendwie zu kontrollieren und auf ihr zu surfen?

Ja, dachte ich mir, so fühlen sich solche Entscheidungen an. Ich fragte ihn: »Und, ist das jetzt ähnlich wie Partys unter Drogen?«

»Oh, gar kein Vergleich! Viel besser. Das hier fühlt sich echt an. Es fühlt sich nach *mir* an!«

Ich erzähle diese Geschichte, weil ich mir auch von dir wünsche, dass du ein starkes Commitment an den Beginn des Sechs-Schritte-Programms stellst und am besten jemandem davon erzählst. Ich verspreche dir, es macht einen Unterschied, ob du dieses Buch einfach nur so liest und ab und zu eine Übung daraus machst oder ob du dich dafür *entscheidest*, es bestmöglich zu nutzen und alles rauszuholen, was für deine persönliche Weiterentwicklung drin ist. Commitment heißt, dass du sowohl an den Schritten und meinen Vorschlägen dranbleibst, wenn es sich richtig und gut für dich anfühlt, als auch dann, wenn du einmal ordentlich durchgewirbelt wirst und dir so gar nicht gefällt, was es mit dir macht, weil die eine oder andere Übung in diesem Buch vielleicht anstrengend, herausfordernd, ungewohnt oder langweilig für dich ist. Stell dir vor, ich würde jedes Mal, wenn es in einer Sitzung mit einem Klienten etwas unangenehm oder schwierig wird, sagen: »Oh, sorry, das wird mir jetzt zu anstrengend mit Ihnen, an der Stelle bin ich raus.« Ja, ich weiß, meinen Beruf habe ich mir selbst ausgesucht, aber so viel anders ist der Job, den du mit dir selbst ein Leben lang hast, auch nicht. Du kannst vor dir nicht jedes Mal davonlaufen, wenn dir etwas an dir nicht passt oder daran, was du gerade fühlst oder erlebst. Und genau deshalb möchte ich dich zu diesem Commitment zu Beginn des Sechs-Schritte-Plans anhalten.

Meine Empfehlung ist: Mach die Übungen immer sofort, wenn du sie liest, und probiere auch Übungen aus, die sich vielleicht erst einmal ungewohnt oder komisch anfühlen. Generell ist es mir aber viel lieber, wenn du nur eine einzige Übung aus diesem Buch mit deiner vollen Aufmerksamkeit und deinem ganzen Commitment machst, als wenn du bei allen immer nur halb dabei bist.

Klingt das für dich zu sehr nach Performance in einem Buch, das dich doch aus der Performance-Falle herausholen will? Dann mache ich lieber schnell den Unterschied zwischen Mindful Commitment und Performance-Falle deutlich. Der Unterschied liegt in deiner *Haltung* zu dem, was du tust, der *Qualität deiner Aufmerksamkeit* und der *Bereitschaft*, dich wirklich *auf etwas Neues einzulassen*.

Du kannst im Grunde mit *allem,* was du tust, in die Performance-Falle geraten, oder aber es auf achtsame, verbundene Art machen. Du kannst Meditation zum strengen Programm werden lassen oder mit Bewusstheit und Präsenz in dein Leben integrieren. Du kannst während deiner Yogapraxis ständig mit den Gedanken beschäftigt sein, wie gut du alles machst, wie viel besser du schon geworden bist und wie du neben allen anderen im Raum abschneidest, oder du kannst die Übungen im Kontakt mit dir und deinem Körper machen und die Gemeinschaft genießen, in der du praktizierst. Du kannst dir jeden Tag gleich zu Sonnenaufgang einen grünen Smoothie mixen, weil du Angst vor Krebs hast und irgendein angesagter Foodblogger grüne Smoothies als *das* Allheilmittel gegen alle Krankheiten feiert, oder du kannst auf den Würgereiz deines Körpers reagieren, der sich einfach nicht an Grünkohl, Karottengrün und Spinat auf nüchternen Magen gewöhnen will. Du kannst auf deine Uhr sehen, um herauszufinden, ob es an der Zeit ist, um etwas zu essen, oder du kannst in dich hineinspüren und wahrnehmen, ob du jetzt Appetit oder Hunger hast. Du kannst dir einen teuren Coach suchen oder eine Therapie beginnen, dich aber nie so ganz auf diese Person und die Anregungen in den Gesprächen einlassen, oder du kannst entscheiden, wirklich in Kontakt zu gehen.

Bis zur Kontaktgrenze gehen

Doch was heißt das genau, *wirklich in Kontakt* gehen? Du musst wissen, wir Gestalttherapeuten stehen total auf diesen Begriff: *Kontakt*. Andauernd geht es uns darum, ob jemand *in Kontakt* ist, *aus dem Kontakt geht, an der Kontaktgrenze* irgendwelche Probleme hat, die innerhalb eines *Kontaktzyklus* zu *Kontaktunterbrechungen* oder *Kontaktstörungen* führen können. Wir erklären uns und unseren Klienten mithilfe des Kontakt-Begriffs die ganze Welt und warum wir oftmals Probleme mit ihr haben. Ein wenig vereinfacht ausgedrückt und für den Rahmen dieses Buches und dein Mindful Commitment relevant, bedeutet *in Kontakt gehen* so viel, wie in einen ehrlichen und bewussten Austausch mit dir und der Umwelt zu gehen.

Jeder Organismus braucht Kontakt, um zu leben. Als Mensch benötigst du auf ganz basaler Ebene Luft aus der Umwelt, um zu überleben. Und jeder Mensch braucht zudem die Fähigkeit, bis an die *Kontaktgrenze* zu gehen, um nicht nur zu leben, sondern zu wachsen und sich weiterzuentwickeln. Die Kontaktgrenze ist die Stelle, an der deutlich wird, dass sich Organismus und Umwelt unterscheiden; hier wählt der Mensch das aus der Umwelt aus, was er zum Wachstum braucht, und weist das zurück, was schädlich für ihn ist.

An dieser Kontaktgrenze geschehen also gleichzeitig Begegnung und Differenzierung beziehungsweise Distanzierung. Dein Organismus trifft auf etwas in deiner Umwelt, das anders ist als du und vielleicht auch ganz anders als das, was du bisher kanntest – ein fremder Mensch, eine neue Information, ein Nahrungsmittel, ein Sinneseindruck, eine Erfahrung. Du kannst diesem Neuen mit großem Widerstand und Abstand begegnen und somit nicht wirklich in Kontakt damit gehen, oder aber du bist bereit, dich auf dieses Neue einzulassen, indem du dich überraschen lässt und nicht versuchst, die Erfahrung, die auf dich wartet, zu kontrollieren. Und: Du entscheidest stets bewusst, nur das aufzunehmen, was sich wirklich gut anfühlt für dich, und das andere nicht in dich aufzunehmen.

Meine Bitte, dich mit einem Mindful Commitment auf dieses Buch und die darin enthaltenen Übungen einzulassen, bedeutet also, dass du dir im Vorfeld folgende Fragen stellst:

- Bin ich bereit, diesem Vorhaben jetzt meine volle Aufmerksamkeit zu schenken?
- Und bin ich bereit, meine Aufmerksamkeit gleichzeitig bei mir zu behalten, sodass ich eine Balance finde zwischen dem Wunsch, mich auf etwas Neues einzulassen, und der Freiheit, auch aussteigen zu können, wenn ich merke, dass ich mich an irgendeiner Stelle zu sehr verbiege?

Für mich ist das im Grunde der Schlüssel zu Verbundenheit schlechthin, egal, ob es um Übungen in einem Buch geht oder das gesamte Leben:

Was wir brauchen, um zu wachsen und uns weiterzuentwickeln, ist die Fähigkeit, immer wieder die Balance von Kontakt und Rückzug herzustellen. Das auszuwählen, was für unser Wachstum förderlich ist, und uns von dem abzugrenzen, was sich nicht gut anfühlt. Diese Pendelbewegung geschieht bewusst (mindful) und mit dem nötigen aktiven Zutun (commitment).

Stell dir solch ein Pendel einmal vor. Am besten eins mit einer richtig schweren Kugel daran. Die Schwingung auf die eine Seite bedeutet, dass du dich voll auf etwas einlässt (Kontakt), und die andere, dass du dich komplett von allem Neuen abgrenzt (Widerstand, Distanzierung). Und jetzt stell dir vor, du willst die schwere Kugel auf einer der Seiten fest- und vom Schwingen abhalten. Das wird mit der Zeit ein ganz schöner Kraftakt, oder? Und zwar, egal, auf welcher Seite. Andauernd mit allem voll im Kontakt zu sein, sich nonstop auf alles aus der Umwelt einzulassen, ist genauso kräftezehrend wie eine Fixierung auf der anderen Seite, wenn du alle Anstrengung darauf verwendest, bloß mit nichts anderem als dir selbst und dem, was du kennst, zu tun zu haben. Leichter wird es, sobald du loslässt, das Pendel schwingen lässt und mal in Kontakt und mal in den Rückzug gehst.

Dein persönliches Commitment

Wie lautet nun also dein Mindful Commitment, dein achtsames und gleichzeitig starkes Ja zu den Übungen in diesem Buch, die dich dabei unterstützen, aus der Performance-Falle auszusteigen und dir ein Leben zu gestalten, in welchem du dich präsenter, lebendiger, verbundener und erfüllter fühlst?

Hier eine Anregung:

»Ich verspreche mir, dass ich mich ab sofort zum Experten darin ausbilde, nicht mehr im täglichen Leistungsstrudel unterzugehen, sondern gezielt nach Wegen suche, die mir guttun und mein Leben und das meiner Mitmenschen bereichern. Ich lasse mich so gut wie möglich auf die Übungen im Buch ein und bin neugierig, was sie mit mir machen, und ich sorge während dieses Prozesses gut für mich, indem ich mir Pausen gönne und kein starres Programm aus allem mache.«

Das ist mein Mindful Commitment:

_____

_____

_____

_____

_____

_____

_____

Wunderbar! Jetzt auf zu Schritt 1!

GROUNDING

So Hum – Ich bin das

So Hum bedeutet so viel wie »Ich bin das« oder »Ich bin, der ich bin«. Wie in der Meditation auf Seite 74 kannst du es im Geist wiederholen, summen, laut singen oder einer Aufnahme lauschen.

Dieses Mantra aktiviert deine Erdung, Kraft, Stabilität, innere Sicherheit und das Vertrauen in dich selbst. Es erinnert dich daran, dass du *bist*, jenseits all der Dinge, die du tust, denkst, fühlst, und jenseits all deiner Befindlichkeiten, Ängste, Nöte und Sorgen.

VI. Das Sechs-Schritte-Programm

Schritt 1 – GROUNDING: Innere Stabilität finden

Zentrale Fragen:
Wer bin ich, und was brauche ich?

Im ersten Schritt starten wir mit dem Fundament, das notwendig ist, um echte Verbundenheit zu spüren und sich stabil und geerdet zu fühlen. Oftmals glauben wir, performen zu müssen, weil wir nicht wissen, wie wir uns anders stabilisieren können als durch andauerndes Leisten, Tun oder Abwehren von Gefahren. Sprich, wir kennen unser CARE-System gar nicht wirklich. Auch wissen wir nicht genau, was dazu geführt hat, dass sich DRIVE und PANIC als dominante Systeme in unserem Leben entwickelt haben und was aktuell die Auslöser sind, die diese beiden Systeme aktivieren.

Warum lohnt sich dieser erste Schritt, das GROUNDING, für dich?

Wenn du dir einmal klargemacht hast, warum du oft so reagierst, wie du reagierst, hast du die Chance, viel bewusster, *selbst*-bewusster, zu handeln. Du erlangst eine innere Stärke und Stabilität und fühlst dich weniger fremdbestimmt. Die Übungen des ersten Schritts eignen sich für jeden, der sich ab und zu getrieben, rastlos, gestresst oder orientierungslos fühlt oder im weitesten Sinn mit Ängsten zu kämpfen hat. Du kannst diese Übungen aber auch durchführen, um deine Resilienz zu stärken oder einfach, weil es dir Spaß macht, dich besser kennenzulernen und dein Repertoire an Wohlfühltechniken zu erweitern.

Mit meinen Klienten arbeite ich – unabhängig von dem Grund, aus dem sie zu mir kamen – eigentlich immer zuerst am GROUND-ING, um erst einmal die Basis von innerer Stabilität (wieder-)herzustellen. Wenn du innerlich wacklig und ängstlich bist, ist es dir nicht möglich, Neues zu lernen, weil Ängste und Stress in der Regel so laut schreien, dass sie dich gar nichts Neues hören lassen. Erst einmal gilt es also, diesen Schreihälsen einen Gegenpol mit genügend Erdung entgegenzusetzen.

In Schritt 1, dem GROUNDING, sehen wir uns Folgendes genauer an:

- Was hat in deinem Leben zu einem dominanten Performance-Ich beigetragen?
- Welche Aspekte, Ereignisse, Menschen und Erfahrungen waren an der Entwicklung von DRIVE beteiligt und welche an PANIC?
- Wie umfassend ist dein CARE-System derzeit ausgebildet, und was war bislang in deinem Leben an der Entwicklung von CARE beteiligt?
- Wie gut kennst und pflegst du deine ganz grundlegenden Bedürfnisse, die erfüllt sein müssen, um sicher und geerdet durchs Leben zu gehen?
- Und welche Übungen unterstützen dich dabei, dich von innen heraus zu stabilisieren, wenn du einmal eine Portion Erdung mehr gebrauchen könntest?

GROUNDING Teil 1: Wer bin ich?

Die Tatsache, dass du dich, online oder offline, in der Psychologie-Ratgeber-Abteilung aufgehalten hast, um an dieses Buch zu kommen, mag darauf hindeuten, dass wir beide etwas gemeinsam haben: Die Menschen, die dich und mich großgezogen und beeinflusst haben, haben ganz sicher das Beste getan, was sie konnten, und manchmal hatten sie »total einen an der Klatsche«: Sie haben uns Geschichten erzählt oder Dinge vorgelebt, die mit gesundem Menschenverstand nicht nachvollziehbar sind, die verletzt, erschüttert, verängstigt haben und zu allem Überfluss oft auch noch als gut gemeinte Ratschläge verkleidet daherkamen.

Wenn du dir nochmals deine DRIVE- und PANIC-Sätze ansiehst (siehe II. Kapitel), ist die Wahrscheinlichkeit hoch, dass die Worte so oder so ähnlich irgendwann einmal von einer oder mehreren deiner engsten Bezugspersonen ausgesprochen oder dir von ihnen vorgelebt wurden. Enge Bezugspersonen können deine Eltern, Geschwister, Großeltern und andere Familienmitglieder sein, Erzieher, Lehrer, Kita- und Schulfreunde, (Ex-)Partner oder auch andere Menschen, zu denen du in irgendeiner Form aufgeblickt hast, deren Meinung dir wichtig war, von denen du umgeben und sogar abhängig warst oder von denen du freiwillig und unfreiwillig gelernt hast.

»Das lernst du nie!«, »Weine nicht, das war doch überhaupt nicht schlimm«, »Ach Quatsch, davor brauchst du doch keine Angst zu haben«, »Du bist ja hübsch anzusehen, aber was du immer für wirre Ideen im Kopf hast«, »Alle andern können das doch auch, wieso nicht du?!«, »So zickig/kompliziert/anspruchsvoll/faul, wie du bist, kriegst du nie einen Mann/eine Frau ab«, »Damit kannst du bestimmt kein Geld verdienen, das ist ja kein richtiger Beruf!«, »Guck mal, der Karl/die Frieda kann das schon längst, und was ist mit dir?«, »Sei nicht so egoistisch!«, »Setz dich mal mehr durch!«, »Sei nicht so vorlaut!«, »Eine richtige Frau/ein richtiges Mädchen/ein richtiger Mann/richtiger Junge macht das so!«, »Du musst immer dafür sorgen, dass …, sonst passiert …!«, »Pass bloß auf, dass es dir nicht mal so ergeht wie …«, »Wenn du etwas erreichen willst, führt kein Weg daran vorbei, dass du …!«, »So wie du das machst, wird das nie was!«, »Dafür hast du kein Talent« …

Mit Worten und Sätzen wie diesen wurden dein DRIVE- und PA-NIC-System mit sogenannten Introjekten gefüttert. Introjekte nennen wir in der Gestalttherapie Glaubenssätze, die wir einst relativ ungeprüft hinuntergeschluckt und in unser Glaubens- und Wertesystem aufgenommen haben, die mit der Zeit Teil unserer Persönlichkeit werden und die schlussendlich auch unser Handeln prägen. Wir werden uns im nächsten Kapitel noch intensiver mit diesen Introjekten und dem, was sie mit uns machen, auseinandersetzen. An dieser Stelle geht es erst einmal darum, dass du dir beide Systeme, DRIVE und PA-NIC, noch einmal ganz genau vornimmst und dir aufschreibst, was in deinem Leben bisher alles an dem jeweiligen System beteiligt war.

DRIVE

Welche Aspekte, Ereignisse, Menschen und Erfahrungen haben entscheidend dazu beigetragen, dass du manchmal das Gefühl hast, du musst ganz viel leisten, und jagst einer Bedürfnisbefriedigung/Zielerreichung nach der nächsten hinterher:

_____

_____

_____

_____

_____

_____

_____

Wenn du einmal tief und ehrlich in dein DRIVE-System hineinhorchst: Was, glaubst du, kannst du durch viel Leisten und Konsumieren irgendwann endlich erreichen? Welchen tiefen Wunsch irgendwann endlich befriedigen? Was soll irgendwann endlich in Erfüllung gehen, dadurch, dass du ganz viel dafür tust?

_____

_____

_____

_____

Auf welche Art und Weise versuchst du, diesen so sehr ersehnten Wunsch zu befriedigen? Also: Welche Strategien hast du entwickelt, um der Erfüllung dieses Wunsches so nah wie möglich zu kommen?

_____

_____

_____

_____

Haben diese Strategien irgendwelche unerwünschten negativen Konsequenzen? Wenn ja, welche?

_____

_____

_____

_____

Ganz schön harter Tobak zu Beginn?! Ich weiß, es ist nicht immer leicht, sich einmal ganz genau vor Augen zu führen, was uns geprägt hat, welche Menschen und Ereignisse auch an nicht so schönen Erlebnissen beteiligt waren und wie wir uns noch heute aktive Muster angeeignet haben. Es erfordert Mut, die Treppen zum eigenen inneren Keller hinunterzugehen, vor allem dann, wenn man diesen Keller vielleicht richtig gruselig findet und sich schon länger nicht mehr darin umgesehen hat.

Und was hilft dabei, diesen Schritt trotzdem zu wagen, weil man weiß, dass es endlich einmal an der Zeit ist, dort unten auszumisten und Platz für Neues zu schaffen? Na, ich würde sagen: eine vertrauensvolle Begleitung, genügend Licht und die Sicherheit, dass man jederzeit wieder aus dem Keller nach oben gehen kann, wenn es zu viel wird!

Wenn es dir also gerade schwergefallen ist, mit deinen angestaubten DRIVE-Gespenstern Kontakt aufzunehmen, dann versuch, dich erst einmal auf die Übung einzustimmen, indem du ein paar tiefe

Atemzüge nimmst und dir dann vorstellst, du gehst in Begleitung einer guten Freundin oder eines guten Freundes in diesen imaginären Keller hinab, machst Licht, siehst dich um und erzählst deiner Begleitung dabei, was da unten so alles rumliegt. Zum Beispiel so: »Ach, sieh mal hier: In dieser Kiste ist ein Schlüsselerlebnis, das mein DRIVE-System total geprägt hat. Als mein Vater damals seinen Job verloren hatte, änderte sich unser ganzes Leben. Er wurde alkoholabhängig, wir Kinder konnten nie an irgendwelchen Schulausflügen teilnehmen, weil wir kein Geld hatten, und meine Mutter beschimpfte ihn die ganze Zeit als Nichtsnutz. Mein jetziger Job macht mir zwar schon seit Langem überhaupt keinen Spaß mehr, aber ich kann unmöglich aufhören, jeden Tag bis an meine Grenzen zu arbeiten, damit mir und meiner Familie nicht das gleiche Schicksal blüht wie uns damals! Ach, und hier, da ist eine typische PANIC-Geschichte von mir. Meine Großmutter, die ich sehr liebte, erzählte immer, dass jederzeit nachts Einbrecher kommen könnten, um uns alles wegzunehmen und uns zu verletzen, und dass wir deshalb auch im Schlaf immer mit einem Ohr ganz wachsam sein müssten. Ich glaube, deshalb kann ich auch heute noch so schlecht abschalten und fühle mich nie wirklich sicher in meinem eigenen Haus.«

Deine imaginäre Begleitung hat einfach nur die Aufgabe, dir wohlwollend zuzuhören. Ab und an kannst du dir vorstellen, wie sie deine Hand hält oder dich, wenn du es brauchst, auch mal fest in den Arm nimmt. Und wenn es dir zu viel wird, dann geht ihr beide die Treppen wieder hoch, macht euch eine Tasse Tee, lasst erst mal sacken, was ihr da unten alles entdeckt habt, und seht euch den Rest ein anderes Mal an.

Probiere diese Technik jetzt einmal mit deinem PANIC-System aus, oder geh nochmals zurück zu Schlüsselmomenten von DRIVE, wenn dir die Imagination mit dem wohlwollenden Begleiter dabei hilft, dir das System auf diese Weise genauer anzusehen.

PANIC

Welche Aspekte, Ereignisse, Menschen und Erfahrungen haben dazu beigetragen, dass du manchmal – vor allem in Situationen, in denen das im Grunde gar nicht oder nicht in dem Ausmaß nötig wäre – aus Angst heraus handelst, dich bedroht fühlst oder glaubst, dich verteidigen zu müssen?

_____

_____

_____

_____

_____

Wenn du einmal tief und ehrlich in dein PANIC-System hineinhörst: Was ist deine größte Angst?

_____

_____

_____

_____

_____

Welche Strategien hast du entwickelt, um mit dieser Angst umzugehen oder um sie nicht zu spüren?

_____

_____

_____

_____

_____

_____

Haben diese Strategien irgendwelche unerwünschten negativen Konsequenzen? Wenn ja, welche?

_____

_____

_____

_____

Die Vorstellung von der Begleitung eines Freundes oder einer Person deines Vertrauens in deinen DRIVE- und PANIC-Keller ist auch deshalb so hilfreich, weil du dir damit vielleicht zum ersten Mal einen *Zeugen* deiner Erlebnisse an die Seite stellst. Das ist einer der Gründe, vielleicht sogar der wichtigste, warum Psychotherapie so heilsam sein kann: Ein anderer Mensch wird Zeuge deiner Ängste, Verletzungen, Erlebnisse und Erfahrungen, sieht dich in deinem Schmerz und will diesen nicht einfach nur schnell wegmachen, sondern bleibt mitfühlend an deiner Seite, bis die schmerzlichen Gefühle allmählich ihren Schrecken verlieren.

Ereignisse werden vor allem dann als besonders schlimm erlebt, wenn wir keine Ahnung haben, wie wir sie einordnen sollen. Wenn uns die Orientierung fehlt, warum etwas gerade so passiert, wie es passiert, oder warum jemand etwas sagt oder tut, so wie er es gerade sagt oder tut. Viele Kinder werden mit solchen Situationen konfrontiert. Die Großmutter erzählte zum Beispiel nicht, dass sie vom Krieg traumatisiert war und deshalb stets panische Angst davor hatte, jemand könne in ihr Haus einbrechen, und dass das jetzt, wo der Krieg vorbei ist, wesentlich unwahrscheinlicher ist. Und der Vater sagte auch nicht, dass er sich in den Alkohol stürzte, weil er keinen anderen Weg gelernt hatte, um mit seinen Gefühlen von Hilflosigkeit und Versagen umzugehen. Dass er Unterstützung gebraucht hätte statt weiterer Entmutigung und dass es auch andere Wege gibt, um mit solchen Gefühlen und Schicksalsschlägen umzugehen. Als Kind fehlt uns die Möglichkeit und Kompetenz, bei solchen Erlebnissen Alternativen zu sehen. Wir sind also darauf angewiesen, dem zu glauben, was uns vorgelebt wird, und versuchen stets, uns der Realität, die uns präsentiert wird, bestmöglich anzupassen. Die Ansichten und Handlungen von Menschen infrage zu stellen, auf die man angewiesen ist, ist für ein Kind sehr viel angsteinflößender, als diese irgendwie zu akzeptieren und einen kreativen Umgang damit zu finden. So werden Überzeugungen, die oben genannten Introjekte, hinuntergeschluckt und können sich später in DRIVE- oder PANIC-Sätze wie diese verwandeln: »Wenn ich meinen Job aufgebe, werde ich mich und meine Familie ins Unglück stürzen«, oder »Es ist gefährlich, einmal nicht wachsam zu sein!«.

An dieser Stelle ist mir wichtig, dir noch Folgendes mit auf den Weg zu geben: Wir haben uns nicht auf die Suche nach den Influencern von PANIC und DRIVE gemacht, um irgendwem die *Schuld* daran zu geben, warum du dich heute immer wieder überanstrengst oder aus der Angst heraus agierst. Ja, manche Menschen haben dir – wie auch mir und vielen anderen – zu Beginn oder im Laufe des Lebens Unfug erzählt, haben es dir schwerer als nötig gemacht und haben dir womöglich sogar unverzeihliche Verletzungen zugefügt. Ein wichtiger Aspekt im GROUNDING ist, dass du dir über diese Dinge bewusst bist, für dich selbst Mitgefühl entwickelst, weil dir so etwas zugefügt wurde, und dass du dann aber nicht in Selbstmitleid und Schuldzuweisungen stecken bleibst.

Selbstmitleid ist etwas ganz anderes als Selbstmitgefühl. Beim Selbstmitleid bist du unverbunden, du schneidest dich in deinem Kummer von anderen ab und fühlst dich als Opfer der Umstände. Beim Selbstmitgefühl bist du verbunden. Dir ist bewusst, dass das, was dir passiert ist, nicht in Ordnung ist und Schmerz erzeugt hat. Im Zustand des Selbstmitgefühls ist dir gleichzeitig bewusst, dass Schmerz etwas zutiefst Menschliches ist und du dieses Leiden mit unendlich vielen anderen Personen auf dieser Welt teilst. Beim Selbstmitgefühl aktivierst du dein CARE-System und wirst vom Opfer wieder zum Gestalter deines Lebens, da du jetzt in der Lage bist zu überlegen, was du dir Gutes tun kannst, um deinen Schmerz zu lindern, oder wie du in Zukunft vermeiden kannst, dass dir nochmals etwas Schlimmes angetan wird.

Die Verantwortung für die Realität übernehmen

Dieser Schritt vom Opfer zum Gestalter gelingt dir nur, indem du lernstanzunehmen, dass das Erlebte zu deinem bisherigen Lebensweg dazugehört, und du aufhörst, dir zu wünschen, dass jemand deine Vergangenheit umschreibt. Das wird nämlich nicht passieren. Du kannst deine Zeit damit verbringen, dich darüber zu beklagen und indem du jeden Tag weiter darauf hoffst, etwas zu bekommen, das dir vorenthalten wurde, oder aber du nimmst an, dass du das Gewünschte von dieser Person oder auf die Art, wie du es gebraucht hättest, nie bekommen wirst, weil er oder sie nicht fähig war oder ist, es dir zu geben. Versuche stattdessen, dankbar zu sein für die Strategien, die du durch diese Erfahrungen entwickelt hast und die es dir ermöglicht haben, am Leben zu bleiben. Nimm jetzt dieses Leben selbstbestimmt und verantwortlich in die Hand, anstatt es von alten Geistern dominieren zu lassen.

Viele Menschen bleiben lieber in der Sehnsucht stecken, anstatt die Verantwortung für die Realität mit ihren Unzulänglichkeiten zu übernehmen. Sie erhoffen sich jahre- oder sogar ein Leben lang die Liebe und Aufmerksamkeit einer bestimmten Person und sind im Zuge dessen blind und taub für all die Liebesbekundungen und/oder die Zuwendung, die sie von anderen Menschen entgegengebracht bekommen. Welch eine tragische Zeitverschwendung! Hier hilft einzig und allein die Einsicht, dass ausnahmslos jeder Mensch unvollkommen ist und nicht alle Ansprüche erfüllen kann, die man an ihn stellt. Und dass die Realität leider tatsächlich oft viel weniger sexy ist als das sehnsüchtige Schwelgen in der Fantasie und es sich dennoch lohnt, sich auf die schnöde Realität einzulassen, weil sie neben den ganzen langweiligen und auch schmerzlichen Erfahrungen so viel Spannendes und Wunderbares zu bieten hat.

Wenn man selbst das Abenteuer eingeht und Mutter oder Vater wird, dann wird die Tatsache, dass alles und jeder unvollkommen ist, meiner Ansicht nach noch ein wenig verständlicher. Man kommt unweigerlich irgendwann an den Punkt, an dem man seinem Kind oder seinen Kindern, auch wenn man sie aus tiefstem Herzen liebt und ihnen das schönste Leben wünscht, nicht das bieten kann, was sie gerade brauchen. Es wird, es *muss,* immer etwas geben im Zusammentreffen zweier Menschen, wo der eine und auch der andere nicht genug ist und es zu Enttäuschungen kommt. Und es ist immens befreiend, dich oder den anderen an diesem Punkt nicht für seine Unzulänglichkeit zu verurteilen. Natürlich solltest du dein Bestes geben und Menschen all die Liebe schenken, zu der du fähig bist, aber wenn das nicht genug ist, erlaube dir auch, dir einzugestehen: »Ja, an dieser Stelle kann ich dir nicht geben, was du jetzt bräuchtest, und ich tue dies nicht aus bösem Willen, aus Trotz oder aus sonst einer Verweigerung heraus, ich habe es schlicht nicht zur Verfügung. Das tut mir leid, bitte verzeih mir – und: Ich liebe dich.«

Jetzt denkst du vielleicht: »Na ja, er/sie könnte doch *lernen,* so zu sein, wie ich ihn/sie brauche oder wie es für unsere Beziehung hilfreich wäre!« Da hast du absolut recht. Er oder sie *könnte* es lernen, wenn es der aufrichtige Wunsch der anderen Person ist, an der ein oder anderen Stelle im zwischenmenschlichen Kontakt etwas dazuzulernen. Das passiert zum Beispiel in einer Paartherapie oder Paarberatung. Beide Partner (es sind *immer* beide, die etwas lernen müssen, wenn es einen Konflikt in einer Beziehung gibt) holen sich Unterstützung, um im Umgang miteinander etwas dazuzulernen. Das wird aber nie klappen, wenn einer der beiden überzeugt davon ist, dass sich nur der andere verändern muss. Und es wird nie klappen, wenn diese Veränderung gegen die Natur oder den Wunsch eines Menschen geht und sich für diesen einfach nicht gut anfühlt. Aber es gibt genug Menschen auf der Welt, wir müssen nicht mit jedem bestens auskommen. Und es ist völlig in Ordnung festzustellen, dass man mit manchen einfach nicht klarkommt. Diese Menschen sind deshalb nicht schlechter als du, sie sind schlichtweg anders und haben andere Einstellungen und Bedürfnisse. Lenke deine Zeit und Energie lieber darauf, dir ein Umfeld aufzubauen mit Personen, die dir liegen und mit denen du gern zusammen bist, anstatt dein Leben lang mit solchen zu kämpfen, die sich dir zuliebe nicht verändern werden.

***

Zurück zu DRIVE und PANIC: Wenn wir uns also ansehen, wer und was an der Ausbildung dieser beiden Systeme beteiligt war, dann mit der Absicht, die allzu menschlichen Unzulänglichkeiten von Personen anzuerkennen, die dich geprägt haben, sowie diese Menschen aus der Schuld zu entlassen und nicht länger Energie darauf zu verschwenden, sich eine andere Vergangenheit zu wünschen, sondern alle Kraft in die eigenständige Gestaltung der Zukunft zu stecken. Jetzt, als Erwachsener, hast du nämlich durchaus die Wahl, dir die Menschen in dein Leben zu holen, die fähig sind, dir Liebe auf eine

Art zu zeigen, wie du es brauchst. Jetzt kannst du sagen: »Ich brauche das so, und ich suche mir jemanden, der mir das auch geben kann!« Apropos suchen, was du brauchst und was dir guttut: Als Nächstes ist das CARE-System dran! Wir sehen uns im Folgenden an, wer und was bislang in deinem Leben daran beteiligt war, dass du gelernt hast, dich gut um dich zu kümmern. Und wenn du jetzt denkst: »Da finde ich gar nichts! Ich habe bestimmt nicht mal ein CARE-System«, kann ich dir gleich sagen: »Das kann unmöglich stimmen, sonst wärst du nämlich nicht mehr am Leben.«

In jedem Menschen gibt es einen CARE-Teil, beim einen ist er größer als beim anderen, aber mit Sicherheit hast du ihn auch, und das Wunderbare ist, dass du ihn jederzeit vergrößern und ausbauen kannst!

In der gestalttherapeutischen Körperarbeit nennen wir den Part von uns, der dafür gesorgt hat, dass wir überlebt haben, so widrig die Umstände in unserem Leben bisher auch waren, unsere *Körperheimat*. Dieser Ort muss nicht völlig unversehrt sein, es ist möglich, dass er schon viel erlebt hat, doch es gibt etwas *Unerschütterliches* in ihm, wie ein Anker, an dem du dich stabilisieren kannst.

Meditation: Deine Körperheimat

Ich lade dich jetzt zu einer Meditation zu deiner Körperheimat ein, um dein CARE-System ein wenig besser kennenzulernen. Nimm dir für diese Meditation etwa zehn Minuten Zeit. Im Anschluss daran wirst du wie oben bei DRIVE und PANIC ein paar Aspekte zu deinem CARE-System aufschreiben. Zudem möchte ich dich diesmal dazu ermuntern, dein CARE-System beziehungsweise deine Körperheimat direkt nach der Meditation zu malen. Keine Sorge, es geht nicht darum, ein Kunstwerk zu Papier zu bringen – lass dich einfach überraschen, was aus dir heraus entsteht. Wie ich dir eingangs erzählt habe, ist das CARE-System auch zuständig für die kreativen und intuitiven Anteile in uns, und deshalb lass dich ruhig auf eine Übung ein, bei der dein kreativer Anteil aktiviert wird.

Lege dir dafür jetzt schon ein paar Stifte bereit, gern in verschiedenen Farben. Wenn ich dich nach der Meditation bitte, deine Körperheimat zu malen, dann tu dies mit der Hand, mit der du *nicht* schreibst. Als Rechtshänder male also bitte mit der linken Hand, als Linkshänder mit der rechten. So entkommst du von vornherein dem Anspruch, es besonders schön oder richtig machen zu wollen, und kannst dich mehr von deiner Intuition leiten lassen.

Suche dir für die Meditation einen Ort, an dem du ungestört bist. Lege dir Stifte und Papier bereit.

An den Stellen, an denen ich im Text Pünktchen (…) setze, kannst du immer mal kurz die Augen schließen und dann für ein paar Momente oder gern auch Minuten dort verweilen, wo wir gerade sind, bevor du die Augen wieder öffnest und im Text weiterliest.

Setze dich aufrecht und gleichzeitig so entspannt wie möglich hin. Starte die Meditation mit ein paar tiefen Atemzügen durch die Nase, und bleibe mit deiner Aufmerksamkeit für einige Momente bei deinem Atem. (…) Lege jetzt so spontan wie möglich, also ohne lange darüber nachzudenken, wo dieser Ort an deinem Körper sein könnte, deine Hände auf deine Körperheimat. Lass die Hände entscheiden, wo dieser Ort heute ist. Der Ort der Körperheimat kann sich verändern, an einem Tag wandern deine Hände vielleicht spontan zu einer Stelle an deinem Bauch, an einem anderen an deine Oberschenkel oder an deine Wangen. Es kann aber auch sein, dass du immer denselben Ort wählst. Wenn es dir schwerfällt, eine Stelle zu finden, dann darfst du jetzt doch kurz nachdenken und dir überlegen, an welcher Stelle du deine Hände abends, wenn du ins Bett gehst, gern platzierst. Lege deine Hände dann dorthin.

Entscheide jetzt, wo heute deine Körperheimat ist, lass die Hände dort liegen und verbinde dich mit deinen Händen, indem du deine Aufmerksamkeit dorthin lenkst und gleichzeitig deinen Atem wahrnimmst. (…) Lenke deine ganze Aufmerksamkeit auf deine Körperheimat und spüre, was du dort gerade wahrnehmen kannst. (…) Sei so neugierig wie möglich, als wäre es eine wunderschöne Landschaft, die du zum ersten Mal erkundest. Erforsche mit geschlossenen Augen, was du an dieser Stelle alles mit deinem inneren Auge sehen kannst, wie es sich anfühlt, deine Hände dort zu spüren, was dir in deiner Fantasie begegnet und welche Qualitäten (wie zum Beispiel Wärme, Stille, Kraft, Zartheit, Ruhe Sicherheit…), welche Farben und Formen oder visuelle Eindrücke du dort wahrnehmen kannst. (…) Verweile so lange an dieser Stelle, wie es sich gut anfühlt, und wenn du das Gefühl hast, genug erkundet zu haben, dann greife (mit der Nicht-Schreib-Hand) jetzt zum Stift und male deine Körperheimat, ohne groß darüber nachzudenken, auf ein gesondertes Blatt Papier.

Wende dich anschließend der folgenden Aufgabe zu.

CARE

Wo an deinem Körper konntest du heute dein CARE-System/ deine Körperheimat verorten?

Welche Qualitäten (wie zum Beispiel Ruhe, Wärme, Sicherheit…) konntest du an dieser Stelle wahrnehmen? Wie fühlte sich diese Stelle für dich an?

Hat dein CARE-System/deine Körperheimat in deiner Imagination eine bestimmte Farbe oder Form, oder was konntest du dort alles entdecken?

Was genau kannst du dir an dieser Körperstelle holen, wenn du einmal Unterstützung brauchst (zum Beispiel Stabilität, Vertrauen, Zentrierung...)?

Als Nächstes gehen wir wieder ein wenig weg von der Körperebene und wandern vom Fühlen und Wahrnehmen zur analytischen Ebene in den Kopf:

Welche Aspekte, Ereignisse, Menschen und Erfahrungen haben zur Entwicklung deines CARE-Systems beigetragen beziehungsweise haben dafür gesorgt, dass es etwas in dir gibt, das so unerschütterlich geblieben ist wie deine Körperheimat?

_____

_____

_____

_____

_____

Was genau tust du, welche Strategien hast du aus deinem CARE-SYSTEM heraus entwickelt, um für dich zu sorgen?

_____

_____

_____

_____

_____

Wenn du einmal tief und ehrlich in dein CARE-System hineinhorchst: Was ist derzeit dein tiefstes inneres Bedürfnis? Was wünschst du dir? Was würde dir derzeit so richtig guttun?

_____

_____

_____

_____

Wunderbar, das hast du toll gemacht!

***

Du weißt jetzt schon ganz schön viel über dich, und wir haben den ersten Teil von GROUNDING abgeschlossen. Dies ist eine gute Stelle im Buch, um eine kleine Pause einzulegen und alles ein wenig sacken zu lassen. Pausen sind enorm wichtig, um neue Erfahrungen wirklich in den Körper und Geist einsinken zu lassen. Wenn du keine Pausen machst, findet kein Lernen statt. Du konsumierst dann nur, assimilierst aber nicht, das heißt, du machst dir die neue Erfahrung nicht wirklich zu eigen und wirst alles viel schneller wieder vergessen.

Und: Keine Sorge, wenn jetzt dein DRIVE-System rebelliert und nicht untätig herumsitzen will, gebe ich dir gern eine Übung an die Hand, die dich in den nächsten Tagen bei der Verarbeitung und Assimilation des Gelernten unterstützen wird.

Dein CARE-Tagebuch

Führe die nächsten zwei Tage – oder gern auch länger! –Tagebuch über deine drei Systeme DRIVE, PANIC und CARE. Nimm dir dafür abends ein paar Minuten Zeit, und reflektiere über die folgenden Fragen:

Tag 1

Wann und auf welche Weise war dein DRIVE-System heute aktiv? Wie sah die Situation genau aus, und wie hast du reagiert? Warst du dir in dem Moment darüber bewusst, dass DRIVE aktiv ist? Welche körperlichen Empfindungen hattest du? Welche Gedanken und Gefühle waren präsent?

_____

_____

_____

_____

Was wünschst du dir für dich und dein DRIVE-System, wenn du das nächste Mal in einer derartigen Lage bist? Wie könntest du fürsorglicher mit dir und deinem Umfeld in einer solchen Situation umgehen?

_____

_____

_____

_____

_____

Wann und auf welche Weise war dein PANIC-System heute aktiv? Wie sah die Situation genau aus, und wie hast du reagiert? Warst du dir in dem Moment darüber bewusst, dass PANIC aktiv ist? Welche körperlichen Empfindungen hattest du? Welche Gedanken und Gefühle waren präsent?

_____

_____

_____

_____

_____

Was wünschst du dir für dich und dein PANIC-System, wenn du das nächste Mal in einer derartigen Lage bist? Wie könntest du fürsorglicher mit dir und deinem Umfeld in einer solchen Situation umgehen?

_____

_____

_____

_____

_____

Wann und auf welche Weise war dein CARE-System heute aktiv? Wie sah die Situation genau aus, und wie hast du reagiert? Warst du dir in dem Moment darüber bewusst, dass CARE aktiv ist? Welche körperlichen Empfindungen hattest du? Welche Gedanken und Gefühle waren präsent?

Stell dir vor, wie du dieses Erlebnis in dein CARE-System integrierst, indem du jetzt Kontakt zu deiner Körperheimat aufnimmst und dir ausmalst, wie das Erlebnis, bei dem du aus CARE heraus agiert hast, dort einen Platz findet und sich verankern kann. Bleibe anschließend noch für ein paar Momente bei deiner Körperheimat, und hole dir von dort Kraft und Erdung aus dir selbst heraus.

Tag 2

Wann und auf welche Weise war dein DRIVE-System heute aktiv? Wie sah die Situation genau aus, und wie hast du reagiert? Warst du dir in dem Moment darüber bewusst, dass DRIVE aktiv ist? Welche körperlichen Empfindungen hattest du? Welche Gedanken und Gefühle waren präsent?

_____

_____

_____

Was wünschst du dir für dich und dein DRIVE-System, wenn du das nächste Mal in einer derartigen Lage bist? Wie könntest du fürsorglicher mit dir und deinem Umfeld in einer solchen Situation umgehen?

_____

_____

_____

_____

Wann und auf welche Weise war dein PANIC-System heute aktiv? Wie sah die Situation genau aus, und wie hast du reagiert? Warst du dir in dem Moment darüber bewusst, dass PANIC aktiv ist? Welche körperlichen Empfindungen hattest du? Welche Gedanken und Gefühle waren präsent?

_____

_____

_____

_____

Was wünschst du dir für dich und dein PANIC-System, wenn du das nächste Mal in einer derartigen Lage bist? Wie könntest du fürsorglicher mit dir und deinem Umfeld in einer solchen Situation umgehen?

_____

_____

_____

_____

_____

Wann und auf welche Weise war dein CARE-System heute aktiv? Wie sah die Situation genau aus, und wie hast du reagiert? Warst du dir in dem Moment darüber bewusst, dass CARE aktiv ist? Welche körperlichen Empfindungen hattest du? Welche Gedanken und Gefühle waren präsent?

_____

_____

_____

_____

Stell dir vor, wie du dieses Erlebnis in dein CARE-System integrierst, indem du jetzt Kontakt zu deiner Körperheimat aufnimmst und dir ausmalst, wie das Erlebnis, bei dem du aus CARE heraus agiert hast, dort einen Platz findet und sich verankern kann. Bleibe anschließend noch für einige Momente bei deiner Körperheimat, und hole dir von dort Kraft und Erdung aus dir selbst heraus.

Großartig! Du hast nun den ersten Teil von GROUNDING erfolgreich abgeschlossen. Wir haben uns die Elemente genauer angesehen, die dich zu der Person gemacht haben, die du heute bist. »Wer bin ich?«, lautet die zentrale Frage, um die es beim ersten Teil von GROUNDING ging. »Was brauche ich?«, ist die zweite, die wir uns nun im zweiten Teil ansehen werden. Mit den folgenden Übungen reflektieren wir, wie gut du deine grundlegenden Bedürfnisse kennst, pflegst und mit welchen Übungen und Strategien du dich im Alltag immer wieder an das erinnerst, was du brauchst, um dich geerdet und verbunden zu fühlen.

GROUNDING Teil 2: Was brauche ich?

Du hast bereits gelesen, dass dein Verbundenes Ich aus DRIVE, PANIC und CARE besteht. Im Verbundenen Ich arbeiten alle drei Systeme zusammen, um für die Befriedigung unserer Bedürfnisse zu sorgen. Wenn diese erfüllt sind, haben wir das Gefühl, innerlich stabil und geerdet zu sein. Wenn diese teilweise oder vollständig unerfüllt sind oder wir gar keinen Kontakt mehr zu dem haben, was wir brauchen, erleben wir uns wacklig, unverbunden, instabil, wurzellos und unsicher.

Gestalttherapeutisch betrachten wir ein Bedürfnis als einen Wunsch eines Individuums nach Veränderung. Der menschliche Organismus ist im Zustand der Bedürftigkeit im Ungleichgewicht – zum Beispiel durch Hunger, Durst, die Sehnsucht nach Nähe zu einem anderen Menschen, den Wunsch nach geistiger oder körperlicher Betätigung oder Weiterentwicklung, nach Anerkennung und so fort. Dieser Organismus sucht in der Folge nach Ausgleich des instabilen Zustands durch Befriedigung seines Bedürfnisses. Dafür ist wiederum aktives Zutun des Individuums gefragt, das in der Umwelt nach Elementen suchen muss, die geeignet wären, sein Bedürfnis zu befriedigen.

Du hast schon von der Kontaktgrenze gelesen, an der diese Auswahl stattfindet. Als Gestalttherapeuten sagen wir, dass es für die Auswahl dessen, was gut für uns ist, und dem Zurückweisen dessen, was schädlich für uns ist, *Aggression* braucht. Aggression ist in der Gestalttherapie ein positiv besetzter Begriff und meint die Fähigkeit eines Menschen, sich das aus der Umwelt zu holen, was es zur Bedürfnisbefriedigung und damit zum Wachstum braucht. Wir verstehen die Unterdrückung dieser positiven Aggression vielfach als Auslöser von Krankheiten und psychischen, zwischenmenschlichen und auch gesellschaftlichen Problemen. Dabei ist es wichtig zu verstehen, dass das gestalttherapeutische Verständnis von Aggression nicht sinnlose Zerstörung um der Zerstörung willen meint, sondern vielmehr die sinnvolle und zielführende Aneignung der Elemente aus der Umwelt, um Neues entstehen zu lassen und einen überholten Zustand zu überkommen. Jedes Zubeißen beim Essen ist beispielsweise ein aggressiver Akt, bei dem ein Element aus der Umwelt durch die Aggression des Beißens und Kauens dem Organismus zu eigen gemacht und dann zu etwas Nahrhaftem für den Organismus wird, wodurch dieser wachsen und sich verändern kann.

Interessant ist, dass wir uns oft nicht im Klaren über unsere *wirklichen* Bedürfnisse sind beziehungsweise über das, was wir wirklich brauchen, um uns satt und zufrieden zu fühlen und mit dem Leben zu wachsen. Aus unserem Nicht-Wissen oder Nicht-Spüren heraus greifen wir stattdessen einfach zu *irgendetwas*, wenn wir ein Bedürfnis spüren, und wenden damit die nötige Aggression falsch beziehungsweise auf destruktive Weise an. Das kann sich beim Essen genauso zeigen wie bei der Partnerwahl – *irgend*etwas oder *irgend*wer befriedigt ja auch eine Zeit lang das Gefühl eines knurrenden Magens oder eines sehnsüchtigen Herzens. Bauch und Herz sind dann zumindest nicht mehr leer. Unser menschlicher Organismus ist allerdings eine so fantastische und kluge Kreatur, dass er uns früher oder später mit Sicherheit Bescheid gibt, wenn wir zu lange etwas in uns reingestopft haben, das von uns einfach nicht gut verarbeitet werden kann. Physische und/oder psychische Probleme sind die Folge.

Ich hatte schon viele Klienten und Klientinnen, die augenscheinlich keine Aggressionshemmung im Sinne der Gestalttherapie hatten, sich also durchaus für ihre Bedürfnisse und deren Befriedigung einsetzen konnten und sich dennoch leer, unzufrieden und unverbunden fühlten. Wie kann das sein? Diese Menschen handelten auf Basis einer veralteten Information über sich, und/oder sie versuchten, das Bedürfnis eines Idealbildes von sich zu realisieren, und hatten keinen Kontakt zum echten Brauchen hinter ihrem Wollen.

Lass mich das an dieser Stelle einmal genauer erklären, denn vielleicht hast du selbst ja auch schon öfter die Erfahrung gemacht, dass du glaubtest, etwas Bestimmtes zu brauchen, es dir geholt hast, und danach blieb aber ein Gefühl von Enttäuschung oder Leere zurück anstelle der von dir erhofften Zufriedenheit oder Freude.

Dann hattest du wahrscheinlich das gleiche Problem wie schon viele meiner Klienten.

Du glaubtest vielleicht nur, ein bestimmtes Bedürfnisse zu haben, weil man dir das irgendwann einmal so eingeredet hat (hier kommen wieder die Introjekte und Informationen in DRIVE und PANIC ins Spiel, wie wir in Teil 1 von GROUNDING erkundet haben) oder weil du dieses Bedürfnis als Kind, Jugendlicher oder irgendwann sonst in deinem Leben einmal hattest und später nie mehr überprüft hast, ob du es heute überhaupt noch brauchst. Oder du bist einer Sehnsucht gefolgt, weil du annahmst, dass du diese in deinem Alter, deiner Lebenssituation oder als Mann/Frau haben müsstest, da »alle anderen« sie doch auch hätten. Oder aber du nimmst an, dass das *Idealbild* von dir dieses Bedürfnis hat, während dein tatsächliches Selbst aber herzlich wenig damit anfangen kann.

Letzteres begegnet mir in meiner Praxistätigkeit tatsächlich unglaublich oft: dass Menschen – und ich habe selbst auch einmal dazugehört – versuchen, ein Idealbild von sich zu leben, und dabei ihr eigenes Leben verpassen. Das Idealbild einer Frau Mitte dreißig muss doch spätestens jetzt einen Kinderwunsch haben und sich das Leben entsprechend einrichten! Der ideale Mann sollte seiner Familie doch ein bestimmtes Maß an finanzieller Sicherheit bieten können und nicht Ende vierzig einen Jobwechsel mit weniger Einkommen in Betracht ziehen! Das Ideal eines glücklichen Paares lebt doch nicht in getrennten Wohnungen oder Schlafzimmern! Die ideale gute Freundin findet die Familiengeschichten ihrer Freundin mit zwei Kleinkindern mindestens genauso interessant wie die Treffen früher zu zweit allein!

Das Leben ändert sich und wir uns mit ihm. Und da ist es nur logisch, dass sich auch Bedürfnisse und Interessen im Laufe der Zeit ändern. Wie gesagt ist Verbundenheit nichts Statisches, sondern ein Prozess. Und Kennzeichen eines Prozesses ist es, dass sich etwas weiterentwickelt, eine neue Form bekommt, sich verändert und wir durch unsere großartige Fähigkeit des Lernens darauf reagieren können.

Wenn es dir also auch so geht, dass du dich unerfüllt fühlst, nachdem du einem Bedürfnis gefolgt bist, das du zu haben glaubtest, dann ist die Wahrscheinlichkeit hoch, dass du es dir lediglich im *Kopf* zurechtgelegt und aus deinem Performance-Ich heraus gehandelt hast. Du hast aber nicht mit deinem ganzen Körper und deinem ganzen Selbst gespürt, ob das Bedürfnis so überhaupt für dich (noch) stimmig ist, wofür du die Informationen aus deinem CARE-System brauchst. Du bist beim Wollen stehen geblieben und hast nicht bis zum echten Brauchen hineingeguckt.

Ein typisches Beispiel, bei dem wir Menschen nur aus unserem Wollen (Performance-Ich) heraus agieren, ohne dass wir die wertvollen Informationen vom Brauchen (Verbundenes Ich mit CARE-System) hinzuziehen, ist, wenn wir uns urlaubsreif fühlen. Der Körper sendet vielleicht bereits seit einiger Zeit Signale, dass jetzt mal eine Pause angesagt wäre und ein Tapetenwechsel guttäte. Je länger wir diese Signale überhören, desto wahrscheinlicher ist es, dass wir irgendwann an den Punkt kommen, an dem unser Körper langsam genug hat. Nach den vielen kleinen Hinweisen wie etwa Übermüdung, Konzentrationslosigkeit, Gereiztheit, Kopf- oder Magenschmerzen können wir unter Umständen von jetzt auf gleich einfach nicht mehr und fühlen uns völlig ausgeknockt. Mit letzter DRIVE-Kraft googeln wir schnell den nächsten Urlaub, am besten irgendwo, wo es warm ist und weit weg von zu Haus. Das *kann* jetzt gut gehen, und es *besteht* die Möglichkeit, dass es irgendwie mit der Erholung klappt. Allerdings ist es auch sehr gut möglich, dass es nicht klappt, beziehungsweise der Erholungseffekt bereits am Verfliegen ist, sobald wir bei der Rückreise die Bordkarte auf den Scanner halten. Und warum? Ganz einfach, weil wir uns vorher nicht die Zeit genommen haben, um zu prüfen, was es denn *genau* ist, was wir in diesem Urlaub brauchen, uns entsprechend vorbereiten und dann die Tage so gestalten, dass wir gestärkt zurückkommen.

Wenn wir zum Beispiel das große Bedürfnis nach Stille, Natur und Alleinsein haben, ist die Reise mit der besten Freundin nach New York vielleicht etwas, was als Nächstes auf deiner Travel-Bucket-List stand, mit Sicherheit aber nicht das, was du gerade wirklich *brauchst*. Oder wenn deine Erschöpfung eher aus einer *Unter*forderung herrührt und du im Alltag ständig das Gefühl hast, du kannst dein volles Potenzial nicht ausleben, dann macht es womöglich viel mehr Sinn, dir für deinen Urlaub ein Seminar zur persönlichen Weiterentwicklung zu suchen, ein Coaching- oder Selbsterfahrungs-Retreat, anstatt zum dritten Mal in das All-inclusive-Resort zu reisen, wo du den Krabbencocktail am Buffet bereits mit geschlossenen Augen findest und auch nur die Erfahrung des ewig Gleichen machst.

Neben der Tatsache, dass du deine Bedürfnisse genau kennen solltest, um sie zu befriedigen, ist es mitunter auch sehr wichtig, dass dein Umfeld darüber Bescheid weiß. Wenn du beispielsweise für deinen nächsten Urlaub einen Besuch bei der Familie planst, weil Oma und Opa endlich die Enkel wiedersehen wollen, du aber das tiefe Bedürfnis hast, während dieser Zeit auch einmal Raum für dich zu haben, um ein Buch zu lesen und zu meditieren, dann sorge im Vorfeld dafür, dass die Menschen, die an diesem Urlaub beteiligt sind, davon wissen. Und: Sorge vor allem dafür, dass du das Bedürfnis nicht bloß vage formulierst, indem du zum Beispiel ankündigst: »Ich brauche ab und zu aber auch mal etwas Zeit für mich«, sondern sei so konkret wie möglich, damit die Beteiligten eine Chance haben, sich darauf einzustellen und ihr absprechen könnt, wie man dein Bedürfnis unter Berücksichtigung der Bedürfnisse aller anderen Personen am besten realisieren könnte. »Ab und zu« kann für deinen Partner zum Beispiel »einmal pro Woche eine halbe Stunde am Abend, wenn die Kinder schlafen« bedeuten. Du meinst damit aber vielleicht jeden Tag für mindestens zwei Stunden, und das nicht erst abends, sondern tagsüber. Das ist ein erheblicher Unterschied, und es lohnt sich, diesen zu kommunizieren!

Ein weiterer Grund, warum sich oft keine wirkliche Bedürfnisbefriedigung einstellt, ist, weil du dir ein Bedürfnis vielleicht gar nicht zugestehst, beziehungsweise dir nicht erlaubst, dich für ein Bedürfnis einzusetzen, das sich von den Wünschen der Menschen in deinem Umfeld oder von jenen, mit denen du dich vergleichst, unterscheidet. Ich höre in diesem Kontext oft Sätze von Klienten wie: »Aber Frau Schott, das wünschen sich doch alle. Wieso fühlt es sich denn für mich nur so unbefriedigend an?«, oder »Sie wollen mir doch jetzt nicht erzählen, dass eine Frau/ein Mann darauf stehen würde, wenn ich zugäbe, dass ich ... brauche?!«, oder »Aber da muss doch was mit mir und meinen Bedürfnissen nicht in Ordnung sein, alle anderen haben das doch auch nicht so?!« Meine Antwort an dieser Stelle lautet: »Wofür ist das wichtig? Ganz im Ernst. Wofür ist es wichtig, was *ich* darüber denke oder was andere darüber denken oder was der Rest der Welt braucht? Weil ich Psychologin bin, soll ich die Macht haben, Ihnen zu sagen, ob es in Ordnung ist, dass Sie ein bestimmtes Bedürfnis haben oder nicht? Diese Macht will ich überhaupt nicht. Und Sie brauchen diese Erlaubnis von mir auch nicht. Ein Bedürfnis ist per se *immer* richtig. Andere Menschen haben zwar durchaus das Recht, Sie damit zu konfrontieren, *wie* Sie dieses Bedürfnis in die Welt tragen, und es kann sein, dass es ein Verbesserungspotenzial gibt in der Art und Weise, *wie* Sie in Ihrem Leben Bedürfnisse befriedigen. *Dass* Sie diese haben, kann jedoch nie falsch sein. Und so kommt es lediglich darauf an, wie es sich für *Sie* anfühlt, egal, was ich oder der Rest der Welt darüber denken. Und wenn Sie merken, dass das, was Sie bisher probiert haben, Sie nicht erfüllt, dann ist es doch nur sinnvoll, dass Sie das, was Sie zu brauchen glauben, einmal grundsätzlich infrage stellen und prüfen, ob Ihre Annahmen über sich nicht ein Update nötig haben.«

Das Gleiche schlage ich dir an dieser Stelle vor. Nimm wieder einen Stift zur Hand. Wir machen jetzt eine Übung, die die beiden zentralen Aspekte des GROUNDING – »Ich bin« und »Ich brauche« – kombiniert.

Ich bin

*Schreibe als Erstes auf, was dir alles zu den beiden Worten »Ich bin …«
einfällt, also wie du dich und deine Lebenssituation hier und heute definierst und was du den ganzen Tag über tust, was du magst und was
du weniger magst, all das, was dich zu der Person macht, die du jetzt
und heute bist.*

Ein Beispiel: »Ich bin achtunddreißig, ich bin eine Frau, ich bin in
einer Beziehung, bin unverheiratet, bin Architektin, bin sicherheits-
liebend, bin eine, die gern joggen geht … Ich bin eine, die gerne Zeit
in der Natur verbringt, Krimis liest, Kaffee trinkt …«

Du kannst diese Übung so lange wie möglich ausdehnen und alles
sammeln, was dir zu den Worten »Ich bin« einfällt. Lege einfach
los, und denke gar nicht so viel über die Aufgabe nach, während du
schreibst.

Ich bin …

_____

_____

_____

_____

_____

_____

_____

_____

_____

_____

_____

Im nächsten Schritt betrachten wir, was du *willst,* das wohlgemerkt nicht das Gleiche ist wie das, was du *brauchst.* Beim Wollen, so wie ich es hier definiere, geht es wie gesagt oft darum, dass du dir holst, was du zu brauchen *glaubst.* Manchmal steht das Wollen durchaus im Einklang mit dem Brauchen, aber wir versuchen hier, den Aspekten auf die Spur zu kommen, wo das bei dir *nicht* der Fall ist. Das »echte« Brauchen, also den Aspekt deiner wirklichen Bedürfnisse, sehen wir uns im Anschluss an. Jetzt schreibe erst einmal auf, was du im täglichen Leben und als Wünsche für die Zukunft alles zu brauchen *glaubst.* Du kannst dir auch die Frage stellen, welche Wünsche und Bedürfnisse das Idealbild von dir haben sollte, wenn du dich vorhin in diesem Beispiel wiedergefunden hast.

1. *Als die Person, als die ich mich oben beschrieben habe, glaube ich zu brauchen …*
2. *Das Idealbild von mir sollte folgende Bedürfnisse haben …*

_____

_____

_____

_____

_____

_____

_____

_____

_____

_____

_____

_____

_____

_____

Und nun kommen wir zum »echten« Brauchen. Sieh dir einmal an, was du finden kannst, das deinen wirklichen Bedürfnissen entspricht. Als Hilfestellung kannst du dich an eine oder mehrere Situationen erinnern, bei der du das Gefühl hattest, dass du danach so richtig »satt« warst. Zum Beispiel tatsächlich nach einem bestimmten Essen. Frage dich, was genau ausschlaggebend war, dass du dich danach angenehm satt gefühlt hast, nicht übersättigt und auch nicht mehr hungrig. Was genau hast du kurz davor, währenddessen und danach dafür getan, dass sich dieser Effekt einstellte? Oder nach einem Treffen mit einem Freund oder einer Freundin: Wann hattest du das Gefühl, dass du wirklichen Kontakt zu einer Person hattest, und welche Kriterien mussten dafür erfüllt sein? Wann hast du dich nach Beendigung einer Aufgabe einmal zutiefst zufrieden gefühlt, unabhängig davon, welches Feedback du von jemand anderem bekommen hast?

Gibt es irgendwelche Zeichen, an denen du an dir selbst wahrnehmen kannst, dass etwas deinem wirklichen Bedürfnis entspricht? Wie fühlt sich zum Beispiel dein Körper an, dein Atem, was geht in deinem Kopf vor sich?

Was ich wirklich brauche, ist ...

Das merke ich daran, dass ...

Diese Dinge will ich manchmal, und dahinter steckt das Bedürfnis nach ...

Es ist ein enorm wichtiger Schritt des GROUNDING, die eigenen Bedürfnisse genau zu hinterfragen. Du kannst diese Übung gern immer mal wieder in deinen Alltag einbauen und dich ab und an fragen: Welches echte Bedürfnis steckt hinter dem, was ich gerade will?

Das Tolle ist auch, dass sich echtes Brauchen oft bereits durch Kleinigkeiten realisieren lässt. Du *willst* vielleicht einen dreiwöchigen Urlaub in ein fernes Land und musst dafür auf den richtigen Zeitpunkt warten, weil du nicht einfach alles stehen und liegen lassen kannst, und du musst vielleicht auch erst noch das nötige Geld zusammensparen. Wenn du dir die Zeit nimmst und dein Brauchen hinter diesem Wollen erforschst, dann lautet es vielleicht: Abstand von der immer gleichen Arbeitsroutine bekommen, mehr Zeit mit dem Partner verbringen, neue Eindrücke sammeln. Und diese Aspekte kannst du im Kleinen bereits heute in deinen Alltag integrieren! Nimm dir dafür zum Beispiel deinen Kalender zur Hand und prüfe, an welcher Stelle du an deinem Alltag Kleinigkeiten verändern kannst, sodass mehr Zeit für den Partner drin ist, und trage dir diese Zeiten als feste Termine ein. Oder nimm einfach mal einen anderen Weg zur Arbeit, starte deinen Tag mit einer neuen Routine, ändere eine Gewohnheit, kaufe dir ein Buch zu einem Thema, mit dem du dich noch nie beschäftigt hast, besuche ein paar neue Restaurants oder Bezirke in deiner Stadt oder lerne einen neuen Sport oder eine andere Sprache. Den faszinierenden dreiwöchigen Urlaub in ein fremdes, spannendes Land kannst du dann immer noch machen. Du wirst dann nicht völlig frustriert *irgendwann* diesen Urlaub antreten, wenn die Bedürfnisse in dir schon gar nicht mehr daran glauben, dass sie erhört werden, sondern dich auf dieses besondere Erlebnis freuen, während du in der Zwischenzeit in deinem Alltag bereits mit kleineren Aktionen für die Erfüllung deiner Bedürfnisse sorgst.

Körperliche und seelische Symptome als Ausdruck unerfüllter Bedürfnisse

Zu Beginn des Buches habe ich dir erzählt, wie ich im Laufe der Zeit hinter meiner Angst und Panik einen Sinn erkennen konnte und diese Symptome Ausdruck davon waren, dass ich sehr unverbunden durchs Leben ging. Statt unverbunden könnte man auch sagen: Ich hatte keinen Zugang zu meinen echten Bedürfnissen, und die Symptome der Angst und Panik waren Hinweise darauf.

Wenn du auch immer mal wieder bestimmte Beschwerden hast und mit psychischen oder physischen Symptomen kämpfst, dann kannst du – neben der notwendigen Konsultation einer professionellen Begleitung selbstverständlich! – auch einmal die nachfolgende Übung ausprobieren.

Hierbei geht es darum, wie bestimmte körperliche Symptome Zeichen von unerfüllten Bedürfnissen sein können. Vorab ein paar Informationen dazu: Ein Symptom macht immer Sinn und ist Ausdruck eines unerfüllten Bedürfnisses, also eines Ungleichgewichts in deinem Organismus. Dein Körper will dir durch physischen oder psychischen Leidensdruck immer etwas sehr Wichtiges mitteilen. Es lohnt sich also, den Sinn hinter bestimmten Beschwerden zu kennen, die du im Laufe deines Lebens vielleicht immer wieder verspürst. Gleichzeitig halte ich es für wichtig, jedes Symptom individuell und im Kontext des Lebens jedes Einzelnen zu betrachten und dazu professionellen Rat einzuholen, statt sich im Do-it-yourself-Deuten von Symptomen zu versuchen. Du kannst aber durchaus davon profitieren, einmal zu erforschen, welche unerfüllten Bedürfnisse sich hinter bestimmten Symptomen verbergen könnten, wie zum Beispiel Rückenschmerzen, Schwindelgefühle, Schnupfen, Magenschmerzen, Kopfschmerzen, Kurzatmigkeit und so weiter. Hier ein paar Fragen, die dich beim Reflektieren unterstützen können:

Welches Bedürfnis steckt in meinem Schmerz? Was brauche ich? Was kommt gerade in meinem Leben zu kurz und könnte sich durch diesen Schmerz oder dieses Symptom ausdrücken wollen?

_____

_____

_____

Welche Funktion kann die Körperstelle, an der ich den Schmerz/das Symptom wahrnehme, gerade nicht mehr oder nur noch eingeschränkt erfüllen? Wofür steht diese Körperstelle, an der ich dieses Symptom/ diesen Schmerz wahrnehme?

Was möchte ich gerade nicht mehr oder nicht mehr im bisherigen Umfang in meinem Leben erfüllen, und wo brauche ich Unterstützung?

Einige Beispiele: So könnte es bei Rückenschmerz sein, dass du das Bedürfnis nach jemandem hast, der dir den Rücken stärkt. Durch den Schmerz kannst du vielleicht nicht mehr richtig aufrecht gehen, sodass die Funktion einer unbeschwerten Stabilität und Selbstsicherheit eingeschränkt ist und es sein kann, dass du mehr als sonst Unterstützung von außen, von anderen Menschen brauchst. Wenn du an Schwindelgefühlen leidest, kannst du dich fragen, wo in deinem Leben du dir gerade etwas vorschwindelst. Bei Atemnot, wo dir der Raum zum Atmen fehlt. Bei chronisch verstopfter Nase, wovon du vielleicht sprichwörtlich die Schnauze voll hast oder etwas oder jemanden nicht mehr riechen kannst. Ich möchte dir an dieser Stelle nicht zu viele Beispiele vorgeben, weil du ganz individuell für dich sehen solltest, wie deine Antworten auf die obigen Fragen lauten.

Existenzbedürfnisse

Zum Abschluss des GROUNDING möchte ich gern noch auf die sogenannten Existenzbedürfnisse eingehen und dir verschiedene

GROUNDING-Übungen für deinen Alltag nennen, die dich dabei unterstützen, dich auch dann zu stabilisieren, wenn du einmal eine Portion Erdung mehr gebrauchen kannst. Wie das Wort schon sagt, sind bei den Existenzbedürfnissen solche angesprochen, die unsere Existenz auf körperlicher Ebene sichern. Dazu gehören: trinken, essen, Schlaf und Entspannung, Atmung, Fortpflanzung, Bewegung und die Erhaltung und Pflege eines für uns möglichen Maßes an Gesundheit.

Auf dieser sehr basalen Ebene der Bedürfnisse sind unsere beiden Systeme DRIVE und PANIC besonders angesprochen. Am Anfang des Buches habe ich beschrieben, wie das Stammhirn und die DRIVE- und PANIC-Systeme dafür sorgen, dass im Falle einer Notlage alle Kapazitäten bereitgestellt werden, um unser Überleben zu sichern. Um die Grundlagen unserer Existenz aber nicht nur im Überlebensmodus zu sichern, brauchen wir auch den Neokortex und das CARE-System, die dafür sorgen, dass wir immer mal wieder innehalten und überprüfen, wie gut unsere grundlegenden Bedürfnisse denn derzeit erfüllt sind.

Wenn jemand zu mir in Therapie kommt, erlebe ich eigentlich jedes Mal, dass es ein Defizit oder eine Schieflage auf dieser ganz grundlegenden Bedürfnisebene gibt, egal, mit welchem Anliegen die Person sich bei mir meldet. Psychischer Leidensdruck zeigt sich meiner Erfahrung nach also immer auch auf existenziell physiologischer Ebene. Sei es durch einen gestörten Schlaf, Probleme bei der Verdauung, dem Sexualtrieb, Schmerzen oder Verspannungen im Bewegungsapparat oder darin, dass sich Menschen in ihrer Sicherheit erschüttert fühlen, weil sie zum Beispiel Angst haben, ihren Job oder ihre Wohnung zu verlieren, oder sich körperlich oder seelisch von anderen Menschen bedroht fühlen.

Oftmals kommen auch Klienten zu mir, die sich gar nicht darüber bewusst sind, dass es ihnen gerade stark an der Befriedigung ihrer Existenzbedürfnisse mangelt. Sie möchten zum Beispiel herausfinden, warum sie ihren Sinn im Leben nicht finden, warum es mit Beziehungen nicht klappen will oder warum sie einen so geringen Selbstwert haben. Es erscheint ihnen dann oft banal, wenn ich sie nach ihrem Schlaf-, Trink- und Essverhalten frage oder danach, wie gut sie für Bewegung und Entspannung im Alltag sorgen. Sie fragen sich, was das denn damit zu tun haben soll, dass sie nicht den richtigen Partner oder die Erfüllung im Beruf fänden. Es hat sogar sehr viel damit zu tun! Wenn wir nicht lernen, uns gut um uns zu kümmern, was die ganz existenziellen Bedürfnisse angeht, dann wird das auch nichts auf den »höheren« Ebenen, wo es um Bindung oder Selbstverwirklichung geht. So einfach ist das. Bei einem Baby sind wir (hoffentlich) auch nicht von Anfang an damit beschäftigt, wie es jetzt möglichst schnell den richtigen Lebensgefährten findet oder bei welchem Studiengang wir schon mal einen Platz reservieren sollten, damit der großen beruflichen Erfüllung des Sprösslings nichts im Wege steht. Wir sorgen uns vielmehr darum, dass es in sicherer Umgebung groß wird, ausreichend und qualitativ wertvolle Nahrung und Flüssigkeit bekommt, gute Luft zum Atmen, genügend Schlaf, liebevolle Zuwendung und keine Schmerzen hat. Und wir tun sofort etwas dagegen, wenn wir das Gefühl haben, es könnte auf einer dieser Ebenen ein Defizit geben.

Als Erwachsene sollten wir zwar inzwischen gelernt haben, wie wir das alles selbstständig hinbekommen. Meiner Erfahrung nach verlernen wir allerdings im Strudel des Alltags, wirklich gut auf unsere grundlegenden Bedürfnisse zu achten. Wir schieben sie auf, indem wir beispielsweise nicht auf ein Trink- oder Hungerbedürfnis hören, gehen nachlässig mit ihnen um, indem wir beim Kochen auf ein nährstoffarmes Billigprodukt zurückgreifen, oder wir arbeiten gezielt gegen die Erfüllung unserer Existenzbedürfnisse, indem wir durch zu langen und späten Medienkonsum unseren Schlaf negativ beeinflussen, uns zu wenig bewegen und während des Tages nicht für genügend frische Luft und Pausen sorgen. Menschen, die sich auf dieser Ebene nicht gut um sich kümmern, strahlen auch aus, dass sie sich nicht gut um andere kümmern können. Sei es um einen Partner, eine Familie oder ein Unternehmen. Davon bin ich zutiefst überzeugt. Und erst wenn unser Körper und Geist das Signal bekommen: »Ahhh, ich darf mich entspannen und muss den Menschen hier nicht ständig daran erinnern, was er zum Überleben braucht«, ja, erst dann kann sich der Geist um so etwas wie die Erfüllung im Leben kümmern. Daher stell dir bitte im Alltag regelmäßig folgende Fragen:

Auf einer Skala von 1 bis 10, wie gut sind meine Existenzbedürfnisse derzeit erfüllt?

Was tue ich, um zu verhindern, dass diese erfüllt werden?

Um deine Grundbedürfnisse besser auf dem Schirm zu haben, empfehle ich dir, dein Smartphone zu nutzen und dir Reminder einzustellen, die zum Beispiel lauten: »Habe ich heute schon genug getrunken?«, »Habe ich dafür gesorgt, dass ich diese Woche ausreichend Pausen mache?«, »Was muss ich alles einkaufen, um dafür zu sorgen, dass ich diese Woche gesundes Essen zu mir nehme?« Du kannst das Ganze auch knapper halten und dir Erinnerungen mit den Worten »Trinken«, »Gesund essen«, »Pause«, »Bewegung«, »Frische Luft« oder Ähnlichem einstellen. Und: Mach das am besten jetzt!

Zentrale Grounding-Übungen für den Alltag

Nimm regelmäßig bewusst Kontakt mit deinem Atem auf

Manche Dinge wiederhole ich gerne immer und immer wieder, weil ich sie für absolut entscheidend halte, um dich mit deinem Verbundenen Ich in Kontakt zu bringen. Eines dieser Dinge ist: Nimm regelmäßig Kontakt mit deinem Atem auf, denn er wird dich immer ins Hier und Jetzt bringen und ist das wertvollste Instrument, um dich wieder mit dir selbst zu verbinden und dich zu erden.

Absolut großartig dabei ist: Du kannst diese Verbindung zu deinem Atem und damit zu dir selbst im jetzigen Moment, immer und jederzeit durchführen. Ob du gerade allein und ungestört bist oder in einem Saal voller Menschen eine Präsentation hältst – es wird dir nur guttun, wenn du dich auf deinen Atem besinnst. Probier es gleich einmal aus! Nimm wahr, wie du gerade sitzt oder liegst, während du diese Worte liest, und dann beobachte deinen Atem für ein paar Momente. Spür einfach, wie du ein- und wieder ausatmest. Wenn dir dabei auffällt, dass dein Atem nicht so gut fließen kann, weil du dich körperlich angespannt hast, dann verändere gern deine Körperhaltung und finde eine, in der dein Atem nun freier fließen kann.

Auf meiner Webseite www.jasminschott.de findest du unter der Rubrik »Free Ressources« eine weitere Atemmeditation zum Download. Du kannst dir dort außerdem eine Audio-Meditation namens

»Bodyscan« herunterladen, eine grundlegende Achtsamkeitsübung, um die Verbindung zu deinem Körper zu verbessern.

Pflege und stärke deinen Körper

Ein grundlegendes gesellschaftliches Problem, das ich bei meiner täglichen Arbeit beobachte, ist, dass wir alle unser Leben größtenteils aus dem Kopf heraus leben. Wir überlegen, planen, analysieren, reflektieren, spekulieren, urteilen, erklären, denken uns durch den Tag. Viel seltener integrieren wir in unser tägliches Erleben und Tun, was wir erfühlen, erspüren und empfinden können. Wir bringen uns dadurch um immens viel wertvolle Information, die wir nur dann abrufen können, wenn wir wieder einen besseren Kontakt zu unserem Körper haben. Und wie geht das? Nun, es verhält sich mit dem Kontakt zu deinem Körper auch nicht anders als mit dem Kontakt zu einem guten Freund. Wenn du ihn schon lange nicht mehr angerufen hast, ihr nur noch grob wisst, was der andere gerade tut in seinem Leben, und du merkst, dass dir da aber jemand Wichtiges fehlt, was machst du dann am besten? Ja genau, du rufst mal wieder an, verabredest dich, fragst, wie es dem anderen geht, zeigst Interesse und tauschst dich aus. Und: Du nimmst dir vor, dass du den Kontakt nicht gleich wieder einschlafen lässt, egal, wie stressig euer jeweiliger Alltag sein mag.

Genauso solltest du es auch mit deinem Körper halten. Melde dich nicht nur bei ihm, wenn du merkst, dass er ein größeres Problem hat und gerade Hilfe braucht, sondern halte regelmäßig Kontakt mit ihm, sodass ihr euch gegenseitig im Alltag unterstützen könnt.

Dein GROUNDING kannst du auch dadurch verbessern, indem du deinen Körper ganz bewusst pflegst und trainierst. Dafür eignet sich Muskeltraining genauso wie Yoga oder sonstige Bewegungen, die dir guttun. Um das Gefühl der Erdung und Stabilisierung zu unterstützen, suchst du dir am besten Übungen aus, die eher auf Kräftigung anstatt auf Flexibilität abzielen.

Wenn du dich im Alltag immer einmal wieder instabil fühlst und das Gefühl hast, die ganze Energie ist in deinem Kopf, dann ist es zudem ratsam, die im oberen Körperbereich gestaute Energie wieder nach unten zu holen, indem du zum Beispiel lieber läufst, als mit dem Rad zu fahren, Beine und Füße massierst, Fußbäder nimmst und so den Kontakt zur unteren Körperhälfte und zum Boden stärkst.

Nutze alles aus deinem Umfeld, was dich wieder erdet, indem du zum Beispiel Wurzelgemüse isst, im Wald spazieren gehst, Gartenarbeit machst oder dich auf die Erde in der Natur setzt.

Etabliere stabilisierende Rituale in deinem Alltag

Rituale haben eine enorm erdende, stabilisierende und verbindende Kraft. Sei es der Kaffee am Morgen, der einen erst einmal im neuen Tag ankommen lässt, das gemeinsame Frühstück mit der Familie, das Verbindung schafft, bevor jeder seinem eigenen Tun folgt, der Jour fixe im Office, der Sportkurs jeden Donnerstag, der Nikolausstiefel am 6. Dezember und auch religiöse und spirituelle Zeremonien. Mit Ritualen schaffen wir Stabilität, Orientierung, Verbindung und Entschleunigung in unserer immer komplexer und schneller werdenden Welt. Wir können die Kraft von Ritualen immer dann gezielt nutzen, wenn wir uns rastlos und unverbunden fühlen. Sorge dafür, dass du in deinen Wochenablauf Rituale einbaust, die dir guttun und dich zu dir kommen lassen. Das kann eine kurze Atemmeditation vor deiner Mittagspause sein oder der Yogakurs an einem festen Tag, das gemeinsame Kuchenbacken am Wochenende, der Tee und die Wärmflasche am Abend oder das Telefonat mit der besten Freundin jeden Sonntag. Wähle Zeiten und Aktivitäten für dich aus, die dich unterstützen, und entscheide, ob es ein Ritual für dich allein ist oder ob du es in Absprache mit anderen etablieren möchtest. Halte die Rituale stets simpel, und wähle den gleichen Ort und möglichst die gleiche Zeit.

**

Mit all den Übungen und Tipps hast du ausreichend Informationen zur Verfügung, wie du dich erden kannst und auf ganz grundlegender Ebene Kontakt aufnimmst zu deinem CARE-System und Verbundenen Ich. Hoffentlich hattest du schon viel Freude bei der Lektüre und den Übungen zum GROUNDING und hast Lust auf die nächsten Schritte! Du kannst die Übungen, Fragen und Anregungen des GROUNDING gern eine Weile praktizieren, wiederholen und in deinen Alltag einbauen, bis du dich stabiler und mit dir verbundener fühlst. Ich sage es gern nochmals: Lass all dies nicht zum starren Programm werden, indem du Übung für Übung abarbeitest. Du wirst mehr davon haben, wenn du dir nach jedem Schritt eine Pause gönnst und erst einmal eine Weile mit den GROUNDING-Übungen verbringst, bevor du zum nächsten Schritt, dem DETOXING übergehst. Um im Gewusel des Alltags den Wiedereinstieg nicht zu verpassen, stell dir am besten jetzt gleich eine Erinnerung in deinem Kalender für den Zeitraum ein, von dem du glaubst, dass du gern wieder einsteigen möchtest.

Zusammenfassung

- Mantra: So Hum. – Ich bin das.
- Der erste Teil von GROUNDING widmete sich der Frage »Wer bin ich?«.

- Du hast erforscht, welche Personen und Ereignisse an der Ausbildung von DRIVE, PANIC und CARE beteiligt waren. Diese Hintergrundinfos über dich unterstützen dich dabei, in Zukunft frühzeitiger zu erkennen, an welchen Stellen du anfällig bist, in die Performance-Falle zu tappen. Mittels Strategien aus deinem CARE-System kannst du aktiv gegensteuern und fürsorglicher sowie selbstbestimmter in einer solchen Situation mit dir und deinem Umfeld umgehen.

- Es geht bei der Erforschung von DRIVE und PANIC nicht darum, anderen die Schuld daran zu geben, warum du es heute in manchen Situationen so schwer hast. Als Erwachsener hast du die Chance, Dinge anders zu machen, Vergangenes hinter dir zu lassen und dich darauf zu fokussieren, was dir guttut.

- Beim CARE-System hast du deine Körperheimat kennengelernt, ein kraftvoller, stabilisierender Teil in dir, von dem du dir immer wieder Unterstützung, Beruhigung und Verbindung zu deinem Körper holen kannst, wenn du sie brauchst.

- Im zweiten Teil von GROUNDING haben wir uns mit der Frage beschäftigt: »Was brauche ich?«

- Du hast deine Bedürfnisse genau unter die Lupe genommen und den Unterschied zwischen Brauchen und Wollen kennengelernt. Beim »echten« Brauchen geht es darum, dass du weißt, was dich wirklich zutiefst erfüllt und satt macht. Beim Wollen glaubst du oft nur, etwas Bestimmtes zu brauchen, das dich letztendlich aber nicht zufriedenstellt.

- Sei dir bewusst: Bedürfnisse sind *immer* richtig. *Wie* du sie ausdrückst oder zu befriedigen versuchst, kann verbesserungswürdig sein, aber *dass* du sie hast, ist immer in Ordnung!

Folgende alltagstaugliche CARE-Strategien hast du beim GROUND-ING kennengelernt, die dich dabei unterstützen, echte Verbundenheit zu spüren:

- Stelle dir regelmäßig die Fragen: Handle ich auf Basis einer veralteten Information von mir, und bin ich diese Person vielleicht gar nicht mehr? Handle ich gerade so, weil ich einem Idealbild von mir entsprechen will, oder stehen Herz, Kopf und mein ganzes Selbst hinter meinem Tun? Welches echte Bedürfnis steckt hinter dem, was ich will? Stimmt mein Wollen mit meinem Brauchen überein?
- Kümmere dich um deine Bedürfnisse immer möglichst schnell. Warte nicht bis zum nächsten großen Urlaub, sondern sorge im Alltag mit kleinen Aktionen für die Erfüllung deiner Bedürfnisse.
- Erforsche, ob es hinter Schmerz oder bestimmten Symptomen unerfüllte Bedürfnisse gibt, und lerne die Sprache deines Körpers so besser kennen.
- Prüfe regelmäßig, wie es um deine Existenzbedürfnisse steht. Dazu gehören unter anderem: gesundes Essen, genug trinken, ausreichend Schlaf und Erholung, frische Luft, Bewegung, Pflege deiner Gesundheit, körperliche und seelische Sicherheit. Nutze dafür Erinnerungshilfen in deinem Handy oder deinem Kalender.
- Übungen, die dein CARE-System in Bezug auf deine Erdung – dein GROUNDING – am besten aktivieren, sind:
  - Atemmeditation, Bodyscan und andere erdende Meditationen
  - Deinen Körper pflegen durch Bewegung/Muskeltraining
  - Alles, was dich mit dem unteren Teil des Körpers und direkt mit dem Boden/der Erde in Kontakt bringt: zum Beispiel laufen statt Rad fahren, in der Natur auf dem Boden sitzen oder spazieren gehen, Gartenarbeit, dich auf den Boden setzen, Wurzelgemüse essen, Fuß- und Beinmassagen, Fußbäder
  - Zeit in der Natur
  - Rituale

DETOXING

Sat Nam – Wahrheit ist mein Name

Sat Nam bedeutet: »Wahrheit ist mein Name.« Es ist das Mantra des wahren Selbst und soll dich durch den zweiten Schritt, das DETOXING, begleiten.

Wie zuvor kannst du dieses Mantra im Geist wiederholen, summen, laut singen oder einer Aufnahme lauschen.

Schritt 2 – DETOXING:
Die Seele auf Veränderung vorbereiten

Zentrale Frage:
Wer bin ich, wenn ich niemand mehr sein muss?

»Wer bist du, wenn du niemand mehr sein musst?«, fragte ich meine Klientin Julia, und ihr schossen sofort Tränen in die Augen. Ich bat sie, die Tränen nicht zu unterdrücken, sondern in Kontakt mit ihnen zu gehen. »Spür deinen Atem und deinen Körper, das gibt dir Halt, und dann lass die Tränen laufen und horche, was sie dir zu sagen haben. Denk nicht darüber nach, lass einfach deine Tränen sprechen.«

Sie nahm ein paar tiefe Atemzüge, stellte beide Füße fest auf den Boden und legte die Hände auf die Oberschenkel, um den Kontakt zu ihrem Körper zu spüren, wie wir es schon öfter geübt hatten. Aus den geschlossenen Augen flossen ihr die Tränen die Wangen hinunter.

»Sie sagen, dass sie erleichtert sind, diese Frage zu hören …, dass ihnen noch nie jemand eine solche Frage gestellt hat …«, antwortete Julia. »Sie sind froh, dass endlich einmal jemand so etwas fragt, weil sie der Meinung sind, dass ich mich zu sehr verbiege, die ganze Zeit nur jemand bin, der ich sein muss, weil ich glaube, dass das alle von mir erwarten, weil *ich* das von mir erwarte … und die Frage macht mich auch traurig, weil ich nicht die geringste Ahnung habe, wer ich denn wirklich bin, wenn ich niemand mehr sein muss, und das macht mir jetzt auch Angst, denn dann bleibe ich doch lieber die, die so tut, als ob sie irgendjemand wäre, bevor ich niemand mehr bin.«

Julia ist eine erfolgreiche zweiundvierzigjährige Unternehmerin, die mit dem Anliegen zu mir kam herauszufinden, warum sie sich trotz aller beruflichen Erfolge als Frau so wenig selbstbewusst empfand und bei der kleinsten Kritik in größte Selbstzweifel geriet. Sie hatte gemeinsam mit einer Freundin ein profitables Catering-Unternehmen aufgebaut und inzwischen mehrere Filialen in ganz Deutschland gegründet. Durch ihre Arbeit und ihren großen Freundeskreis lernte sie auch immer wieder interessante Menschen kennen. Regelmäßig machte sie schon seit Jahren die Erfahrung, dass die Männer, die sie sich aussuchte, sie erst superspannend fanden, dann aber klein halten wollten und sie als Frau abwerteten. Julia fing an, den Männern zu glauben, dass sie als Frau nichts wert war, und lebte nur noch aus ihrem Performance-Ich heraus, das dadurch geprägt war, zumindest beruflich für genügend Anerkennung zu sorgen und so das fehlende Selbstbewusstsein im Lebensbereich Partnerschaft zu kompensieren.

Julia steckte in der Performance-Falle fest: Auf den ersten Blick gab sie das Bild einer starken Persönlichkeit ab, die innerlich aber keine wirkliche Idee von sich selbst hatte oder von dem, was sie in einer Beziehung braucht. Ihre Partnerschaften waren stark davon definiert, was der andere für sie oder sie für den anderen tun konnte, um dadurch ein Gefühl von andauernder wechselseitiger Bestätigung zu erhalten. Sie suchte sich also Partner, die ebenfalls keinen Kontakt zu ihrem Verbundenen Ich hatten, die nur mit Darstellung und Leistung beschäftigt waren und auch von Julia erwarteten, dass sie stets perfekt performte. Wenn diese Männer mit vermeintlichen Schwächen in Kontakt kamen – bei sich selbst oder bei Julia –, erfuhr Julia das in Form von Abwertung ihrer Person. Weil sie diese Disharmonie in der Beziehung kaum aushalten konnte, fing sie an, den Männern zu glauben, und ließ sich auch darauf ein, Bedürfnisse der Partner zu befriedigen, die weit über ihre Grenzen gingen, nur damit die Männer sich wieder besser fühlten und sie nicht länger abwerteten.

Die Arbeit am GROUNDING war ein wichtiger erster Schritt für Julia, sodass sie erst einmal eine Idee von sich selbst bekam und von dem, was sie brauchte. Darauf folgte das DETOXING, das Julia dabei unterstützte, das loszulassen, was nicht länger hilfreich in ihrem Leben war. So bekam sie einen viel besseren Zugang zu ihrem Verbundenen Ich und lebte endlich nicht länger nur im Job ihr Potenzial aus, sondern auch privat. Die kluge, toughe, schnelle, kreative Business-Frau erhielt nun wieder Gesellschaft von den vielen sonstigen Anteilen ihrer Person: der liebevollen, mütterlichen, frechen, verspielten, leidenschaftlichen, sinnlichen und auch stillen Frau.

Warum lohnt sich dieser zweite Schritt, das DETOXING, auch für dich?

In einem dreistufigen Body-&-Mind-Detox stelle ich dir vor, welchen Prozess Julia durchlaufen hat und wie auch du herausfinden kannst, welche Gedanken, Gefühle und Handlungen dich davon abhalten, dein authentisches Selbst zu leben.

Geht es dir auch manchmal so, dass du das Gefühl hast, du würdest deinen Tag ganz anders verbringen, wenn du nur könntest? Würdest dich von Menschen oder Gewohnheiten lösen, die dir viel zu viel Energie rauben oder dir sogar schaden? Würdest andere Dinge tun, andere Kleider tragen, ja sogar anders sprechen, wenn du nur den Raum und die Zeit dafür hättest? Im DETOXING lernst du, wie du wieder Kontakt dazu bekommst, wer du bist, wenn du niemand mehr sein musst und hinderliche Denk- und Verhaltensmuster auflöst.

In Schritt 2, dem DETOXING, sehen wir uns Folgendes genauer an:

- Wie werde ich los, was mich im Leben bremst, und gelange zu nachhaltiger Veränderung?
- Wie fühlt sich mein ganzes Ich an, und inwiefern kann es mir als Beraterin oder Berater dienen, wenn ich mich durch eine zu

strenge Trennung von *Work* und *Life* oder von anderen Lebensbereichen um die Nutzung meines vollen Potenzials bringe?

- Welche destruktiven Glaubenssätze blockieren den Weg zu meinem Verbundenen Ich, und wie kann ich diese erkennen und auflösen?

- Wie kann ich nachhaltig dafür sorgen, dass sich alte, hinderliche Denk- und Verhaltensmuster nicht so schnell wieder einschleichen?

Veränderung geschieht, wenn jemand wird, was er ist,
nicht, wenn er versucht, etwas zu werden, das er nicht ist.

ARNOLD R. BEISSER

Im letzten Kapitel habe ich dir davon erzählt, dass wir Gestalttherapeuten ein Bedürfnis als den Wunsch eines Individuums nach Veränderung betrachten. Manchmal ist es aber gar nicht so leicht mit der Veränderung. Du hast nach den Übungen im GROUNDING vielleicht schon einen besseren Kontakt zu dir und deinen Bedürfnissen, suchst jetzt aber nach den Tools oder nach einer Idee, wie du Veränderung zum Positiven oder zur persönlichen Weiterentwicklung so richtig ankurbeln kannst und dich von all dem befreist, was dich in deinem Leben bremst. Und du wünschst dir vielleicht auch, dass diese Veränderung nicht nur kurzfristig ist, sondern sich dein Leben nachhaltig verbessert. Also: Wie geht das jetzt genau mit der Veränderung?

Veränderung geschieht

Mit obigem Zitat des Gestalttherapeuten Arnold Beisser ist die ganze gestalttherapeutische Veränderungstheorie zusammengefasst. Ich finde sie spannend, weil sie so simpel und gleichzeitig gar nicht so leicht ist. »Veränderung *geschieht*« – hier wird bereits das zentrale Element deutlich, wie wir Gestalttherapeuten nachhaltige Veränderung betrachten. Nämlich als etwas, das *geschieht*, und nicht als etwas, das erzwungen oder von jemandem hergestellt wird. Echte Veränderung kannst du nach unserer Auffassung nicht durch Anstrengen, Bemühen, Verstehen, Erkennen oder Üben erreichen.

Auch wenn du zu einem Gestalttherapeuten in Therapie gehst, wird sich dieser weigern, die Rolle des Veränderers für dich zu übernehmen. Genauso wenig, wie ich mit diesem Buch den Anspruch habe, die Expertin zu sein, die dir erzählt, wie du dich am besten änderst. Runzelst du jetzt die Stirn und fragst dich, wozu wir Gestalttherapeuten dann überhaupt bezahlt werden und warum du dir dieses Buch gekauft hast? Ich finde deine Skepsis völlig angebracht, denn warum solltest du den Schritt wagen, dir ein Coaching oder eine Therapie zu suchen oder einen Ratgeber zu lesen, wenn nicht das Ziel ist, am Ende verändert aus den Sitzungen oder der Lektüre hervorzugehen? Da bin ich völlig bei dir.

Was wir Gestalttherapeuten in den Sitzungen tun und was ich auch mit den Schritten in diesem Buch vermitteln möchte, ist, dich auf dem Weg zu deinem authentischen Selbst zu begleiten, ohne dich auf eine Weise zu sehen, die besagt: »So wie du jetzt bist, bist du falsch, und ich sag dir jetzt mal, wie du dich am besten veränderst, damit du in Zukunft richtig bist!« Und: Wir sind davon überzeugt, dass paradoxerweise genau das zu nachhaltiger Veränderung führt.

»Veränderung geschieht, *wenn jemand wird, wie er ist*«, nennt das Beisser und meint damit genau den Weg, der mit der Frage beginnt: »Wer bin ich, wenn ich niemand mehr sein muss?« Und auch: »Wer bin ich, wenn ich nicht länger darauf höre, was andere mir erzählen, wie ich sein soll?«

Wenn du Veränderung für dich in den Worten oder Ratschlägen von anderen Menschen suchst, ohne zu prüfen, ob diese für dich passen, gehst du nur den gleichen Weg weiter, der dich schon in die Performance-Falle geführt hat. Vorher war es vielleicht die innere Stimme aus deinem Performance-Ich, die dir sagte: »So kann es nicht weitergehen, jetzt verändere dich endlich mal, und tu dieses und jenes!«, und jetzt ist es der Therapeut, Coach oder Autor eines Buches, der es vermeintlich besser weiß als du.

Kurzfristige Veränderung kannst du natürlich durchaus aus deinem Performance-Ich heraus erzielen. Klar bringt das etwas, wenn du dich eine Weile richtig anstrengst und dir fest vornimmst, regelmäßig eine Atemmeditation in dein Leben zu integrieren, weil *du dich* verändern willst. Oder wenn du dir vornimmst, deine Existenzbedürfnisse ab sofort fest im Blick zu behalten, weil *du dich* verändern willst. Oder wenn du die Signale deines Körpers ab sofort ernster nimmst, weil *du dich* verändern willst. Das alles sind hilfreiche Tools für Veränderung, sie können dein Leben bereichern, und es ist auch prima, dass du aktiv etwas für dich tun willst. Allerdings kann ich dir versprechen, dass bereits nach kurzer Zeit schon der nächste tolle Ratgeber in deinen Einkaufskorb wandert, der dir endlich die entscheidenden Schritte für mehr Verbundenheit oder aus dem Stress und der Unzufriedenheit heraus verspricht, wenn du diese Veränderung lediglich aus deinem Performance-Ich heraus angehst.

Wenn wir uns im Folgenden das dreistufige Body-&-Mind-Detox ansehen, ist mir also wichtig, *aus welcher Haltung* heraus du diese Tools – wie auch alle anderen in diesem Buch – anwendest.

Die Haltung des Performance-Ichs lautet: »Ich bin falsch und nutze diese Tools, um mich zu ändern.« Die Haltung des Verbundenen Ichs lautet: »Ich bin richtig, so wie ich bin, und nutze diese Tools, um mich immer besser kennenzulernen und das, was nicht mehr zu mir passt, loszulassen. Ich freue mich auf die Veränderung, die sich auf natürliche Weise einstellt, wenn ich immer mehr werde, wer ich bin.«

Streng genommen verstehe ich dieses Buch daher auch nicht als *Rat*geber. Das impliziert für mich nämlich, dass ich diejenige sein soll, die Bescheid weiß, und du jemand, der keinen Plan hat. Gefällt mir nicht, diese Position. Und sollte dir auch nicht gefallen. Viel lieber begleite ich dich auf Augenhöhe, stelle dir zur Verfügung, was ich weiß, und ob es das Passende für dich und deinen Weg ist, prüfst du stets selbst.

Wir starten jetzt mit den Übungen zum zweiten Schritt, dem DETOXING. Viel Spaß dabei!

Body-&-Mind-Detox in drei Stufen

Bei den GROUNDING-Übungen war das unterstützende Element für mehr Stabilität die Erde, bei den DETOXING-Übungen hilft dir das Element Wasser bei deinem Prozess des Loslassens. Ich empfehle dir, während der Lektüre und der Durchführung der Übungen in diesem Kapitel während der nächsten Tage deinen Körper mit Wasser und deinen Geist mit dem Wort »lassen« zu unterstützen. Trinke viel Wasser, und nimm auch einmal ganz bewusst den Kontakt zu Wasser in deinem Alltag wahr. Wenn du gerne schwimmst, tu das jetzt vermehrt. Geh in die Badewanne oder dusche bewusster als sonst, indem du dir vorstellst, dass das Wasser alles von dir abspült, was du nicht mehr brauchst. Geh am Wasser spazieren, oder stell dir ein schönes Bild vom Meer oder einem See an einem Ort auf, an dem du immer mal wieder vorbeigehst. Suche bewusst den Kontakt zu Wasser, während du das Body-&-Mind-Detox durchführst.

Während du den Körper durch Wasser beim Loslassen unterstützt, erlaube auch deinem Geist, sich mit dem Loslassen zu beschäftigen. Um dich mit unangeleiteter Meditation vertraut zu machen, kannst du einfach zu dem Wort »lassen« oder »loslassen« meditieren und beobachten, was alles während der Meditation in dir auftaucht, während du dieses Wort denkst und deinen Fokus immer wieder zu diesem Wort zurückholst. Du kannst das Wort auch mit einer Atemmeditation verbinden und beim Einatmen »Lass« und beim Ausatmen »los« denken. Experimentiere auch gern mit noch weiteren Varianten von »lassen« während deiner Atemmeditation: »Lass – weg«, »Lass – sein«, »Lass – aus«, »Lass – liegen«, »Lass – fallen«, »Lass – locker«, »Lass – Platz« und so weiter.

Wenn du nicht meditieren möchtest, kannst du dir im Alltag immer mal wieder die Anregung geben: »Lass los«, indem du diese Worte auf ein Blatt Papier schreibst und dir dieses zum Beispiel neben deiner Zahnbürste ins Bad hängst, sodass du regelmäßig daran erinnert wirst. Oder du kannst dich fragen: »An welcher Stelle kann ich mal ein wenig lockerlassen? Was kann ich jetzt liegen lassen? Was kann ich weglassen?«

Ich möchte dich an dieser Stelle auch darauf hinweisen, dass manche Menschen während der DETOX-Schritte mit körperlichen Symptomen reagieren. Meist ist das ein Zeichen dafür, dass sich Giftstoffe lösen und etwas aus deinem Körper heraus möchte. Ich mache das Body-&-Mind-Detox selbst regelmäßig und habe beobachtet, dass ich zum Beispiel mit Übelkeit oder Hautausschlägen reagiere. Die

Übelkeit ist ein Zeichen, dass sich an den Introjekten etwas verändert, die ich, ohne sie gründlich betrachtet zu haben, unassimiliert in meinem Magen liegen habe. Hautreaktionen sind oft ein Zeichen von Ablöseprozessen. Wir beschäftigen uns beim DETOXING zwar in erster Linie mit mentalen Prozessen, mit Mustern, Gewohnheiten und Glaubenssätzen, die wir loslassen wollen, jedoch sind Geist und Körper immer miteinander verbunden und schicken sich gegenseitig Signale. Wenn also dein Geist signalisiert:»Ah, das möchte ich jetzt endlich loslassen!«, dann wird das auch immer Auswirkungen auf körperlicher Seite haben. Manchmal fast unmerklich, indem sich bestimmte kleinere Muskelanspannungen lösen oder indem dein Atem etwas freier fließen kann. In manchen Fällen auch sehr deutlich spürbar, sodass du merkst, wie sich Schmerzen und Blockaden im Körper lösen, die im ersten Schritt allerdings erst noch einmal deutlicher zu spüren sein können.

Ich habe auch schon von Klienten gehört, dass sie während der DETOXING-Zeit plötzlich immer wieder Sachen fallen lassen, sie also buchstäblich loslassen. Ich freue mich immer über solche Rückmeldungen, weil es zeigt, dass wirklich etwas Neues passiert. Solange es in einem nicht allzu beunruhigenden Maß für dich geschieht, versuche auch du, solche oder ähnliche Symptome als gutes Zeichen zu werten, dass sich etwas löst und dein Körper in deinem Sinne mitarbeitet. Wenn es zu intensiv für dich wird oder zu lange anhält, suche in jedem Fall einen Arzt auf und sorge für passende Unterstützung.

Stufe #1: Unbox your body

Du erinnerst dich an Julia, die erfolgreiche Geschäftsfrau mit dem geringen Selbstwert? Um eine Idee davon zu bekommen, wie Julia diese Trennung zwischen Business-Ich und privatem Ich in sich verankert hatte und damit nie wirklich ihr volles Potenzial lebte, haben wir zu Beginn des DETOXING eine Körperübung gemacht. Diese Übung ist auch etwas für dich, wenn du erforschen willst, ob du ebenfalls eine zu starre Trennung von Work und Life oder anderen Lebensbereichen vornimmst und so nie wirklich ganz du selbst bist in einem der Bereiche, was dich mit der Zeit sehr viel Energie kostet.

Ich halte es für einen immens wichtigen Schritt, dir einmal vor Augen zu führen, an welchen Stellen im Leben du dich ähnlich wie Julia zerteilst. Wahrscheinlich würdest du ja schon von dir behaupten, dass du eine einzige Person bist mit einer einzigen Persönlichkeit, richtig? Dennoch handelst du, wie so viele andere Menschen, im Alltag vielleicht oft so, als wärst du verschiedene Menschen mit verschiedenen Persönlichkeiten. Diese Trennung tut niemandem auf Dauer gut. Dein ganzes System gerät durcheinander, weil es, je nach Situation, immer wieder Energie aufbringen muss, um Teile von dir abzuspalten beziehungsweise zu unterdrücken. So kannst du nie aus deinem vollen Potenzial schöpfen und nutzt auch nie die ganze Kraft deines Körpers und Geistes.

Um als Mensch gesund zu bleiben und damit die natürlichen Selbstheilungskräfte zum Tragen kommen können, wenn wir zum Beispiel großem Stress oder einer Krankheit ausgesetzt sind, müssen Körper und Geist in Balance sein. Wenn das der Fall ist, sind wir gar nicht so sehr auf die Tipps von Ärzten, Therapeuten, Coaches oder sonstigen äußeren Quellen angewiesen. Ein Mensch, der im Einklang mit seinem Körper und Geist lebt und nicht ständig versucht, anders zu sein, und Teile von sich wegdrückt, hat auf ganz natürliche

Weise Zugang zu seinen Selbstheilungskräften, weil er zum Beispiel ein gutes Gespür dafür hat, wann Pausen angesagt sind, wann der Körper Bewegung und wann Ruhe braucht, wann welches Essen guttut, wann welcher Kontakt mit welchen Menschen und so fort. Wenn du im Alltag hingegen sehr viel Energie darauf verwendest, dich zum Beispiel in ein Work-Ich und ein Life-Ich aufzuspalten, wird dieser ganzheitliche Zugang zu deinen Selbstheilungskräften – sowohl mental als auch körperlich – gestört.

Falls dein Thema nicht so sehr die Trennung von Work und Life ist, sondern vielleicht von Mutter und Partnerin oder von Chef und Papa oder Ähnlichem, kannst du diese Übung gern entsprechend variieren und die Felder der nachfolgenden Übung mit Zetteln belegen, welche für dich passen. Einzig das »ganze Ich« sollte immer gleich bleiben.

Die Work-Life-Trennung

Du brauchst für die Übung einen ungestörten Ort, fünfzehn bis zwanzig Minuten Zeit, einen Stift, drei Blatt Papier und so viel Platz, dass du deine Position drei Mal im Raum verändern kannst. Auf die Blätter schreibst du jeweils »Work«, »Life« und »Ich« und legst sie an drei unterschiedliche Positionen im Raum. »Work« steht für dich in deiner Arbeitsrolle, »Life« für dich in deinem Privatleben und »Ich« für dein ganzes Ich, das mit keiner besonderen Rollentrennung beschäftigt ist und sich auch nicht in einer Box befindet.

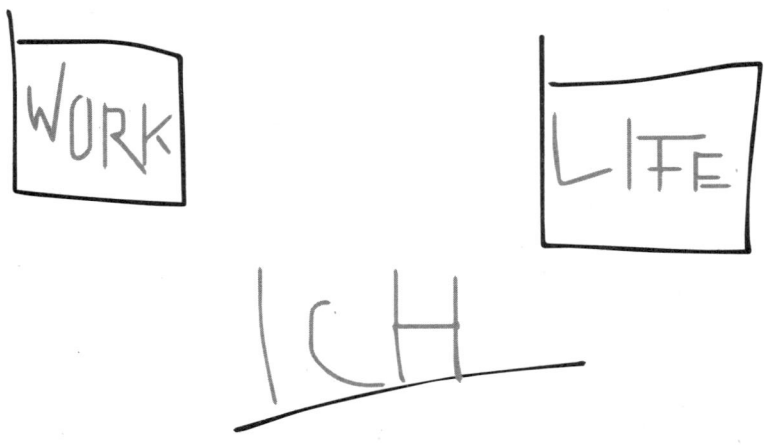

Starte, indem du dich auf die Position von »ICH« stellst. Nimm ein paar tiefe, bewusste Atemzüge, und komme erst einmal in deinem Körper an, indem du diesen von Kopf bis zu den Füßen bewusst wahrnimmst. (…) Erinnere dich jetzt an eine Situation, an einen Moment oder an einen Ort, an dem du zuletzt das Gefühl hattest, einfach du selbst zu sein, unangestrengt, zufrieden, erfüllt, vielleicht allein, unbeobachtet und ohne dass jemand dich beeinflusst oder beurteilt hat. Vielleicht bist du auch in Gesellschaft von anderen, mit denen du dich wunderbar wohlfühlst. Du kannst dir auch einen Ort vorstellen, an dem du noch nie warst, Hauptsache ist, dass du dir ausmalst, dort vollständig willkommen zu sein, so wie du bist, mit allen Macken und allen Liebenswürdigkeiten. (…) Das kann eine ganz alltägliche Situation sein, wenn du morgens deinen Tee oder Kaffee trinkst, etwas Leckeres isst, Rad fährst, die Blumen im Garten gießt oder einfach verträumt aus dem Fenster siehst. (…) Es kann aber auch eine Situation sein, die weniger häufig vorkommt, bei der du jedoch absolut das Gefühl hast, du selbst zu sein. Vielleicht, wenn du beim Kitesurfen bist, mit deinem Patenkind spielst, auf einer genialen Party bist, jemandem von einer tollen Idee erzählst oder im Meer schwimmst. (…) Es kann ein Ort am Meer oder in deinem Wohnzimmersessel sein. Ein Ort, der

dich jederzeit so nimmt, wie du bist. (…) Wähle eine Situation oder einen Ort, an dem du gerade keine besondere Rolle erfüllst, sondern einfach du selbst bist. (…)

Und jetzt beobachte dich einmal selbst an diesem Ort oder in dieser Situation: Welches Tempo hast du? Bist du eher langsam oder eher dynamisch unterwegs? (…) Beurteile es nicht, sondern stelle es einfach nur fest. (…) Und jetzt spür in deinen Körper hinein, wie sich dieses Einfach-du-selbst-Sein auf ihn auswirkt. Wie fühlen sich deine Füße und Beine an, wie dein Becken, wie dein Bauch und Rücken, wie deine Arme, Hände, dein Brustkorb, dein Hals, dein Kopf und dein Gesicht? (…) Wie bewegst du dich? Wie sprichst du? Wie nimmst du deine Umgebung wahr? (…)

Du bist hier voll und ganz du selbst und vollständig willkommen, so wie du bist. Mehr sogar, durch deine Anwesenheit machst du diesen Ort, an dem du ganz du selbst bist, zu etwas Besonderem. Stell dir jetzt vor, dass es auch für den Ort und für die Situation, in der du dich befindest, absolut wertvoll und eine Bereicherung ist, dass du dort bist. Egal, wie banal dir die Situation vorkommt, dadurch, dass du dort bist, genau so, wie du bist, machst du den Ort zu einem ganz besonderen. (…)

Finde nun eine Körperposition oder eine Geste, die für den jetzigen Moment am besten dieses »Ich« ausdrückt. So als solltest du jemandem pantomimisch deutlich machen: Das hier ist mein ganzes Ich, so bin ich, wenn ich voll und ganz bei mir bin und wenn ich mich irgendwo absolut willkommen fühle. (…) Du kannst dich dafür auch hinsetzen oder hinlegen. Finde die Position oder die Geste, die dein ganzes Ich am besten beschreibt.

Halte als Nächstes gern ein paar Aspekte, die du in dieser Position erlebt hast, auf deinem »Ich«-Zettel oder hier im Buch fest. Vielleicht kannst du sogar die Geste oder Position zeichnen, die du gefunden hast.

Mein ganzes Ich nehme ich so wahr:

_____

_____

_____

_____

_____

_____

Nun kommen wir zur Work-Box. Sieh dir diese Box erst einmal von der Position des ganzen Ichs aus an, indem du auf dem Ich-Zettel stehen oder sitzen bleibst. Gleich werde ich dich auffordern, dir vorzustellen, du würdest zur Arbeit gehen oder mit deinem Job beginnen. Ich werde dich dafür bitten, deine Position vom »Ich« zu verlassen und in deine Work-Box einzusteigen, also den Anteil von dir, den du beruflich lebst. Wechsle nicht zu schnell die Position, sondern versuche, in winzigen Schritten wahrzunehmen, was passiert, wenn du dich darauf vorbereitest, von der »Ich«-Position zur Work-Box zu wechseln, bevor du dich überhaupt bewegst. (…) Was passiert in deinem Körper, wenn du dir vorstellst, ich gehe jetzt bald zur Arbeit, oder ich wechsle gleich in den Arbeitsmodus? Kannst du irgendwelche Veränderungen in deinem Körper wahrnehmen, die sich einstellen, sobald du dich auf diesen Wechsel einstimmst? (…)

Und nun steh tatsächlich auf, falls du sitzt, und geh einmal ganz bewusst den Weg vom »Ich« in die Work-Box hinein. Stell dir vor, wie du in eine Box einsteigst oder in ein Feld mit einer Abgrenzung drum herum. (…) Jetzt bist du in deiner Arbeitsrolle. Führe dir dafür dein Arbeitsumfeld vor Augen, wie du dich darin bewegst, wie du dich kleidest, dich in dieser Kleidung fühlst, wie du sprichst, wie du zuhörst, welches Tempo du hast. Und nimm auch hier einmal deinen Körper von Kopf bis Fuß wahr. (…) Kannst du einen Unterschied zur Position deines ganzen Ichs wahrnehmen? Wenn ja, an welchen Körperstellen und auf welche Weise? (…) Stell dir nun die Frage: Wer muss ich in meiner Work-Box sein? (…) Und jetzt finde auch hier eine Position oder eine Geste, die ausdrückt: Das ist mein Arbeitsmodus, so bin ich in meiner Work-Box. Halte deine Erfahrungen anschließend auf deinem »Work«-Zettel oder in diesem Buch fest.

Mein Work-Ich nehme ich so wahr:

Jetzt wende deinen Blick von der Work-Box einmal ganz bewusst Richtung »Ich«. Du siehst nun aus deiner Work-Box dein ganzes Ich an, visualisierst es dir in seiner typischen Pose oder mit seiner unverwechselbaren Geste und stellst diesem ganzen Ich folgende drei Fragen:

- *Welche Anteile von dir lebe ich hier überhaupt nicht?*
- *Was glaubst du, wie ich es mir hier unnötig schwer mache?*
- *Was ist dein Tipp an mich in dieser Box?*

Und nun wechsle die Position, schüttle oder streife beim Gehen dein Work-Ich bewusst von deinem Körper ab, und begib dich wieder zu deinem ganzen Ich. Fühle dich dort nochmals ein mit deiner entsprechenden Pose oder Geste und antworte dann deinem Work-Ich:

GANZES ICH

»Diese Anteile von mir lebst du in deiner Work-Box überhaupt nicht...«

_____

_____

_____

»Ich finde, du machst es dir unnötig schwer in der Work-Box, indem du...«

_____

_____

_____

»Mein Tipp an dich aus meiner Position ist...«

_____

_____

_____

Nun zur zweiten Box, der Life-Box.

Steige wieder ganz bewusst auch in diese Box ein. Wie nimmst du hier den Übergang vom ganzen Ich zur Life-Box wahr? In dieser Box hat die Arbeit nichts zu suchen, hier findet nur Life statt, nur dein Privatleben. Alles, was du für deinen Arbeitsmodus brauchst, hast du in der Work-Box gelassen. Wie geht es dir damit? (...) Wie ist hier dein Tempo, wie siehst du aus, wie bewegst du dich, womit umgibst du dich? Stell dir auch die Frage: Wer muss ich in meiner Life-Box sein? (...)

Und kannst du auch wieder eine körperliche Veränderung feststellen, wenn du einmal deinen ganzen Körper durchwanderst? (…) Finde zum Abschluss eine Position oder Geste, die dich in deinem Privatleben beschreibt, und halte nun deine Entdeckungen auf dem Life-Papier oder in diesem Buch fest.

Mein Life-Ich nehme ich so wahr:

_____

_____

_____

_____

_____

_____

Jetzt wende deinen Blick von der Life-Box ganz bewusst Richtung »Ich«. Du siehst nun aus deiner Life-Position dein ganzes Ich an, stellst es dir vor in seiner typischen Pose oder mit seiner unverwechselbaren Geste und stellst diesem ganzen Ich folgende drei Fragen:

- *Welche Anteile von dir lebe ich hier überhaupt nicht?*
- *Was glaubst du, wie ich es mir hier unnötig schwer mache?*
- *Was ist dein Tipp an mich in dieser Box?*

Und jetzt wechsle die Position, schüttle oder streife beim Gehen dein Life-Ich bewusst von deinem Körper ab und begib dich wieder zu deinem ganzen Ich. Fühle dich dort nochmals ein mit deiner entsprechenden Pose oder Geste und antworte dann deinem Life-Ich:

GANZES ICH

»Diese Anteile von mir lebst du in deiner Life-Box überhaupt nicht...«

»Ich finde, du machst es dir unnötig schwer in der Life-Box, indem du...«

»Mein Tipp an dich aus meiner Position ist...«

Und jetzt beende die Übung, indem du dich wieder mit deinem Atem verbindest und dann einmal ganz aus dem Feld mit den drei Blättern heraustrittst. Schüttle dich und die Positionen der Übung nochmals von deinem Körper ab. Sammle die Blätter auf und entscheide nun selbst, ob du noch eine Weile über deine Erkenntnisse reflektieren willst, dir noch weitere Notizen machen möchtest oder einfach in Ruhe nachspüren magst, wie es dir nach dieser Übung geht. Trinke ein großes Glas Wasser und mache nun auf jeden Fall erst einmal eine Pause von mindestens einem Tag, bevor du in die zweite Stufe vom Body-&-Mind-Detox einsteigst.

***

Zum Abschluss des ersten Schritts möchte ich dir noch erzählen, wie meine Klientin Julia diese erste Übung des Body-&-Mind-Detox erlebt hat. Für Julia war die Position des ganzen Ichs erst gar nicht so leicht zu erspüren. Vor allem die Vorstellung, dass sie eine Bereicherung für den Ort sei, an dem sie sich wohl und aufgehoben fühlte, fiel ihr am Anfang sehr schwer. Ich bat sie deshalb, den ersten Teil der Übung, also eine Fantasiereise an diesen Ort, an dem sie sich ganz wie sie selbst fühlte, so oft wie möglich zu Hause als Meditation zum Beispiel am Abend vor dem Einschlafen zu machen, um mehr und mehr mit dem Ort des ganzen Ichs vertraut zu werden. Das kannst auch du sehr gerne tun und dich erst einmal nur mit diesem ganzen Ich beschäftigen, bevor du dich den Work- und Life-Boxen zuwendest. Die Fantasiereise an den Ort deines ganzen Ichs ist auch eine wunderbare Übung, um vor dem Einschlafen in einen wohligen Entspannungszustand zu kommen.

Als Julia sich dann besser in diesen Ort und den Zustand des ganzen Ichs einfühlen konnte, stellte sie fest, dass ihr ganzes Ich viele verschiedene Facetten beinhaltete: Manchmal fühlte sie sich besonders willkommen, wenn sie sehr still, sinnlich und verletzlich sein konnte, ein anderes Mal war sie vollkommen bei sich an ihrem Ort des ganzen Ichs, wenn sie voller Power, laut, verspielt und kreativ war und in einem Projekt völlig aufging.

Als sie bewusst die beiden Boxen Work und Life wahrnahm und wie unterschiedlich sie sich darin verhielt – in der Work-Box sehr dominant, schnell und laut, in der Life-Box sehr passiv, ängstlich und still –, erlebte sie zum ersten Mal auch körperlich, dass sie sich in den Boxen völlig anders fühlte als beim ganzen Ich. In der Work-

Box powerte sie sich zu sehr aus, sodass sie sich körperlich erschöpft fühlte, und in der Life-Box kam es ihr vor, als würde sie sich stets nur mit angezogener Handbremse bewegen, und sie versteifte ihren ganzen Körper, der sein volles Potenzial hier gar nicht ausleben konnte.

Der Tipp ihres ganzen Ichs an das Work-Ich lautete: »Hab keine Angst davor, ab und an loszulassen. Du darfst auch mal anderen die Führung überlassen und dich etwas ausruhen. Du bist dein eigener Chef, und damit kannst du selbst definieren, was du unter Professionalität verstehst. Das muss nicht immer heißen, dass alle Aufgaben möglichst tough und schnell erfüllt werden und das sogenannte Persönliche bei der Arbeit nichts zu suchen hat. Die stillere Seite in dir kann dich durchaus unterstützen, um auch mal einen Schritt zurückzutreten und Situationen aus etwas mehr Distanz zu betrachten, um dann zu einer Lösung zu gelangen.«

Und die Botschaft an das Life-Ich lautete: »Wenn du andere Menschen immer wieder davon überzeugen musst, dass deine Bedürfnisse und Werte richtig sind, treibst du dich wahrscheinlich wirklich in für dich unpassenden Feldern mit für dich unpassenden Menschen herum. Suche dir stattdessen Menschen und Orte, die dich so schätzen, wie du bist, und vor denen du dich nicht immer wieder erklären oder verteidigen musst. Es gibt ganz sicher Männer, die sowohl deine Power als auch deine Verletzlichkeit und Sinnlichkeit lieben!«

Stufe #2: Unbox your mind

Nun kommen wir zur zweiten Stufe des Body-&-Mind-Detox. Ich hatte dir an früherer Stelle im Buch versprochen, nochmals genauer auf die sogenannten Introjekte einzugehen, die Glaubenssätze in uns, die wir meist in unserer Kindheit, aber auch später im Laufe unseres Lebens ungeprüft in uns aufgenommen haben und die inzwischen hinderlich geworden sein können auf unserem Weg zu dem Menschen, der wir wirklich sind.

Die Fähigkeit, etwas zu introjizieren, also etwas in uns aufnehmen zu können, ohne es ausführlich »durchzukauen«, ist erst einmal gar nicht verkehrt und manchmal sogar notwendig, um etwas Bestimmtes zu erreichen. Ich musste in meinem Psychologiestudium beispielsweise für das Bestehen von Prüfungen Wissen und Informationen introjizieren, zu welchen ich eine andere Meinung hatte oder die ich nicht in dem Umfang prüfen und mir aneignen konnte, wie das für mich passend gewesen wäre. Ich hatte die Wahl, die Prüfung zu bestehen und Antworten in dem Umfang und der Zeitspanne zu geben, wie es von mir erwartet wurde, oder aber die Prüfung nicht zu bestehen, indem ich mir die Zeit nahm, länger über alles nachzudenken, darauf in meinem Tempo herumzukauen und dann meine Antwort zu finden, die sich vielleicht nicht mit der Meinung des Lehrbuchs oder der Dozenten deckte. Mit Sicherheit hast auch du schon Situationen erlebt, in denen du dich entschieden hast, lieber diesen Brocken, der dir präsentiert wurde, runterzuschlucken, obwohl er dir danach schwer im Magen lag, doch die Alternative wäre in dem Moment noch weniger stimmig für dich gewesen.

Manchmal kann es also durchaus der für diesen Zeitpunkt stimmigere Weg sein, dass man keine Energie darauf verschwendet, in eine Auseinandersetzung zu gehen. Ich hatte zum Beispiel vor Kurzem eine Klientin, die Opfer eines bewaffneten Raubüberfalls mitten am Tag in ihrer Küche wurde. Ohne die Fähigkeit zu introjizieren, also weitgehend unkommentiert zu lassen, was der mit einem Messer bewaffnete Mann von ihr wollte, hätte sie sich sicherlich in eine größere Gefahr begeben, wenn sie ihm nicht alle Wertgegenstände im Haus ausgehändigt hätte.

Es muss aber gar nicht so drastisch sein wie bei einem Überfall, auch beim Durchsetzen eines Projekts oder einer Idee ist es manchmal tatsächlich angebracht, den Weg der Anpassung oder den einer defensiven Haltung zu wählen, wenn dadurch vielleicht ein größeres Ziel erreicht werden oder ein Projekt vorangebracht werden kann, auch ohne dass es die Zustimmung aller Beteiligten bekommt.

Was uns bei *Unbox your mind* interessiert, sind diejenigen Introjekte, die uns davon abhalten, Zugang zu unserem Verbundenen Ich zu bekommen. Wir wollen uns ansehen, wo du introjizierst oder in der Vergangenheit introjiziert hast, ohne zu überprüfen, was du in deinem Leben alles hinunterschluckst und in dich aufnimmst, und wie du dadurch heute in deinem vollen Potenzial gebremst wirst.

Es kann auch eine ganze Geschichte sein, die aus vielen Introjekten besteht und die du so verinnerlicht hast, dass du gar nicht mehr anders kannst, als daran zu glauben. Denn wie das so ist mit Geschichten, die man sich immer wieder aufs Neue erzählt: Sie werden zu selbsterfüllenden Prophezeiungen, da du deine Aufmerksamkeit auf genau diejenigen Details im Leben lenkst, die deine Geschichte immer wieder neu bestätigen.

Das Lebens-Mantra

Hast du eine solche Geschichte, die du dir wie ein (vielleicht unbewusstes) Lebens-Mantra immer wieder erzählst? Um das herauszufinden, probiere die folgende Übung aus.

Stell dir vor, es gibt bereits ein Buch über dein Leben bis zum heutigen Tag. In welcher Rubrik würde dieses Buch stehen? Liebesroman? Ratgeber? Reiseführer? Karrierecoaching? Worum dreht sich deine Geschichte? Zu welchem Thema suchen Menschen Information oder Unterhaltung, wenn sie dein Buch kaufen? Geht es darum, wie man erfolgreich und reich wird? Um Beziehungsdramen? Krankheit? Kindererziehung? Die Suche nach dem Sinn des Lebens? Kochrezepte? Der Suche nach dem Glück?

Meine Geschichte ist in der Rubrik ... zu finden und dreht sich um ...

Spontan fällt mit folgender Titel für mein Buch ein:

Und jetzt bitte ich dich, dir einen Untertitel zu deiner Geschichte zu überlegen, der mit »Wie ...« beginnt.

Wenn deine Geschichte zum Beispiel in die Rubrik »Karriere« gehört und sich darum dreht, den Traumjob zu finden, dann könnte der Untertitel lauten: »Wie du durch Folgen deiner inneren Stimme deinen Traumjob findest« oder auch »Wie du durch Fleiß und harte Arbeit deinen Traumjob findest« oder »Wie du dein Leben lang damit verbringst, deinen Traumjob zu finden, und dabei das Beste verpasst« oder »Wie du dich auf der Suche nach dem Traumjob systematisch in den Burn-out treibst.« Oder auch: »Wie du garantiert nie deinen Traumjob findest, sondern an dem, was du tust, immer etwas zu meckern hast.« Übertreibe ruhig ein wenig oder finde einen Titel, der dich schmunzeln lässt. Er sollte aber auf jeden Fall auf dein Leben bis dato zutreffen.

Wie...

Und nun prüfe, ob dir der Titel und Untertitel deiner bisherigen Lebensgeschichte eigentlich gefallen. Wirken sie grundsätzlich eher positiv oder negativ auf dich? Was fühlst du, wenn du dir den Titel vor Augen führst? Wie geht es dir damit?

Wenn du merkst, dass sich der Untertitel deiner Geschichte eher negativ anhört, dann bitte ich dich jetzt, einmal zu überlegen, wie du aus denselben Lebenserfahrungen einen Titel formulieren kannst, der positiv auf dich wirkt.

Nochmals ein Beispiel dazu: Wenn dein Untertitel aus der Rubrik Liebesroman vorher vielleicht lautete: »Wie du garantiert nie einen liebevollen Partner findest«, so könntest du nun überlegen, was du auf deinem Weg mit den vielen schlechten Beziehungserfahrungen gelernt hast. Was würde den Leser an deiner Geschichte wirklich interessieren? Was macht sie zu etwas Besonderem und Lehrreichem? Hat sie dich vielleicht an den Punkt gebracht, wo du dich erst einmal intensiv mit dir selbst auseinandersetzen musstest, ohne das Glück in einer Partnerschaft zu finden? Oder hast du an den unglücklichen Partnerschaften gelernt, wo deine persönlichen Grenzen und Werte liegen? Dann könnte dein Untertitel zum Beispiel lauten: »Wie dir unglückliche Partnerschaften den Weg zu dir selbst, deinen Grenzen und Werten zeigen.«

Probiere es gleich selbst aus, und suche einen Titel und Untertitel für deine Geschichte, bei der du und andere denken: Das klingt nach einem Buch, das sich zu lesen lohnt!

Wie geht es dir jetzt mit diesem Titel? Fühlt sich das anders an? Und wenn ja, wie?

Wie du dir sicher vorstellen kannst, macht es einen Riesenunterschied, ob wir diese Geschichte, die wir uns – meist unbewusst – Tag für Tag erzählen, eher positiv oder negativ bewerten. Diese Story ist der Grundtonus, auf dem all die kleinen Aktionen in unserem

Alltag aufgebaut sind, wie der Refrain oder das zentrale Thema in einem Musikstück. Das gleiche Lied in Dur klingt völlig anders als in Moll und löst ganz andere Gefühle aus. Und so ist es auch mit deiner Geschichte.

Irgendwann in deinem Leben hast du entschieden, an diese Geschichte zu glauben und sie mit »Beweisen« zu füttern, um sie dauerhaft zu legitimieren. Oft beginnt dieses Füttern mit dem ungeprüften Schlucken von Introjekten – das sind die einzelnen Kapitel deines Buches.

Du erkennst solche Introjekte an Worten wie »müssen«, »sollen«, »dürfen«. Zum Beispiel: Kapitel 1: Ich muss perfekt sein, Kapitel 2: Ich darf mir keine Pause gönnen, Kapitel 3: Ich soll ein fürsorglicher Ehemann, erfolgreicher Unternehmer und liebevoller Vater sein. Oder auch an Redewendungen, die nur eine Option gelten lassen und Ausschließlichkeit suggerieren, wie: »Ich gerate *immer* an die falschen Männer« oder »Ich hatte noch *nie* Glück im Leben, und *das wird auch so bleiben*«, oder »*Keiner* wird mich *je* verstehen!«

Ein weiterer Indikator für Introjekte ist das abscheuliche Wörtchen »man«, hinter dem wir uns so gern verstecken. Hast du dich schon einmal gefragt, wer oder was dieses »man« eigentlich ist? M/w/d? Dein Nachbar? Die Gesellschaft? Oder gar Gott? »*Man* macht so etwas nicht«, »*Man* hält sich an Regeln«, »So etwas kann *man* doch unmöglich durchgehen lassen!« Wenn du also feststellst, dass auch du zum »man«-Sager geworden bist und häufig die Meinung dieses Unbekannten von dir gibst, anstatt in Ich-Form von dir selbst zu sprechen, oder wenn du oben genannte Worte häufig in deinem Sprachgebrauch wiederfindest, dann lohnt es sich zu prüfen: Wenn ich »man« sage, stehe da wirklich *ich* zu dem, was ich sage? Wenn ich von »immer« spreche, ist das tatsächlich *immer* so? Wenn ich glaube, etwas zu *müssen*, *muss* ich das tatsächlich, oder kann ich mich auch aktiv entscheiden, es zu *wollen* oder nicht zu wollen?

Im gestalttherapeutischen Sinn ist ein Introjekt immer etwas, das von uns zu einem bestimmten Zeitpunkt im Leben *gezwungenermaßen* hingenommen wurde, wozu wir vielleicht aus Angst oder weil wir es einfach nicht besser wussten, *Ja* sagten, was aber nie ein echter Teil von uns geworden ist. Wir tun dann oft nur so, als gehörte diese Idee oder diese Überzeugung zu uns, und verhalten uns gemäß diesem Introjekt. Und je mehr wir unsere Persönlichkeit mit solchen Introjekten überlagert haben, desto weniger finden wir einen Zugang zu dem, was uns wirklich ausmacht, was unser wahres Interesse ist, unsere zutiefst eigene Motivation, unser authentisches Denken und Handeln, welche Menschen uns wirklich interessieren, welcher Job uns Freude macht und wie wir ein echtes Leben voller Verbundenheit leben können. Unsere natürliche Lebendigkeit fließt dann nicht mehr, sondern wird blockiert durch viele mentale Boxen, die wir uns in unseren Köpfen zurechtgelegt haben. Diese mentalen Boxen bestimmen schließlich, wie wir denken, handeln und wahrnehmen. Daher halte ich es für wichtig, nicht nur *outside the boxes* zu denken, sondern die bestehenden Boxen zu hinterfragen, sie gegebenenfalls aufzulösen und auch aufzuhören, mehr und mehr solcher Boxen in unseren Köpfen zu bauen. Wie das geht? Ich stelle dir dafür eine Übung vor, die ich auch mit meiner Klientin Julia gemacht habe.

Mentale Boxen

1. Beschreibe deine mentale Box: Was sind die Introjekte, die du dir in deiner jetzigen Lebenssituation immer und immer wieder erzählst?

(Suche dir den Bereich aus, den du genauer reflektieren willst, zum Beispiel Job, Partnerschaft, Gesundheit, Familie, Finanzen …)

Ein Beispiel: »Als Partnerin bin ich nichts wert«, sagte Julia über ihre Box im Bereich »Partnerschaft«. »So eine Frau wie mich möchte kein Mann an seiner Seite. Ich bin zu anspruchsvoll, kompliziert und bedürftig. Männer lieben mich nur, wenn ich meine schwachen Seiten nicht zeige. Ich darf meine wahren Bedürfnisse nicht äußern, sonst werde ich verlassen.«

Nun du:

_____

_____

_____

_____

_____

_____

_____

_____

2. Kaue mental auf deinen Introjekten herum.

Nimm dir jetzt jeden Satz und jedes einzelne Wort einmal bewusst vor, und kaue mental für mehrere Minuten darauf herum, indem du den Satz oder das Wort immer und immer wieder liest, Gefühle, Gedanken und vielleicht Erinnerungen dazu entstehen lässt und dir dann folgende Fragen dazu stellst:

- *Woher kommt dieser Satz?*
- *Wer hat ihn einmal so oder so ähnlich zu dir gesagt?*
- *Wie war das damals für dich?*

- *Was hast du gefühlt?*
- *Wovor hat es dich geschützt, dass du diesen Satz »unzerkaut« geschluckt hast?*
- *Hat dieser Satz vielleicht mehr mit der Person zu tun, die ihn dir einmal gesagt hat, als mit dir?*
- *Was musst du loslassen, wenn du nicht länger an den Satz glauben willst?*
- *Wie lautet deine bewusste Entscheidung: Möchte ich noch länger an diesen Satz glauben? Oder möchte ich mir vorstellen, wie ich die mentale Box mit diesem Satz in meinem Kopf auflöse, weil sie mich eher einschränkt, als dass sie mich unterstützt?*

Ein Beispiel: Zu ihrem Satz »Als Partnerin bin ich nichts wert« meinte Julia: »Der Satz kommt von meinem Vater. Er meinte, dass eine Frau wie ich niemals einen Mann finden würde, weil ich zu sehr meinen eigenen Willen hätte, die Männer zu wenig umsorgte und viel zu karriereorientiert sei. Ich war traurig, weil ich das Gefühl hatte, dass auch er mich nicht so liebte, wie ich bin. Indem ich an den Satz glaubte, glaubte ich auch weiterhin an meinen Papa. Er war immer mein großes Vorbild, also musste er doch recht haben. Der Satz hatte vielleicht insofern mehr mit ihm zu tun, als dass er neben einer starken Frau, der ihr Beruf auch wichtig ist, nicht mehr so hätte glänzen können wie neben meiner Mutter, die es sich zur Lebensaufgabe machte, ihren Ehemann zu unterstützen. Er hätte sich neben einer Frau mit Bedürfnissen und Wünschen wie den meinen wahrscheinlich sehr klein und völlig überfordert gefühlt – als nichts wert. Wenn ich nicht mehr an diesen Satz glauben würde, müsste ich die Idee loslassen, dass es mein Papa am besten weiß, und ich würde ihn damit von dem Podest stoßen, auf den ich ihn bislang gestellt habe.

Ja, ich möchte mich bewusst dazu entscheiden, nicht mehr an diesen Satz zu glauben, weil ich merke, dass es gar nicht mein Satz oder meine Meinung ist. Ich glaube durchaus, dass ich etwas wert bin, so wie ich bin, und ich stelle mir vor, wie ich in der mentalen Box in meinem Kopf ein kleines Feuerwerk entzünde und sie so zum Platzen bringe.«

Nun wieder du:

Stufe #3: Vision without a box

In Stufe #3 des Body-&-Mind-Detox habe ich Julia eine Meditation an die Hand gegeben, welche sie dabei unterstützte, die Erkenntnisse aus Stufe 1 und 2 zu integrieren, um so weniger aus ihren in der Vergangenheit entstandenen mentalen Boxen zu denken und zu handeln und zukünftig mehr aus ihrem vollen Potenzial des Verbundenen Ichs zu schöpfen.

Dieser Schritt ist eine Visualisierungsübung, die du am besten morgens gleich nach dem Aufwachen durchführst, weil sich dann Visualisierungen am effektivsten in dein Gehirn einprägen. Warum? Wie die meisten Menschen wirst sicher auch du mehr oder weniger schnell nach dem Aufwachen anfangen zu denken. Und wahrscheinlich entscheidest du selten bewusst:»So, jetzt beginne ich mit dem Denken«, sondern der Denkprozess startet ganz automatisch. Gedanken, vielleicht auch Sorgen, schwirren durch deinen Kopf: was heute alles ansteht, wie du das und jenes meistern wirst... Du denkst über deinen Job, deine Kinder, das Essen, ein Projekt, ein Problem, die Zeit, die Kollegen nach, über das, was du anziehst, einfach über alles Mögliche, was dich eben an diesem Morgen beschäftigt.

Mach dir einmal bewusst, dass dieses automatische, meist sehr unbewusst stattfindende Denken immer auf der Basis von vergangenen Erfahrungen abläuft. Es gründet auf dem, was du bisher erlebt hast, auf dem, wie alles in deinem Leben in der Vergangenheit stattgefunden hat und als diese »alte« Information in deinem Gehirn abgespeichert ist. Auch die Gefühle, die du an solch einem Morgen beim Nachdenken wahrnimmst, basieren auf vergangenen Erfahrungen – auf Erlebnissen, die sich dein Geist gestern, vor einer Woche oder vor einigen Jahren eingeprägt hat und die du, durch chemische Prozesse aktiviert, nun auch in Form von Gefühlen oder Emotionen wieder erlebst. Durch dieses automatische und oft auch unbewusste Denken und Fühlen auf der Basis von vergangenen Erlebnissen am Morgen aktivierst du immer wieder die gleichen Schaltkreise und chemischen Prozesse in deinem Gehirn. Du bestätigst die Persönlichkeit, die du gestern und in der Vergangenheit warst. Du denkst, fühlst und handelst stets innerhalb der Box, deren Inhalt du bereits in- und auswendig kennst. Auch wenn gerade ein neuer Tag anbricht, bestätigst du dich dadurch in einem vorhersehbaren Selbst, das in der Vergangenheit feststeckt.

Wie schaffst du es nun, nachhaltig *Neues* zu etablieren, alte Muster, Boxen, Introjekte, Blockaden oder wie auch immer du es nennen willst, wirklich loszulassen?

Du kannst das dadurch erreichen, indem du dir 1. *bewusst* wirst, wann du in automatische, veraltete Denkprozesse einsteigst, und 2. anfängst, *neue* Gedanken in deinem Gehirn zu etablieren, was du am besten durch Visualisieren von Ereignissen erreichst, die so noch nicht stattgefunden haben.

> Durch gewohntes Denken aktivierst du gewohnte Verknüpfungen in deinem Gehirn und festigst diese. Durch neues Denken und bewusstes Unterbrechen alter Denkmuster aktivierst du neue Verknüpfungen in deinem Gehirn und erschaffst dich dadurch selbst neu.

In Stufe 1 des Body-&-Mind-Detox habe ich dich gebeten, dir vorzustellen, wie du aus deinem ganzen Ich heraus denkst und fühlst, das sich willkommen und verbunden fühlt und für alle Lebensbereiche etwas zu bieten hat. In Stufe 2 ging es darum, dir vorzustellen, wie du alte, hinderliche Introjekte auflöst, die du nicht länger brauchen kannst. Du hast dich während dieser beiden Schritte gefragt: Welche Trennungen tun mir körperlich und geistig nicht länger gut? Womit möchte ich mich nicht länger begrenzen? An welche Introjekte nicht länger glauben?

In Stufe 3 möchte ich mit dir gemeinsam noch einen Sprung weiter machen und erforschen: Wer möchte ich sein, wenn ich weiß, wer ich nicht länger sein muss?

Wie oben beschrieben, aktivierst du durch das bloße Nachdenken über eine solche *neue*, zukünftige Realität bereits neue Schaltkreise in deinem Gehirn. Du forderst durch dieses bewusste Reflektieren über etwas Neues den Frontallappen deines Gehirns zum Arbeiten auf und knipst damit dein kreatives Zentrum an, das dich bei der Etablierung von neuen Neuronenverbindungen unterstützt, indem es auf die Suche nach Informationen geht, welche zu dem von dir imaginierten zukünftigen Ereignis passen könnten. Großartig, oder? Vielleicht hast du schon einmal gehört, dass zum Beispiel Spitzensportler viel mit solchen Visualisierungsübungen arbeiten. Sie stellen sich immer und immer wieder vor, wie sie ihr Ziel erreichen, wie sie sich dann fühlen, welche Bewegungen sie genau machen, wie der Ort ist, an dem sie ihre Spitzenleistung vollbringen, was andere zu ihnen sagen werden und so weiter.

Das ist auch der Trick beim Visualisieren: Versuche, dir die Zukunft nicht in statischen Bildern vorzustellen, sondern in Bewegung – wie in einem Film. Wenn du dir zum Beispiel wünschst, endlich den Mut aufzubringen, dich bei einer bestimmten Firma zu bewerben, dann stell dir genau vor, wie deine Hände zum Laptop greifen, ihn öffnen, du die Datei mit deinem Lebenslauf aufmachst und wie du ganz motiviert an deinem Anschreiben sitzt. Oder du stellst dir vor, wie du neugierig und voll angenehmer Spannung in das Bewerbungsgespräch gehst und dir dort Menschen begegnen, mit denen du dich prima verstehst und ein tolles, anregendes Gespräch führst.

Such dir am besten jeden Morgen eine Situation aus, die für deinen jeweiligen Tag gerade stimmig ist, und dann probiere es aus: Visualisiere, wer du sein willst, wenn du niemand mehr sein musst, mit der Übung *Vision without a box.*

Meditation: Vision without a box

Nimm dir für diese Meditation so viel Zeit, wie du dir stressfrei am Morgen einrichten kannst, bevor du mit der ersten Aktivität in den Tag startest. Auch eine Minute bringt bereits etwas. Wenn möglich, gern länger. Am besten mache sie noch mit geschlossenen Augen, sobald du bemerkst, dass du aufwachst.

Nimm wahr, dass du gerade aufwachst, und entscheide dich bewusst, nicht sofort in automatische Denkprozesse einzusteigen, sondern dir Zeit zu nehmen für diese Wahrnehmungsübung: Wer möchte ich sein, wenn ich niemand mehr sein muss? (…)

Lass einfach auftauchen, was an Bildern kommen will zu dieser Frage. Versetze dich so gut wie möglich in dieses zukünftige Ich von dir hinein, und lass das Szenario wie einen Film vor dir ablaufen.

Wenn du länger Zeit hast, fahre wie folgt fort:

Visualisiere, wie du durch den heutigen Tag gehst, sodass es dir und deinem ganzen Ich vollkommen entspricht. (…) Stell dir vor, wie du Dinge ausprobierst, die du dich vorher nicht getraut hast, aber schon lange einmal machen wolltest, und stell dir auch vor, wie viel Spaß du dabei hast, wie großartig und befreiend es sich anfühlt. (…) Stell dir vor, wie es ist, wenn du deinen Arbeitsalltag wie auch dein Privatleben aus deiner ganzen Kraft heraus, mit Leichtigkeit und Erfüllung lebst. Was musst du dafür tun, und wo musst du vielleicht etwas sein lassen? Welches Tempo braucht es dafür? Welche Pausen? Wo braucht es Mut? Wo eher Zurückhaltung? (…)

Stell dir vor, wie alle Gedanken und Gefühle in deinem Leben Platz haben dürfen und du nicht länger Angst hast, sie wahrzunehmen, weil du weißt, dass du ihre Intensität gut aushalten kannst. (…) Stell dir

*vor, wie du immer wieder innehältst im Alltag, um Kontakt aufzuneh-
men zu dem, was du jetzt brauchst, und wie es dir Freude macht, so
gut mit dir verbunden zu sein und dich aus dir selbst heraus zu unterstützen. (…) Und stell dir vor, wie du in Zukunft geduldig und liebevoll mit dir umgehst, wenn du merkst, dass sich im Alltag doch ab und
zu wieder alte Muster einschleichen. Visualisiere, wie du dies dann
wahrnehmen und viel früher als bisher so darauf reagieren kannst,
sodass es dir guttut und du wieder ins Gleichgewicht kommst. (…)*

*Und jetzt nimm dir noch eine Weile, um nachzuspüren, wie sich
dieses zukünftige Ich körperlich für dich anfühlt. Wie bewegst du dich?
Wie ist dein Kontakt zu deinem Körper? Woran kannst du körperlich
wahrnehmen, dass du ganz du selbst bist? (…) Bedanke dich bei deinem zukünftigen Ich für die tollen Erfahrungen, die ihr bald miteinander machen werdet, komm mit einigen bewussten Atemzügen wieder im Hier und Jetzt an und starte deinen – neuen! – Tag.*

Ich hoffe, dir haben die Übungen des DETOXING gefallen, und du
hast spannende Anregungen daraus gezogen! Ich fasse für dich die
wichtigsten Punkte und Strategien aus diesem Kapitel gleich noch
einmal zusammen und wünsche dir viel Freude dabei, diese in deinen Alltag zu integrieren.

Du kannst die Übungen immer wieder machen, wenn du das Gefühl hast, in Altem verhaftet zu sein und Platz schaffen willst für
Neues.

Zusammenfassung

- Mantra: Sat Nam. – Wahrheit ist mein Name.
- Zentrale Frage: Wer bin ich, wenn ich niemand mehr sein muss?
- Ich habe dir die gestalttherapeutische Veränderungstheorie vor-

gestellt, die sich mit dem Satz von Arnold Beisser zusammenfassen lässt:»Veränderung geschieht, wenn jemand wird, was er ist, nicht, wenn er versucht, etwas zu werden, das er nicht ist.« Dieser Satz bedeutet, dass du dich überhaupt nicht so extrem anstrengen musst, um nachhaltige Veränderung deiner Person hin zu mehr Verbundenheit und echtem, erfülltem Leben zu erzielen. Du kannst vielmehr darauf vertrauen, dass sich diese Veränderung ganz von allein einstellt, wenn du dein Bewusstsein immer mehr schulst und dich auf die Suche nach deinem eigentlichen Wesenskern machst.

- Mit einem dreistufigen Body-&-Mind-Detox habe ich dir Übungen gezeigt, die dich auf diesem Weg unterstützen:
  - Stufe #1: Unbox your body. Mit einer Körperübung hast du dich in die drei Aspekte »ganzes Ich«, »Work-Ich« und »Life-Ich« eingefühlt und erlebt, an welchen Stellen du dich durch die Trennung in Boxen vielleicht zu sehr begrenzt.
  - Stufe #2: Unbox your mind. Indem du den Titel deiner Lebensgeschichte (neu) formulierst, hinderliche Introjekte identifiziert und einmal ganz bewusst mental durchgekaut hast, konntest du eine bewusste Entscheidung treffen, ob du weiterhin an diese glauben möchtest oder nicht.
  - Stufe #3: Vision without a box. Mithilfe einer Visualisierungsübung hast du geübt, aktiv auf dein Denken Einfluss zu nehmen und neue Hirnstrukturen zu etablieren, um so längerfristig aus deinem Verbundenen Ich heraus denken und handeln zu können.

Folgende alltagstaugliche CARE-Strategien hast du beim DETOXING kennengelernt, die dich dabei unterstützen, echte Verbundenheit zu spüren:

- Immer dann, wenn du das Bedürfnis hast, Altes loszulassen und Neues in deinem Leben zu etablieren, unterstütze deinen Körper mit Wasser und deinen Geist durch das Wort »lassen«. Trinke viel, umgib dich mit Wasser und praktiziere Atemmeditationen, bei welchen du beim Einatmen »Lass« denkst und beim Ausatmen »los«. Varianten: Lass – weg, Lass – sein, Lass – aus, Lass – liegen, Lass – fallen, Lass – locker, Lass – Platz.

- Verbinde dich in deinem Alltag immer wieder einmal mit deinem ganzen Ich, indem du dir eine Situation oder einen Ort vorstellst, an dem du vollständig so willkommen bist, so wie du bist, mit allem, was dich ausmacht.

- Hol dir dieses ganze Ich als Beraterin oder Berater an die Seite, wenn du dich gestresst, unverbunden oder orientierungslos fühlst. Erinnere dich an die Pose/ Geste deines ganzen Ichs, fühle dich auf diese Weise in den Zustand des ganzen Ichs ein, und stelle ihm dann gezielt folgende drei Fragen:
  - Welche Anteile von dir lebe ich gerade überhaupt nicht?
  - Was glaubst du, wie ich es mir gerade unnötig schwer mache?
  - Was ist dein Tipp an mich in dieser Situation gerade?

- Prüfe regelmäßig: Spreche ich viel in »man«-Form, von »müssen« und »(nicht) dürfen«? Kann ich mich stattdessen bewusst entscheiden, von *mir* zu sprechen und etwas zu *wollen* oder nicht zu wollen? Und was verändert sich dadurch?

- Nimm dir morgens wenigstens eine Minute Zeit, um durch eine Visualisierungsübung bewusstes *neues* Denken zu praktizieren und damit nachhaltig Neues in deinem Leben zu etablieren, anstatt in der Vergangenheit verhaftet zu bleiben.

LOVING

Ich höre jetzt auf, mit mir zu kämpfen, und begegne mir selbst mit Liebe und Mitgefühl.

Richte dieses Mantra an dich selbst, indem du es im Stillen wiederholst, singst oder dir eine entsprechende Aufnahme anhörst. Aktiviere so deine Selbstliebe im dritten Schritt, dem LOVING.

Schritt 3 – LOVING:
Die Weisheit des Herzens aktivieren

Zentrale Frage: Wofür schlägt mein Herz?

Das größte Geschenk, das du dir selbst machen kannst, ist, so früh wie möglich anzufangen, dich von Herzen zu lieben. Hör auf, dich aus dem Performance-Ich heraus *optimieren* zu wollen und dich damit wie eine kaputte Maschine zu behandeln. Fang stattdessen an, dich aufrichtig zu lieben. Das Leben macht so viel mehr Spaß, wenn du dich gernhast und deine Zeit nicht damit verschwendest, dich selbst herunterzumachen! Daher wirst du mit Sicherheit auch von diesem dritten Schritt, dem LOVING, profitieren, denn ich zeige dir Wege auf, wie du dein Herz für dich selbst öffnest und lernen kannst, freundlicher mit dir umzugehen.

In Schritt 3, dem LOVING, sehen wir uns Folgendes genauer an:
- Wie du deine Selbstliebe aktivieren kannst und damit nicht länger nur auf die Wertschätzung von anderen angewiesen bist.
- Warum es so wichtig ist, Momente zu nutzen, in denen du im Alltag aufwachst, dir bewusst wird, wie es dir wirklich geht, und du dich fragst, wofür dein Herz schlägt.
- Wie du Kontakt zur Weisheit und Kraft deines Herzens aufnehmen kannst und damit Qualitäten wie Leichtigkeit, Freude, Mitgefühl, Willenskraft, Stärke und Ausdauer in dir aktivierst.

Warte mit der Selbstwertschätzung nicht, bis du alt bist oder bis du dir Fotos von früher ansiehst und dir denkst: »Mann, das gibt's doch nicht! Ich erinnere mich, wie kritisch ich damals immer mit mir selbst war und wie unglücklich über mein Aussehen, meine Beziehung, meine Familie, meine Mitarbeiter, meinen Job. Andauernd beschäftigt mit dem, was ich alles *nicht* habe und *nicht* bin. Blind für meine Schönheit, die wertvollen Menschen in meinem Leben und all die großartigen Möglichkeiten.« Kennst du das auch? Es ist doch wirklich unfassbar schade, dass wir uns oft erst so viel später mit den Augen der Liebe betrachten können. Wir sind stattdessen lange Jahre damit beschäftigt, warum uns unsere Eltern und Familienmitglieder, unsere Freunde und Partner nicht so lieben oder geliebt haben, wie wir uns das gewünscht hätten. Gerade in meinem Job weiß ich, dass Menschen sehr viel Zeit damit verbringen können, sich immer wieder zu fragen, warum die Liebe von bestimmten Menschen nicht so war wie erhofft. Die wenigsten fragen sich allerdings, warum sie sich jahrelang selbst so wenig geliebt haben und wie sie das ändern können.

Natürlich hat man es leichter, sich selbst zu lieben, wenn man bereits als Kleinkind die Erfahrung gemacht hat, dass man liebenswert ist und von den ersten Bezugspersonen Liebe entgegengebracht bekam. Du kannst dich aber durchaus auch einmal fragen:

Wenn die Liebe meiner Mutter/meines Vaters/meines Partners … nicht so war, wie ich mir das gewünscht habe, wie genau war sie denn dann? Wie hat diese Person ihre Liebe gezeigt? War sie so wie die eines Freundes, den ich zwei oder drei Mal im Jahr treffe? Oder wie die Liebe einer Nanny, die für ein paar Stunden da ist und dann wieder geht? Oder wie die einer Tante, mit der ich mal einen Ausflug unternahm, und dann war wieder Funkstille? Oder wie die eines reichen Onkels, der mich mit Geld unterstützte? Oder wie die eines Sporttrainers, der nur damit beschäftigt war, das Beste aus mir herauszuholen?

Wie konnten die Menschen in deinem Leben ihre Liebe ausdrücken? Versuch, dich das einmal zu fragen, ohne dabei durch die Brille »So geht *richtige* Liebe« zu schauen. Ganz sicher bist auch du in irgendeiner Form schon einmal der Liebe begegnet. Und wenn es nur ist, indem du diese Liebe bei anderen beobachtet und dir gewünscht hast, sie selbst zu erleben. Und: Du kannst zu jeder Zeit in deinem Leben damit anfangen, dich in Liebe und Selbstliebe zu üben. Es ist definitiv nie zu spät dafür.

Die Selbstliebe stärken

Wenn du merkst, dass dir andere Menschen die Liebe nicht so entgegengebracht haben, wie du sie gebraucht hättest, ist das ein wunderbarer Hinweis darauf, wie du deine Selbstliebe stärken kannst. Wenn du dir also zum Beispiel immer gewünscht hast, dass dir deine Eltern ihre Liebe unabhängig von deinen schulischen oder beruflichen Leistungen gezeigt hätten, dann kannst du dich darin üben, dich selbst nicht nur für das zu schätzen, was du alles erreichst, sondern dir zwischendurch in ganz alltäglichen Situationen immer mal wieder selbst zu sagen, dass du liebenswert bist, unabhängig davon, was du tust und erreichst. Oder: Wenn du dich von deinem Partner nur für deine starken und toughen Seiten geliebt fühlst, besteht deine Selbstliebe-Aufgabe darin, immer dann, wenn du dich schwach und bedürftig fühlst, dich selbst liebevoll zu umsorgen und dir zu sagen, dass du auch mit dieser Seite völlig richtig und wunderbar bist, ohne dass dir das jemand anderes bestätigen muss.

> Es ist also im Grunde ganz einfach mit der Selbstliebe: Fang an, dir all das selbst an Liebe zu geben, was du vermisst hast oder noch immer vermisst in deinem Leben, und fülle damit dein Herz, sodass dieses auch in Resonanz mit den vollen Herzen anderer gehen kann.

Um deine ganze Lebensenergie nicht damit zu verschwenden, dich tagtäglich zu fragen, warum die Liebe deines Vaters, deiner Ex-Frau oder deines Freundes nicht so war, wie du es dir gewünscht hättest, ist auch folgender Perspektivenwechsel äußerst hilfreich: Frage dich einmal, wie die Person, der du all das vorwirfst, was sie dir nicht gegeben hat oder aktuell immer noch nicht gibt, mit sich selbst umgeht. Und ist es aus dieser Perspektive verwunderlich, dass er oder sie dich so behandelt?

Wir betrachten diesen immens wichtigen Aspekt oft überhaupt nicht, sondern sind nur damit beschäftigt, warum *wir* nicht genug oder nicht die richtige Form von Liebe bekommen haben. Oft setzen wir dann noch einen drauf, indem wir die Verantwortung für unsere eigene Liebesfähigkeit abgeben und sagen, alles liege daran, dass wir selbst nicht genügend Liebe erfahren haben. Kurz gesagt beschuldigen wir jemand anderen, nicht das bekommen zu haben, was wir brauchen, und obendrein noch unser Leben zerstört zu haben, weil wir durch die mangelnde Liebesfähigkeit des anderen nicht lernen konnten, selbst zu lieben.

Unsere Perspektive ist damit zutiefst kindlich und verantwortungslos. Die Erwachsenen-Perspektive wäre zu prüfen, was von dem, das ich bekommen habe, ich als eine Form von Liebe annehmen kann, auch wenn es nicht meiner bisherigen Definition von Liebe entspricht. An welcher Stelle lasse ich das, was die andere Person tut oder getan hat, bei ihr und frage mich stattdessen: Was möchte ich selbst anders machen bei meinen Kindern, meinem Partner, meinen Freunden? Wie möchte ich Liebe in die Welt bringen und Selbstliebe aus mir heraus fördern?

Selbstliebe bedeutet übrigens nicht Selbstverliebtheit. Du kennst das sicher auch: Wenn wir in jemanden verliebt sind, sehen wir eine Zeit lang nur einen Teil dieses Menschen. Meist den Teil, der uns gefällt, den wir als positiv bewerten, der in irgendeiner Form das erfüllt, was wir uns wünschen. Für Schwächen oder Kompliziertheiten des anderen sind wir anfangs meist blind und taub.

Genauso ist es mit der *Selbst*verliebtheit. Wir blenden einen Teil von uns aus und kreisen nur um das, was wir an uns als positiv bewerten. Wir stecken also auch bei der Selbstverliebtheit wieder in der Performance-Falle fest, weil wir nur mit Darstellen beschäftigt sind und dabei den Zugang zu unseren Herzensbedürfnissen verlieren.

Im Gegensatz zur Selbstverliebtheit bedeutet Selbstliebe das Anerkennen und Wertschätzen unserer Menschlichkeit in seiner vollen Bandbreite. Selbstliebe ist das ehrliche Ansehen, Hinhören und mitfühlende Begegnen der eigenen Person, ohne bestimmte Anteile auszublenden oder abzuwerten.

Mit Selbstliebe stärken wir unsere Resilienz, unsere seelische Widerstandskraft, die wir vor allem dann brauchen, wenn wir sehr unter Stress stehen oder mit Krisen zu kämpfen haben. Mit der Fähigkeit zur Selbstliebe – wir können auch sagen: mit der Fähigkeit, dein CARE-System zu aktivieren – kannst du dich sogar während stressiger Zeiten gut um dich kümmern und sorgst somit dafür, dass dein Immunsystem stabil bleibt und du Stress eher als Herausforderung siehst. Du wirst auch bei größeren Krisen nicht gleich dein ganzes Leben infrage stellen. Wenn du von deinem Partner verlassen wirst, mit einer Krankheit konfrontiert bist oder eine traumatische Erfahrung gemacht hast, wird es dir leichterfallen, wieder auf die Beine zu kommen und das Erlebte gut zu verarbeiten, wenn du Zugang zu diesem mitfühlenden CARE-Teil in dir hast und dich zu allem Überfluss nicht auch noch selbst abwertest, sobald du es einmal schwer hast im Leben. Selbstliebe ist also wie ein Trapeznetz, das du für dich aufspannst, wenn du einmal ins Wanken gerätst auf dem Seil, auf dem du täglich balancierst, ordentlich durchgeschüttelt wirst oder sogar einmal einen unerwarteten Stoß erfährst und ohne Vorwarnung aus schwindelnder Höhe nach unten stürzt.

Wenn du keine Idee davon hast, wie du dir selbst Gutes tun oder dich aus dir heraus unterstützen kannst, werden auch deine Beziehungen überfrachtet sein, weil du all das, was du dir selbst nicht geben kannst, von deinem Partner erwartest.

Probiere einmal aus, dich jedes Mal, *bevor* du einen Wunsch an deinen Partner richtest, selbst zu fragen: Könnte ich mir diesen Wunsch auch selbst erfüllen? Könnte ich das, was ich mir vom anderen wünsche, auch selbst schenken? Welches Bedürfnis steckt hinter dem Wunsch an meinen Partner, und wüsste ich genau, was ich für mich tun müsste?

Du darfst den Wunsch dann natürlich immer noch an deinen Partner richten. Es ist allerdings oft sehr aufschlussreich, was uns bei diesen Fragen bewusst wird. Wir unterstellen anderen nämlich nicht selten, dass es für sie doch ein Leichtes sein müsste, aufmerksam und liebevoll mit uns umzugehen, während wir selbst sehr unaufmerksam und lieblos mit uns selbst durch den Alltag gehen. Oder wir wünschen uns, dass uns der andere nicht auch noch mit seinen Sorgen belastet, und denken, dass er es doch merken müsse, wenn für uns gerade alles zu viel ist. Wir wünschen uns also, dass jemand für uns Grenzen zieht, die wir selbst nicht im Stande sind zu ziehen, und schieben damit wieder Verantwortung von uns weg.

Meiner Meinung nach hängt die Fähigkeit zur Selbstliebe und auch die der Liebe zu anderen in hohem Maße damit zusammen, wie stark oder wie wenig wir mit der Tatsache verbunden sind, dass unser Leben endlich und ein wertvolles Geschenk ist. Manche Menschen leben, als hätten sie ewig Zeit, und ihre Selbstliebe muss damit unweigerlich darunter leiden. Sie behandeln ihren Körper schlecht, indem sie ihm minderwertige Nahrung, zu wenig Bewegung, zu viel Stress, Verletzungen oder Drogen zufügen. Sie behandeln ihr Herz und ihren Geist schlecht, indem sie sich immer wieder mit destruktiven Gedanken beschäftigen und ständig an das denken, was sie alles nicht haben, anstatt die Fülle in ihrem Leben wahrzunehmen. Sie schätzen das Geschenk des Lebens nicht, indem sie an allem herummeckern, was andere mehr und sie zu wenig haben. Und sie glauben, dass sie es in der Hand hätten, wie viel Zeit ihnen bleibt, wenn sie denken:»Dafür bleibt mir auch später noch Zeit. Das kann/will/brauche ich jetzt noch nicht tun. Ich warte lieber, bis der richtige Zeitpunkt kommt.«

Sag deinem Partner *heute*, wie sehr du ihn liebst und wie glücklich du dich schätzt, dass du ihm begegnen durftest. Sag deinen Kindern *heute*, dass sie absolut großartig sind und du sie genau so liebst, wie sie sind – *mit* all den anstrengenden Anteilen. Sag deinen Freunden *heute*, dass sie dein Leben enorm bereichern. Verbring *heute* Zeit mit deinen Enkeln. Fang *heute* an, dir den Job zu suchen, der dich erfüllt. Löse dich *heute* von destruktiven Gedanken und Einflüssen. Fang *heute* an, dich selbst zu lieben.

Je weniger wir die Zeit, die wir auf dieser Erde haben, zu schätzen wissen, desto weniger ist meiner Meinung nach auch unsere Selbstliebe ausgeprägt. Ich konnte das besonders an zwei Klienten miterleben. Beide hatten wiederholt in ihrem Leben mit depressiven Episoden zu kämpfen.

Der eine, Anton, wurde nicht damit fertig, dass ihn seine Frau mit den drei gemeinsamen Kindern verlassen hatte.

Der andere, Michael, fühlte sich bereits seit seiner Kindheit fehl am Platz und hörte von den Menschen, mit denen er zusammenlebte und später auch -arbeitete, immer nur, dass er nicht richtig sei und sich besser an alles anpassen müsse.

Mangelnde Wertschätzung von Lebenszeit heißt nicht immer, dass diesen Menschen alles egal ist. Wie bei Anton und Michael führen oft Schicksalsschläge, unbehandelte psychische Krankheiten, traumatische Erlebnisse oder ein Mangel an Liebe und Anerkennung zu solch starker Orientierungslosigkeit im Leben, dass der Schmerz darüber als unerträglich empfunden wird.

Anton und Michael suchten beide nach ihrem Sinn und Platz im Leben und konnten diesen jahrelang nicht finden. Und beide machten auch den mutigen Schritt, eine Therapie zu beginnen. Allerdings ließ sich nur Michael wirklich auf den Therapieprozess ein, Anton brach sie sofort ab, als es ihm ein wenig besser ging und die Tabletten, die er begleitend von seinem Psychiater verschrieben bekam, zu wirken begannen.

Michael begann, sich damit auseinanderzusetzen, was ihm fehlte und wie er das ändern konnte. Anton sah das als nicht notwendig an und empfand die Vorstellung als angenehmer, ein Leben lang Pillen zu schlucken, als in seinem Leben einmal gründlich aufzuräumen. Es war für mich sehr eindrücklich, auf welch unterschiedliche Art und Weise Anton und Michael aus ihrer Verzweiflung lernten, die beide während der depressiven Episoden erlebten.

Anton führte sein Leben weiter wie zuvor, konnte in Job und Alltag wieder einigermaßen funktionieren, war aber weit davon entfernt, sich nun verbundener mit sich oder seinem Umfeld zu fühlen. Ich weiß noch, wie er mir in unserem letzten Gespräch verkündete, dass es ihm ja jetzt wieder besser gehe und er keinen »Psycho-Doc« mehr brauche. Ich war traurig, weil ich ihm ansah und seinen Worten anhörte, dass er mit sich selbst so destruktiv wie immer umging. Er war stark übergewichtig, trank zu viel Alkohol, trieb keinerlei Sport und war immer noch davon überzeugt, dass seine Ex sein Leben zerstört habe. Jegliche Unterstützungsangebote schlug er allerdings aus, und so war ich es, die loslassen musste und ihm nur wünschen konnte, dass er die Liebe zu sich und seinem Leben irgendwann doch noch entdecken und so nicht nur mit *Über*leben beschäftigt bleiben würde.

Michael hingegen setzte sich damit auseinander, was er brauchte, um seinen Platz im Leben zu finden, und wie er anfangen konnte, sich selbst zu lieben und aus einem Umfeld auszusteigen, das ihm nicht guttat. Er zog um, distanzierte sich von Menschen, die seinen alten Selbsthass immer wieder triggerten, und umgab sich stattdessen mehr und mehr mit solchen, die ihm rückmeldeten, wie wertvoll und liebenswert er war. Er setzte die Therapie mit einem anderen Therapeuten an dem neuen Ort fort, und vor Kurzem bekam ich eine E-Mail mit einem Foto im Anhang, das ihn mit einem Baby auf dem Arm in seinem Garten zeigte. Er hatte eine neue Heimat gefunden und so viel Selbstliebe entwickelt, dass er jetzt auch als Papa genug zu geben hatte, um ein neues Wesen auf dieser Welt zu beheimaten.

Pain is God's megaphone
to rouse a deaf world.

C. S. Lewis

Aus meiner eigenen Erfahrung mit Panikattacken und der Angststörung und aus vielen, vielen Gesprächen mit Klienten bin ich heute von einem zutiefst überzeugt:

Wenn du das Glück hast, im Leben einen Moment zu erfahren, der dich etwas *merken* lässt, dir etwas *bewusst* macht, so diffus oder schmerzhaft dieses Etwas zu dem Zeitpunkt auch sein mag – wenn dir also auffällt, dass du dich trotz alledem, was dich umgibt, innerlich leer oder unverbunden fühlst –, dann hast du immer zwei Möglichkeiten: Du kannst dich entscheiden, dich aus deinem Performance-Ich heraus schnell wieder zu reparieren oder reparieren zu lassen und weiterhin die Augen davor verschließen, was wirklich los ist. Oder du kannst diesen Moment, in dem du kurz aufgewacht bist und deinem Leben ehrlich in die Augen geblickt hast, als wertvolles Geschenk annehmen und dies als deine Chance begreifen herauszufinden, was du wirklich brauchst, um glücklich zu sein.

Das Aufwachen im hektischen Alltag wird dir leichterfallen, wenn du eine Praxis entwickelst, bei der du regelmäßig innehältst, wahrnimmst, präsent bist und ehrlich reflektierst, wie es dir geht und ob du mit deinem CARE-Teil verbunden bist. Ich nenne es Meditation, du kannst es auch bewusste Pause nennen. Es kann ein Spaziergang sein oder eine sportliche Aktivität, bei der du wieder bei dir ankommst. Für mich ist dieses Bewusstwerden und das ehrliche Ansehen meines Lebens, wie es ist, ein Nebeneffekt meiner täglichen Meditationspraxis. Es ist ein Nebeneffekt all der Übungen, die ich dir in diesem Buch vorstelle, und dieser Nebeneffekt, bewusster, achtsamer und aufmerksamer durch den Alltag zu gehen, ist gleichzeitig das größte Geschenk, das man sich selbst machen kann.

Im Grunde sind alle Übungen in diesem Buch dazu da, deine Selbstliebe zu stärken. Worauf ich im dritten Schritt, dem LOVING, besonderes Augenmerk lege, ist, dass du dein Herz und deine Herzenswerte kennenlernst, um so eine Idee dafür zu entwickeln, wie dein Lebensweg ein Weg des Herzens sein kann. Wir werden im LOVING dein Ich pflegen, umsorgen und mit all dem nähren, was nötig ist, um im darauffolgenden Schritt, dem BONDING, ein liebevolles und kontaktvolles Wir mit anderen Menschen überhaupt leben zu können.

Befreit von den Altlasten, die dich von echter Verbundenheit abhielten, bist du nach dem GROUNDING und DETOXING jetzt bereit, auf einem Weg, der sich nach *deinem Weg* anfühlt, in Richtung Herzensweisheit zu gehen. Wir widmen uns nun ganz dem Herzen und der Herzlichkeit und damit auch dem Geist, dem zweiten zentralen Aspekt jeder Mindfulness- oder Achtsamkeitspraxis. Wusstest du, dass das Wort Herz in allen asiatischen Sprachen das gleiche ist wie für Geist? Dies macht zum einen deutlich, dass in Asien bei Weitem nicht so stark zwischen diesen beiden Weisheitsquellen getrennt wird, wie das in unserem Kulturkreis der Fall ist. Zum anderen ist es eine Erinnerung daran, dass unsere Mindfulness-Praxis neben der Übung des Geistes auch immer eine Übung des Herzens ist.

Betrachte in der Zeit, in der du dich mit dem LOVING beschäftigst, deine Arme und Hände als Verlängerung deines Herzens, und achte viel bewusster als sonst darauf, was du während deines Tages alles anfasst. Bemerke dann, wie es sich anfühlt, was du berührst, und fasse gern auch viel mehr an als sonst, um diese Kontaktbahn von der Hand zum Herzen zu trainieren. Du wirst dadurch sensibler dafür, wann du etwas gern und wann ungern berührst, wann dein Herz Ja und wann Nein zu etwas sagt.

Du kannst auch einmal ganz bewusst durch deine Wohnung gehen, all die Dinge berühren, mit denen du dich tagtäglich umgibst und dich, während du etwas in den Händen hältst oder mit den Fingerspitzen abtastest, fragen: »Welchen Bezug hat mein Herz dazu?«, oder »Hat das etwas mit Liebe zu tun?« Keine Sorge, du musst jetzt keine innige Liebesbeziehung zu deinem Toaster aufbauen! Es geht nicht darum, dass dir alles in deinem Umfeld »Liebe!« ins Gesicht schreit. Es befinden sich natürlich Dinge in deiner Umgebung, zu denen du eine völlig neutrale oder auch gar keine Beziehung hast. Bei dieser Wahrnehmungsübung geht es vielmehr darum, dass du deine Bewusstheit wieder mehr schulst. Ich habe schon oft erlebt, dass Klienten von mir bei dieser Übung spannende Erkenntnisse hatten, indem sie zum Beispiel feststellten, dass die Wohnung nur den Geschmack des Partners oder der Partnerin widerspiegelte und sie selbst gar keinen Bezug zu dem hatten, womit sie sich tagtäglich umgaben. Oder aber sie merkten, dass ihre Umgebung vollgestopft war mit Dingen, zu denen sie überhaupt keinen Bezug hatten, und stellten sich dann die berechtigte Frage, warum sie sich trotzdem damit umgaben.

Bevor wir in weitere LOVING-Übungen einsteigen, möchte ich dir noch ein paar Fragen stellen, die du bitte einmal jetzt, bevor du die nachfolgenden Übungen machst, beantwortest. Am Ende des Buches werde ich dich daran erinnern, die Fragen nochmals zu beantworten, nachdem dich die LOVING-Übungen in diesem Buch hoffentlich schon eine Weile in deinem Alltag begleitet haben. Es sind Fragen rund um deine Selbstliebe, und du kannst anhand deiner Antworten sehen, inwiefern sich diese durch das Praktizieren der Übungen verändert oder nicht.

LOVING-Fragebogen

	Ja	Nein
Ich kenne die Seiten an mir, die ich gern und weniger gern mag, und kann sie beide als Teil von mir annehmen.	☐	☐
Wenn ich mit Unzulänglichkeiten oder Schwächen von mir zu tun habe, kann ich mir gegenüber liebevoll, tolerant und geduldig sein.	☐	☐
Ich kann andere Menschen auch mit ihren Fehlern von Herzen lieben und möchte sie nicht andauernd verändern, damit es mir besser geht.	☐	☐
In Augenblicken, in denen es mir nicht gut geht, kann ich die Verantwortung für meine momentane Verfassung übernehmen und lasse sie nicht an anderen aus.	☐	☐
Ich kann mir Unterstützung holen und diese annehmen, wenn ich selbst einmal nicht weiterweiß, und sehe dies nicht als Defizit von mir an.	☐	☐
Ich weiß, dass ich mich im Laufe meines Lebens verändere, und kann diese Veränderung meines Körpers und Geistes liebevoll annehmen.	☐	☐
Ich kann negative Erlebnisse aus der Vergangenheit loslassen und so daraus lernen, dass ich in Zukunft für weniger Leid sorge.	☐	☐
Wenn ich Sorgen habe, versuche ich, mir selbst mit Interesse, Offenheit und Liebe zu begegnen und mich in dieser Zeit gut um mich zu kümmern.	☐	☐
Ich bin davon überzeugt, ein liebenswerter Mensch zu sein.	☐	☐

Nimm dir diesen kurzen Fragebogen gern immer mal wieder vor und vergleiche, wie oft es dir möglich war, mit einem liebevollen JA zu antworten.

Und jetzt viel Spaß mit den LOVING-Übungen!

Lerne dein Herz besser kennen

In der gestalttherapeutischen Körperarbeit betrachten wir zwei Seiten des Herzens. Die Vorderseite unseres Herzens beziehungsweise Herzraumes über den ganzen Brustkorbbereich hinweg assoziieren wir mit verletzlichen, weichen, zarten, fürsorglichen Qualitäten. Hier sind Bindungserfahrungen beheimatet und auch Aspekte wie Leichtigkeit, Freude, Unbeschwertheit, Ehrlichkeit, Achtsamkeit und Mitgefühl. Solltest du an dir wahrnehmen, dass du dich oft mit gekrümmtem Rücken bewegst oder ein runder Rücken bereits zu deiner »normalen« Haltung geworden ist und die Vorderseite dadurch nicht ausreichend Raum bekommt, ist es gut möglich, dass du auch im Alltag zu wenig Platz für deine zarte Seite lässt.

Unser Herz strahlt aber nicht nur nach vorn, sondern auch nach hinten aus, womit der Bereich zwischen den Schulterblättern gemeint ist. Vielleicht hast du schon einmal bemerkt, dass es sich tatsächlich so anfühlt, als würde jemand dein Herz berühren, wenn er oder sie liebevoll und unterstützend die Hand auf diese Stelle zwischen den Schulterblättern legt. Die Rückseite des Herzraumes steht für Aspekte wie Willenskraft, Stärke, Kraft, Ausdauer und Loyalität. Das sind Herzensqualitäten, die wir fälschlicherweise oft mehr unserem Verstand als unserem Herzen zuordnen. Aus dem Kopf heraus können wir natürlich auch ausdauernd, loyal und stark sein, es ist dann allerdings eine Stärke, die aus dem Performance-Ich stammt und mit der Zeit sehr viel Anstrengung und Energie kostet. Wenn wir einen guten Zugang zu unserem Herzen haben, können wir mit wesentlich weniger Anstrengung unsere Kraft und Ausdauer ein- und umsetzen.

Beide Seiten des Herzens wollen in Balance zueinander ausgelotet sein. Du brauchst sowohl fürsorgliche CARE-Aspekte wie Mitgefühl und Achtsamkeit, um dich gut mit deinem Herzen im Leben zu orientieren, als auch DRIVE-Aspekte wie Kraft und Ausdauer sowie beschützende Aspekte aus deinem PANIC-System, die dich davor bewahren, negative Bindungserfahrungen, die Spuren oder Narben in deinem Herzen hinterlassen haben, nicht andauernd zu wiederholen.

Die wichtige Frage, mit der wir uns bei allen Übungen der Herzensschulung und Selbstliebepraxis auseinandersetzen, lautet stets: Wofür schlägt mein Herz? Oder auch: Was brauche ich, wenn ich mein Herz um Rat frage?

Dabei geht es nicht immer darum, das, was du brauchst, sofort zu bekommen, oder dass jedes Bedürfnis auch befriedigt wird. Der kindliche Umgang mit einem Bedürfnis ist, dass wir schmollend aufstampfen, uns trotzig abwenden oder uns in einem dramatischen Tobsuchtsanfall auf den Fußboden werfen, wenn wir etwas nicht gleich bekommen. Als Erwachsene ist es wichtig, unsere Bedürfnisse wahrnehmen und ausdrücken zu können und dabei zu wissen, dass es Bedürfnisse gibt, die nicht immer befriedigt werden können. Nicht sofort, nicht umfassend und manchmal überhaupt nicht. Die einzige Chance, *dass* sie befriedigt werden, ist aber, dass wir sie adäquat ausdrücken und an die passende Adresse richten können. Ein Bedürfnis ausdrücken zu können ist also wesentlich wichtiger als die Befriedigung des Bedürfnisses und der erwachsene Umgang damit. Und du wirst deine Herzensbedürfnisse immer dann am besten ausdrücken können, wenn du dabei Kontakt zu deinem Herzen hast.

Um diesen Kontakt zu schulen, lade ich dich ein, die nachfolgende Herzmeditation zu praktizieren. Nimm dir dafür mindestens zehn Minuten Zeit, gern auch länger.

Herzmeditation

Setze dich aufrecht hin, die Füße hüftbreit auseinander mit Kontakt zum Boden, die Arme und Hände liegen entspannt im Schoß. Schließe die Augen, wenn sich das gut für dich anfühlt. Nimm ein paar tiefe Atemzüge, und achte dabei darauf, wie die Atembewegung deinen Brustkorb und deinen Herzraum hebt und senkt. (…) Beobachte diese Auf-und-ab-Bewegung für die nächsten fünf Atemzüge. Du kannst eine Hand auf deinen Herzraum legen, um diese Bewegung noch deutlicher wahrzunehmen. (…) Verbinde mit dem Heben und Senken deines Herzraumes der nächsten fünf Atemzüge jetzt die Vorstellung, dass sich dein Herz beim Einatmen öffnet und beim Ausatmen wieder auf Distanz geht. (…) Denke beim Einatmen »Ich öffne mein Herz« und beim Ausatmen »Ich gehe wieder auf Distanz« für weitere fünf Atemzüge. (…)

Wir machen uns jetzt auf die Reise und erforschen dein Herz. Wandere mit der Aufmerksamkeit zu deinem Herzen. Wie nimmst du es wahr? Groß? Klein? Weich? Hart? Eng? Weit? (…) Wie ist der Raum um dein Herz herum? (…) Gibt es Narben, oder ist es unversehrt? (…) Hat es eine bestimmte Farbe oder Form? (…) Welche Qualitäten kannst du wahrnehmen, wenn du Kontakt zu deinem Herzen aufnimmst: Erlebst du es als ängstlich oder eher mutig? Müde oder kräftig? Verletzlich oder umpanzert? (…)

Und jetzt frage dein Herz doch einmal, was es gerade braucht. (…) Was sagt dein Herz, was es braucht? (…) Gibt es gerade einen Herzenswunsch? (…)

Lass dir Zeit und erzwinge keine Antwort. Vielleicht gibt es gerade keine, vielleicht aber auch eine ganz deutliche. Lass so oder so wieder von den Fragen los, verabschiede dich von deinem Herzen und deinem Herzraum, und bedanke dich für das, was du heute von ihm erfahren durftest. (…)

Verbinde dich wieder mit deinem Atem und mit deinem Körper, nimm deine Füße und Beine wahr, die Unterlage, auf der du sitzt, den Raum, in dem du dich befindest, und öffne dann langsam wieder die Augen.

Nimm dir jetzt Zeit für ein paar Notizen zu dieser Übung, und wenn du Lust hast, kannst du auch wieder ein Bild malen, das zeigt, wie du dein Herz in der Meditation wahrgenommen hast.

Das habe ich bei der Erforschung meines Herzens und Herzraumes wahrgenommen:

_____

_____

_____

_____

Das braucht mein Herz gerade/diesen Herzenswunsch habe ich:

_____

_____

_____

_____

Ich habe dich während der Meditation anfangs gebeten, dich mit der Auf-und-ab-Bewegung deines Atems zu verbinden und dir vorzustellen, wie du dein Herz öffnest und auch wieder auf Distanz gehst. Diese beiden Aspekte sind bei der Selbstliebepraxis und Herzensschulung sehr wichtig. Distanz ist wie Zuneigung auch eine Form von Liebe, und du brauchst diese Fähigkeit deines Herzens, auf Distanz zu gehen, genauso wie die Fähigkeit, in liebevollen Kontakt zu gehen, wenn du deine Herzensqualitäten gut in Balance halten möchtest.

Die nachfolgende Übung kannst du gern gleich im Anschluss an die Herzmeditation machen, ohne eine längere Pause dazwischen. Es wäre sogar sehr gut, sie gleich im Anschluss zu machen, weil du dann bestenfalls noch im Kontakt mit deinem Herzen bist. Wenn du die Übung später machst, verbinde dich zuerst mit einigen tiefen Atemzügen in deinen Herzraum hinein nochmals mit deinem Herzen, und lege zur Unterstützung eine Hand auf deinen Herzraum.

Nun starte mit der nächsten Übung, die dich in Kontakt mit deinen Herzenswerten bringen wird.

Meine Herzenswerte

Benenne drei Personen, die du von Herzen bewunderst. Nicht für ihre Leistungen, sondern für das, wie sie sind, wie sie mit sich und anderen umgehen und für das, wie sie Herzlichkeit und Liebe ausdrücken. Es können Menschen aus deinem Umfeld sein, aber auch Figuren aus einem Buch oder Film, bekannte Persönlichkeiten oder Menschen, die bereits tot sind.

Schreibe hinter den Namen der jeweiligen Person, was genau du an ihr bewunderst.

_____

_____

_____

_____

_____

_____

Leite jetzt aus dem, was du über die Menschen geschrieben hast, drei deiner Herzenswerte ab. Wie lässt sich das, was du am Sein dieser Menschen bewunderst, in Herzenswerten ausdrücken?

Ich gebe dir ein Beispiel: Wenn du an deinem Chef bewunderst, dass er selbst in den stressigsten Zeiten ein Ohr für die Sorgen seiner Mitarbeiter hat, und du das Gefühl hast, dass es ihm im Business nicht nur um Gewinnmaximierung geht, sondern auch darum, durch gemeinsames Tun einen Unterschied auf dieser Welt zu machen und es seinen Mitarbeitern dabei gut geht, dann könnten solche Herzenswerte lauten: *Menschlichkeit, Empathie, Offenheit* oder *Freundlichkeit.* Weitere Herzenswerte können sein: *Loyalität, Liebe, Mitgefühl, Stärke, Unterstützung, Stabilität, Ausdauer, Kreativität, Freiheit, Achtsamkeit…*

Sieh dir nun an, welche Herzenswerte für dich und deine Beispiele passen:

_____

_____

187

_____

_____

_____

Erinnere dich jetzt an bis zu drei Erfahrungen in deinem Leben, die du im positiven Sinn als emotional prägend erlebt hast. Wo hast du selbst etwas gesagt, getan, in die Welt gebracht oder im Kontakt mit jemandem erlebt, wofür du dich bewunderst, und das unabhängig von einer messbaren Leistung?

_____

_____

_____

_____

Leite auch aus diesen Erfahrungen wieder bis zu drei Herzenswerte ab.

Ein Beispiel: Vielleicht war es dir einmal möglich, dich neben dein tobendes Kind zu setzen und es nicht für seinen Tobsuchtsanfall zu verurteilen und zu bestrafen, sondern so gelassen wie möglich abzuwarten, bis es wieder ansprechbar war. Der Herzenswert könnte dann *Gelassenheit* lauten. Oder du hast nach jahrelangem Hass auf eine bestimmte Person endlich angefangen, die alten Geschichten loszulassen. Dein Herzenswert könnte dann lauten: *Vergebung.*

_____

_____

_____

_____

Fasse hier nochmals alle Herzenswerte zusammen, die du gefunden hast, und kreise die drei wichtigsten für dich ein.

_____

_____

_____

_____

Meine drei wichtigsten Herzenswerte lauten:

1. _____

2. _____

3. _____

Denke nun darüber nach, wie du deine Herzenswerte im Alltag genau leben kannst oder bereits lebst.

Ein Beispiel: Wenn einer deiner Herzenswerte Mitgefühl ist, dann überlege dir einmal genau, wie du heute bereits Mitgefühl gelebt hast oder noch leben möchtest. Wie könntest du dieses Mitgefühl ausdrücken? Wie bist du mitfühlend dir selbst gegenüber? Wie anderen Menschen gegenüber? Stell dir dafür am besten ganz normale Alltagssituationen vor, in denen du Mitgefühl leben kannst. Solltest du etwa leicht in Rage geraten, kannst du dir im Alltag vielleicht immer mal wieder sagen: »Das ist jetzt kein Weltuntergang, wenn ich mal ausflippe und rumschreie. Ich kann mich dafür entschuldigen und den anderen versichern, dass ich mir Mühe geben werde, dass es nicht wieder vorkommt und ich in Zukunft andere Wege finden möchte, um mit meinem Frust umzugehen.«

Das kann ich tun, um im Alltag meine Herzenswerte zu leben:

———————————————————————

———————————————————————

———————————————————————

———————————————————————

———————————————————————

Was es uns oft schwer macht, unsere Herzenswerte zu leben, ist, dass sie bisweilen von zu viel Härte uns selbst gegenüber verdeckt werden. Dann ist es nicht so leicht wie in obigem Beispiel, mit Selbst-Mitgefühl zu reagieren, wenn du jemanden angeschrien hast und dies gar nicht in der Form wolltest. In dem Fall bestrafst du dich dann auch noch selbst dafür, dass du so ausfallend warst, schämst dich oder wertest dich ab und sagst dir, dass dir das nicht hätte passieren dürfen.

***

Ich möchte das LOVING-Kapitel mit einer Übung abschließen, bei der es auch darum gehen wird, wie du aus dem Kampf mit dir selbst aussteigen kannst und dir stattdessen mit Liebe und Mitgefühl begegnest – ganz im Sinne des Mantras, das ich an den Anfang dieses Kapitels gestellt habe. Du wirst in dieser Übung auch wieder dein (Körper-)Bewusstsein schulen.

Diesmal brauchst du für die Übung ein Symbol, das *Liebe* ausdrückt. Nimm dir dafür etwas Zeit, um in deiner Wohnung oder dem Ort, an dem du dich gerade befindest, ein solches Symbol zu finden. Du kannst auch an dieser Stelle wieder eine Pause machen und dich in den nächsten Tagen auf die Suche nach einem solchen Symbol begeben, das für dich Liebe ausdrückt und dann mit der Übung beginnen, wenn du ein solches Symbol gefunden hast.

Ich höre jetzt auf, mit mir zu kämpfen, und begegne mir selbst mit Liebe und Mitgefühl

Nimm eine für dich angenehme Meditationshaltung im Sitzen ein – auf einem Stuhl, dem Sofa, einem Kissen oder direkt auf dem Boden. Lege das Symbol, das für dich Liebe ausdrückt, in greifbare Nähe. Sitze aufrecht und gleichzeitig entspannt. Unterstütze dich wieder mit deinem Atem, um im Hier und Jetzt anzukommen, und schließe gern deine Augen, um den Blick noch mehr nach innen zu wenden. (…)

Erinnere dich jetzt an eine Situation in letzter Zeit, bei der du hart zu dir selbst warst, unzufrieden, frustriert oder dich vielleicht geschämt oder verurteilt hast. (…) Vielleicht gibt es auch eine Situation, die sich wiederholt in deinem Leben und bei der du mit Härte dir selbst gegenüber reagierst, weil du denkst, du müsstest dann anders denken, handeln und fühlen. (…) Wähle jetzt eine Situation aus, stell sie dir für einige Momente ganz genau vor und fühle dich ein, wie es dir dabei geht. Visualisiere, wer außer dir vielleicht noch anwesend ist, wo genau du dich befindest, wie dein Umfeld in dieser Situation ist. Und lass dich die Härte dir selbst gegenüber so deutlich wie mög-

lich spüren. Komme mitten in dieser Situation und deinem Gefühl an. (…)

Und jetzt stell dir vor, wie es an der Tür klopft, solltest du dich in einem Raum befinden, oder wenn es keine Tür gibt, nimm wahr, wie jemand langsam auf dich zukommt. Du öffnest die Tür oder gehst selbst ein paar Schritte auf diese Person zu und begrüßt sie. Es ist eine Person, die dir voller Liebe und Mitgefühl begegnet. Sie sieht dich mitfühlend und voller Wohlwollen an und sagt: »*Du hast gerade sehr mit dir zu kämpfen, stimmt's?! Komm, lass mich dir helfen.*« *Die Person stellt sich nun an deine linke Seite, bittet dich, die Augen zu schließen, und du spürst, wie sie eine Hand auf deinen Herzraum zwischen deine Schulterblätter legt, dich dort sanft stützt und mit der anderen Hand deine linke Schulter hält.* »*Atme tief ein und aus. Ich stehe an deiner linken Seite und unterstütze dich. Du brauchst nichts weiter tun, als zu atmen und dich mit deinem Herzen zu verbinden.*« *(…)*

Nun wechselt die Person an deine rechte Seite, legt wieder eine Hand auf deinen Herzraum am Rücken, und mit der anderen Hand gibt sie deinem Körper durch sanftes Berühren deiner rechten Schulter Halt. Sie sagt: »*Verbinde dich mit deinen Füßen, Beinen, deinem ganzen Körper, deinem Atem und deinem Herzen. Ich stehe an deiner rechten Seite und unterstütze dich.*« *(…)*

Jetzt stellt sich die Person in für dich angenehmer Distanz hinter dich, und du hörst sie sagen: »*Ich gebe dir Rückhalt und unterstütze dich.*« *Spüre die ganze Rückseite deines Körpers und bleibe mit deinem Atem verbunden. (…)*

Die Person kommt nun an deine Körpervorderseite mit einem für dich stimmigen Abstand und sagt: »*Ich bin dir ein Gegenüber und unterstütze dich.*« *Nimm wahr, was du alles an deiner Körpervorderseite wahrnehmen kannst, und sei mit deinem Atem und nun auch mit deinem Herzraum der Körpervorderseite verbunden. (…)*

Jetzt stell dir bitte vor, wie du dich mit dieser Person hinsetzt und ihr gemeinsam darüber sprecht, wie du in dieser Situation, in der du hart zu dir selbst bist, mit mehr Liebe und Mitgefühl dir gegenüber reagieren könntest. Bleib dabei auch mit deinem Körper verbunden. (…)

Bevor ihr euch wieder verabschiedet, macht dir die Person noch ein Geschenk. Es soll dich daran erinnern, mit dem Kämpfen aufzuhören und dir selbst so oft wie möglich mit Liebe und Mitgefühl zu begegnen. Es ist das Symbol, das für dich Liebe ausdrückt. (…)

Komme durch einige tiefe Atemzüge und leichte Körperbewegungen wieder im Raum an und halte gern schriftlich fest, was du bei der Übung erlebt hast.

Zusammenfassung

- Mantra: Ich höre jetzt auf, mit mir zu kämpfen, und begegne mir selbst mit Liebe und Mitgefühl.
- Zentrale Frage: Wofür schlägt mein Herz?
- Beginne so früh wie möglich damit, dich von Herzen zu lieben, anstatt dich aus dem Performance-Ich heraus optimieren zu wollen. Du bist keine kaputte Maschine!
- Jeder Mensch ist fähig zur Liebe und Selbstliebe. Wenn du nicht die Art von Liebe erfahren hast, die du gebraucht hättest oder dir gewünscht hast, dann stelle dir folgende Fragen: Wie genau war denn die Liebe, die mir bisher in meinem Leben begegnet ist? Wie konnten meine Bezugspersonen ihre Liebe zeigen? Und wie sind diese Menschen mit sich selbst umgegangen? Ist es wirklich verwunderlich, dass sie dann so mit mir umgegangen sind? Wie möchte ich als erwachsener Mensch Liebe in die Welt und mir selbst entgegenbringen?
- Fang an, dir all das selbst zu geben, was du vermisst hast, anstatt darauf zu warten, dass es dir jemand anderes gibt.
- Selbstliebe bedeutet nicht Selbstverliebtheit. Selbstliebe ist das Anerkennen und Wertschätzen unserer Menschlichkeit. Mit Selbstliebe stärken wir unsere Resilienz.
- Wenn du im Leben das Glück hast, einen oder mehrere Momente zu erleben, die dich im Strudel des Alltags aufwachen und bemerken lassen, dass dir etwas fehlt, kannst du entweder weiter die Augen davor verschließen oder es dir zur Lebensaufgabe machen, ab sofort gut für dich zu sorgen und herauszufinden, was du wirklich für dein Glück und deine Verbundenheit brauchst.
- Das Aufwachen und Erkennen ist ein Nebeneffekt einer regelmäßigen (Meditations-)Praxis, bei der du innehältst und im Hier und Jetzt zu dir kommst.

Folgende alltagstaugliche CARE-Strategien hast du beim LOVING kennengelernt, die dich dabei unterstützen, echte Verbundenheit zu spüren:

- Betrachte deine Arme und Hände als Verlängerung deines Herzens, und achte bewusst darauf, was du während deines Tages alles berührst.
- Stelle dir regelmäßig die Frage: Hat das etwas mit Liebe zu tun?
- Nimm immer mal wieder Kontakt zu deinem Herzraum auf der Körpervorder- und Körperrückseite auf und frage dich: Was brauche ich wirklich, wenn ich mein Herz um Rat frage? Habe ich gerade einen Herzenswunsch?
- Sei dir deiner Herzenswerte bewusst, und mache dir klar, wie du sie im Alltag leben kannst.
- Platziere ein Symbol, das für dich Liebe bedeutet, gut sichtbar in deinem Umfeld, und verbinde dich vor allem dann damit, wenn du mit dir selbst kämpfst und hart zu dir bist. Erinnere dich dann an das Mantra: *Ich höre jetzt auf, mit mir zu kämpfen, und begegne mir selbst mit Liebe und Mitgefühl.*
- Selbst wenn dir zum Beispiel ein schwieriges Gespräch bevorsteht oder eine Auseinandersetzung, kannst du Herzensqualitäten wie Leichtigkeit, Ehrlichkeit, Achtsamkeit und auch Willenskraft, Stärke, Kraft und Ausdauer am besten dadurch aktivieren und in das Gespräch einfließen lassen, indem du vorher Kontakt zu deinem Herzen aufnimmst und visualisierst, wie du während des ganzen Gespräches mit diesen Qualitäten und deinem Atem verbunden bleibst.

BONDING

*All I ask of you is
forever to remember me
as loving you.*

Lass dich auf dem Weg zu einem liebevollen Wir von diesem Mantra durch das BONDING begleiten, indem du es wie zuvor wiederholst, singst oder ihm lauschst.

Schritt 4 – BONDING:
Die Verbindung zu anderen verbessern

Zentrale Fragen:
Was kann ich von dir lernen?
Was kann ich für dich tun?

Alles wirkliche Leben ist Begegnung.

Martin Buber

Mal ehrlich. Dieses ganze Meditieren, Reflektieren und Kontemplieren ist doch öde, wenn wir am Ende jeden Tag allein auf unserem Meditationskissen hocken, zwar ganz bei uns sind, aber sonst keiner da ist, mit dem wir abends ein Glas Wein trinken, gute Gespräche führen, unsere Träume teilen, tollen Sex haben, Abenteuer erleben, eine Familie gründen, auf Reisen gehen – uns verbunden fühlen. »Alles wirkliche Leben ist Begegnung«, sagte Martin Buber, und ich stimme ihm da vollkommen zu. Für mich besteht die Kunst gelebter Achtsamkeit darin, nicht nur im stillen Kämmerlein zu meditieren, sondern achtsame Qualitäten auch in den Alltag und in den Kontakt mit anderen Menschen zu übertragen. Und: Der Weg zu erfüllten Beziehungen geht bekanntlich immer von sich selbst zu anderen. Wie ich in den vergangenen Kapiteln immer wieder betont habe, ist es wichtig, erst einmal dein Verbundenes Ich zu pflegen, bevor du wirkliche Verbindung zu anderen Menschen in einem liebevollen und kontaktvollen Wir leben kannst.

Warum lohnt sich dieser vierte Schritt, das BONDING, für dich?

Du hast in den letzten Kapiteln geübt, dich mehr und mehr selbst so anzunehmen, wie du bist, unnütze oder überholte Glaubenssätze zu hinterfragen und dich durch Aktivierung deines CARE-Systems mit ehrlichen, liebevollen Augen zu betrachten. Auch die BONDING-Übungen lohnen sich wieder für dich, wenn du herausfinden willst: Kann ich jetzt auch zu anderen Ja sagen, so wie sie wirklich sind? Und kann ich erkennen, wenn ich mich mit Menschen umgebe, die mir nicht guttun, weil meine Bedürfnisse im Kontakt mit ihnen immer wieder auf der Strecke bleiben, und mich stattdessen entscheiden, meine Augen und all meine Sinne mehr für solche Menschen zu öffnen, denen es eine Freude ist, mir Gutes zu tun und mir ihre Liebe zu zeigen?

In Schritt 4, dem BONDING, sehen wir uns Folgendes genauer an:

- Bist du bereit, dich wirklich auf jemand anderen einzulassen, nachdem du dich durch die Schritte 1 bis 3 selbst besser kennen- und schätzen gelernt hast?
- Und bist du auch bereit, dich mit Menschen zu umgeben, die dir guttun und von denen du gerne lernen magst, anstatt sie ständig ändern zu wollen?
- Kannst du dein ganzes Ich auch in Beziehungen leben?
- Wie geht Empathie?

Eine Erfahrung, die ich immer wieder mit Klienten mache, ist, dass sie durch die innere Arbeit ein viel besseres Gespür für sich und ihre Bedürfnisse bekommen, gelernt haben, sich gut um sich zu kümmern, und sich als wesentlich selbstbewusster empfinden. Dann aber halten sie oft an Menschen oder Beziehungen fest, welche dieses neu entwickelte Selbstbewusstsein und ihre Selbstliebe immer wieder infrage stellen. Oder sie kehren genau in den Momenten zu ihrem alten Partner zurück, der ihnen gar nicht gutgetan hat, wenn sie diese neuen Qualitäten an sich entdeckt haben.

Ich kenne diesen Effekt auch von mir selbst, wenn ich an vergangene Beziehungen denke. Und ich kenne das Augenrollen und leicht genervte Seufzen von guten Freunden, die in solchen Momenten wussten, dass ich doch noch eine neue Runde mit der alten Beziehung und mit dem alten Ich brauchte, bevor ich endlich loslassen konnte.

Von mir selbst und vielen meiner Klienten weiß ich, dass es dabei oft darum geht, warum wir immer noch nicht bereit sind anzunehmen, dass es uns wirklich, wirklich gut gehen darf im Leben und wir manche Menschen (zum Beispiel den Ex-Partner) loslassen müssen, um in unsere ganze Kraft zu kommen. Der Betreffende hatte ja, Probleme hin oder her, zumindest einen Teil von uns irgendwie geliebt – und das fühlt sich wesentlich sicherer an, als sich jemand ganz Neuem anzuvertrauen … Wenn wir in diese Gedankenspirale hineingeraten, glauben wir noch nicht *wirklich* daran, dass wir es verdient haben, von Herzen so geliebt zu werden, wie wir wirklich sind, und neben der Liebe zu uns selbst auch aufrichtige Liebe mit jemand anderem leben können.

Die Aufgabe besteht dann meist darin, weitere Introjekte zu entdecken und aufzulösen, die sich um das BONDING drehen und zum Beispiel lauten: »Ich verdiene es nicht, von Herzen geliebt zu werden«, »Wenn ich beruflich schon so erfolgreich bin, kann ich nicht auch noch den Partner fürs Leben finden«, »Solange es Person XY nicht gut geht, darf ich auch nicht glücklich sein«, »Ich hatte mit diesem Menschen eine Chance, die ist jetzt vertan«, »Ich lerne immer nur Partner kennen, die … sind – das ist so und wird auch so bleiben«, »Die große Liebe gibt es nicht«, »Menschen trennen sich sowieso früher oder später wieder, warum Energie in Beziehungen verschwenden« und so weiter.

Prüfe doch an dieser Stelle gleich einmal für dich, ob dir ein solches BONDING-Introjekt im Wege steht.

Gibt es einen bestimmten Satz, den du dir immer wieder sagst und der beeinflusst, dass du deine Beziehungen als wenig erfüllend erlebst? Oder eine bestimmte Geschichte, an die du glaubst und die auf negative Weise definiert, was du von Bindung und Liebe hältst?

Wenn du etwas gefunden hast, kannst du dir jetzt nochmals durch die Techniken des DETOXING-Kapitels Unterstützung holen, um an dem Introjekt zu rütteln. Du kannst dich dafür wieder in dein ganzes Ich einfühlen (Stufe 1 des Body-&-Mind-Detox) und es fragen, was es von diesem Introjekt hält und inwiefern du dich dadurch limitierst. Oder du kannst einmal ganz ausführlich auf diesem Introjekt »herumkauen« (Stufe 2 des Body-&-Mind-Detox), erforschen, wo es herkommt, und dich dann entscheiden, ob das Introjekt in deinem Leben heute noch immer Sinn macht oder ob du es loslassen möchtest. Und du kannst auch visualisieren, wie dein Leben ohne dieses Introjekt aussehen würde (Stufe 3 Body-&-Mind-Detox), wie du dir eine erfüllende Partnerschaft vorstellst, und dir in allen Einzelheiten ausmalen, wie es sich für dich anfühlt, zu lieben, geliebt zu werden und dich mit jemand anderem verbunden zu fühlen.

Nimm dir *jetzt* Zeit, um dich mit dem hinderlichen Introjekt auseinanderzusetzen, bevor du weiterliest und es später vielleicht vergisst!

Beziehungstypen

BONDING – Bindung – ist ein zentrales Bedürfnis des Menschen nach Kontakt mit anderen Menschen, nach Nähe und Beziehung. DRIVE liefert dabei den Antrieb, um überhaupt mit anderen in Kontakt zu treten. PANIC wählt aus, welche Menschen mir guttun, von welchen ich mich eher fernhalten sollte und auch, wann es Sinn hat, jemandem zu vertrauen und sich einer Person zu öffnen. CARE sorgt dafür, dass du deinem Bauchgefühl vertrauen kannst, um zu entscheiden, welche Art der Beziehung du leben möchtest, wann Austausch und wann Rückzug angesagt sind und was du brauchst, um dich auf jemanden einlassen zu können. CARE pflegt auch deine Beziehungen durch Qualitäten wie Empathie und Mitgefühl.

Das Annehmen des anderen, so wie er ist, während wir selbst ebenfalls so sein können, wie wir sind, ist ein zentraler Aspekt einer erfüllenden Beziehung. Der zweite ist, dass es durchaus bestimmte Voraussetzungen gibt, unter denen Beziehungen besser oder schlechter funktionieren. Oder anders ausgedrückt: Manche Menschen passen einfach besser zu uns als andere. Wenn wir merken, dass wir immer wieder frustrierende Beziehungserfahrungen machen, dann sollten wir uns einmal ansehen, ob wir uns vielleicht stets Partner suchen, die aufgrund eines anderen Bindungsbedürfnisses einfach nicht zu uns passen.

Amir Levine und Rachel Heller haben dazu das spannende Buch *Warum wir uns immer in den Falschen verlieben* geschrieben, worin sie die unterschiedlichen Beziehungstypen skizzieren und darlegen, warum manche Menschen besser und manche weniger gut miteinander harmonieren. Ich empfehle dir dieses Buch, wenn du besser verstehen möchtest, warum du immer wieder in den gleichen toxischen Beziehungen endest. Das Wissen um die Beziehungstypen

201

kann dir dabei helfen, dir die Partner zu suchen, die ansprechbar für deine Bedürfnisse sind. Du lernst auch besser zu verstehen, warum du selbst an sich gute Beziehungen regelmäßig sabotierst.

An dieser Stelle möchte ich kurz auf einige Erkenntnisse von Levine und Heller eingehen, denn ich halte es für eine sehr gute CARE-Strategie im Kontext des BONDING, wenn du eine Idee davon hast, zu welchem Bindungstyp du gehörst.

Basierend auf den Forschungsergebnissen des britischen Kinderarztes und Psychiaters John Bowlby, unterscheiden Levine und Heller den sicheren, ängstlichen und vermeidenden Beziehungs- oder Bindungstypen.

Der *sichere Bindungsstil* entwickelt sich bei einem Menschen laut Bowlbys Bindungstheorie, wenn ein Kind die Erfahrung gemacht hat, dass die Eltern oder frühen Bezugspersonen verlässlich, bezogen und erreichbar sind, Bedürfnisse ernst genommen werden und es so von ihnen angenommen wird, wie es ist. Diese Erfahrung trägt das heranwachsende Kind dann mit ins Erwachsenenalter und ist selbst ein zuverlässiger Partner, der in einer Beziehung gut kommunizieren kann, keine Angst vor Nähe oder Abhängigkeit hat und kein Problem damit hat, Gefühle zu äußern.

Der *ängstliche Beziehungstyp* hat hingegen in der Regel eher unberechenbare Erfahrungen mit seinen Bezugspersonen gemacht. Einmal waren diese zugewandt, ein anderes Mal, in einer ganz ähnlichen Situation, reagierten sie kalt und abweisend, und es war plötzlich keinerlei Platz für die kindlichen Bedürfnisse und Nöte. Der ängstliche Typ lernte daher schon sehr früh, wachsam zu sein für die Stimmungen um ihn herum, wann es sicher war, sich zu öffnen und wann nicht, und ist als Erwachsener oft Meister im Erspüren von Gefühlsnuancen und sich verändernden Stimmungen. In einer Beziehung braucht der ängstliche Typ sehr viel Aufmerksamkeit und Nähe, hat meist eine starke Angst vor Ablehnung, bezieht jede Äußerung des Partners auf sich, vermutet immer wieder, dass der Partner untreu sein könnte, und wählt statt offener Kommunikation lieber Spielchen, um den Partner zu manipulieren und seine Aufmerksamkeit nicht zu verlieren.

Menschen mit *vermeidendem Bindungsstil* wurde oft zu früh zu viel Autonomie abverlangt: dann etwa, wenn die Eltern sich trennen, weggehen oder sterben, solange die Kinder noch sehr klein sind, oder auch, wenn die Eltern wenig anwesend und ansprechbar sind und die Kinder nicht genügend mit ihrem Schmerz aufgefangen werden, sondern viel zu früh das Gefühl haben, auf eigenen Beinen stehen zu müssen. Menschen mit vermeidendem Bindungsstil haben in irgendeiner Form die Erfahrung von distanzierten Eltern oder Bezugspersonen gemacht, denen es nicht möglich war, die kindlichen Bedürfnisse nach Geborgenheit, Trost und Zuwendung ausreichend zu stillen. Selbstständigkeit, Stärke, Unabhängigkeit und Durchsetzungskraft waren Werte, die in der Erziehung eine große Rolle spielten und die nun auch als Erwachsene in die Beziehungsgestaltung einfließen.

Aufgrund von zahlreichen wissenschaftlichen Studien weiß man heute, dass nicht allein die elterliche Zuwendung entscheidend ist für den Bindungsstil, den man als Erwachsener entwickelt. Zu unseren Bindungserfahrungen als Kind kommen noch genetische Einflüsse hinzu und insbesondere auch stark prägende Erlebnisse, die wir in Liebesbeziehungen als Erwachsene machen. Wissenschaftler wie der Neurowissenschaftler Daniel Siegel und der Neuropsychologe Rick Hanson haben in ihren Arbeiten zum Beispiel sehr eindrücklich gezeigt, wie unsere Bindungserfahrungen mit den Verdrahtungen im Gehirn zusammenhängen und durch neue Erfahrungen auch neue Neuronengefüge im Gehirn entstehen, welche wiederum Einfluss auf unser Beziehungsverhalten haben.

Das heißt also: Wenn du dich eher zum ängstlichen oder vermeidenden Beziehungstypen zählst, hast du durch die Erfahrung mit einem sicheren Beziehungstypen die Chance, von diesem zu lernen und dir selbst neue, sichere Bindungsstrategien anzueignen. Und auch ohne ein »sicheres Modell« in deinem Leben kannst du ganz allein durch gezielte Achtsamkeitspraxis, insbesondere durch das Üben von Mitgefühl (zum Beispiel die Übung »Einfach da sein« auf S. 217) an einer neuen Verdrahtung in deinem Gehirn arbeiten und zu einem sicheren Bindungsstil finden. Das halte ich für einen ganz wichtigen CARE-Gedanken.

Anstatt die Menschen und Partner, die dir mit Zuverlässigkeit, Aufrichtigkeit und Verbindlichkeit begegnen, als langweilig abzuwerten, kannst du von den »sicheren« Frauen und Männern dieser Welt nur lernen, wenn es darum geht, Liebe und Zuneigung zu leben. Denn echte Nähe zu einem Menschen ist alles andere als langweilig.

Was ich am spannendsten an den Erkenntnissen von Levin und Heller bezüglich der skizzierten Bindungstypen finde, ist, dass sich die Autoren vor allem mit der Wechselwirkung der Bindungstypen beschäftigen und deutlich machen, wie die unterschiedlichen Bindungsmuster je nach Partner, auf den wir treffen, mehr oder weniger stark aktiviert werden. Ganz praktisch heißt das beispielsweise: Wenn du von dir weißt, dass du zu den ängstlichen Bindungstypen gehörst, dann solltest du darauf achten, dich nicht mit vermeidenden Partnern einzulassen, sondern eher solche mit sicherem Bindungsverhalten suchen, da diese gar nicht erst dein ängstliches Bindungssystem triggern. Wahrscheinlich kommen dir die vermeidenden Typen aufgrund ihrer Unabhängigkeit und Eigenständigkeit anfangs besonders interessant vor. Denn das sind Eigenschaften, die du selbst an dir so gerne deutlicher ausgeprägt hättest. Doch wenn du auf der Suche nach einer Partnerschaft und nicht nach einer lockeren Affäre bist, wirst du als ängstlicher Partner mit großem Nähebedürfnis mit einem vermeidenden Partner nie wirklich glücklich werden.

Sicher heißt auch bei Weitem nicht, dass du dir einen Partner suchen sollst, der alles tut, was du willst, und dir kein interessantes Gegenüber ist. Von vielen Klienten mit ängstlichem Bindungsstil, die sich jedes Mal zielsicher mit einem vermeidenden Partner eingelassen haben, habe ich das so oft gehört:»Ich stehe einfach nicht auf diese vorhersehbaren Typen und eine Beziehung, in der man nur den Alltag lebt, sichere Bindung hin oder her.« Meistens haben diese Menschen schlicht noch nie einen Partner gehabt, mit dem sie erleben konnten, dass sichere Bindung und spannende Beziehung kein Widerspruch sein müssen. Ganz im Gegenteil: Ein Partner, der so selbstbewusst ist, dass er *keine* Spielchen spielen muss, der offen sagen kann, was er am anderen toll findet und was ihn nervt, ohne dann gleich die ganze Beziehung infrage zu stellen, ist doch wesentlich anziehender als die Komm-her-geh-weg-Spielchen eines Partners, der im Innern viel mit eigener Unsicherheit zu kämpfen hat, diese aber nicht offen kommunizieren kann.

Und auch für den vermeidenden Typen gilt laut Levine und Heller, dass sein gesamtes Vermeidungsrepertoire mit einem sicheren Beziehungstypen eher weniger zum Einsatz kommt als mit einem ängstlichen Typen. Der ängstliche Typ triggert durch sein starkes Nähebedürfnis oft viel zu sehr die Fluchttendenz des vermeidenden Typs, für den es viel entspannender ist, wenn er nicht so sehr von jemand anderem gebraucht wird.

Was kann ich von dir lernen?

So interessant und hilfreich ich die Erkenntnisse der Bindungstheorie und die Überlegungen und Empfehlungen von Levine und Heller finde, so gefällt mir daran nicht so gut, dass Menschen wieder in verschiedene Boxen eingeteilt werden und für mich beim Lesen das Gefühl zurückbleibt: »Wenn ich das Glück hatte, einen sicheren Bindungsstil zu entwickeln, habe ich, was Beziehungen betrifft, die Nase vorn. Bin ich ängstlich oder vermeidend, habe ich den Kürzeren gezogen, darf bloß keinem vermeidenden beziehungsweise ängstlichen begegnen und muss hart an mir arbeiten, um eine erfüllende Partnerschaft leben zu können.«

Du weißt inzwischen, dass das wieder Gedanken sind, die so nur aus deinem Performance-Ich kommen können, denn dein Verbundenes Ich würde dir stattdessen sagen: »Egal, ob du laut einer Theorie als ängstlich, vermeidend oder sicher eingestuft wirst, du solltest daraus kein ›besser‹ oder ›schlechter‹ machen. Nutze solche Theorien und Forschungsergebnisse, um dich selbst und andere dadurch besser zu verstehen und sinnvollere Entscheidungen zu treffen. (Zum Beispiel: ›Ich brauche viel Nähe, und daher hat es auch Sinn, mir jemanden als Partner zu suchen, der keine Angst vor zu viel Nähe hat.‹) Doch du musst nicht gleich wieder einen auf Selbstoptimierung machen und auch nicht erst all deine Erfahrungen aus deiner Kindheit in jahrelanger Therapie aufgearbeitet haben, um dich irgendwann bereit für eine Partnerschaft oder beziehungsfähig zu fühlen. Das bist du bereits jetzt und heute, wenn du dich darauf einlassen kannst, mit *Bewusstheit* in eine Beziehung zu gehen, und wenn du anerkennst, anstatt abzuwerten, dass du es mit einem anderen Menschen mit anderen Bedürfnissen zu tun hast.«

Ich habe auch erlebt, dass Klienten, statt an sich zu arbeiten, ihre Partner als ängstlich oder vermeidend einstuften und diese quasi nötigen wollten, unbedingt dieses Buch zu lesen. Die Botschaft an die Partner lautete: »Dann weißt du endlich, welche Fehler du machst und wie du dich optimieren kannst, sodass wir endlich glücklich sind.« Ich kann die Motivation dahinter verstehen, doch das hat alles wenig mit Bewusstheit und Anerkennen des anderen zu tun und wird den Partner höchstwahrscheinlich eher abschrecken, sich mit der Beziehung auseinanderzusetzen.

Wenn es dir auch immer mal wieder so geht, dass du etwas an deinem Partner anders haben möchtest, dann probiere doch lieber folgende Übung aus:

Das hätte ich gern anders an dir

Ich bitte dich in dieser Übung aufzuschreiben, was du an einem Menschen, mit dem du in Beziehung stehst, anders haben möchtest. Du kannst eine Person auswählen oder gleich mehrere. Es kann zum Beispiel dein Partner, Ex-Partner, deine Schwiegermutter, dein Vater, eine Freundin, deine Chefin, dein Sohn oder deine Tochter sein. Nimm am besten Personen, an denen du immer mal wieder etwas auszusetzen hast.

_____

_____

_____

_____

_____

Das kann ich von dir lernen

Nimm dir bitte die einzelnen Personen aus der vorangegangenen Übung und das, was dich an ihnen stört, nochmals vor, und stell dir bei jeder die Frage: Was kann ich von dir lernen, indem du mich immer wieder mit dieser Seite von dir konfrontierst, die ich gerne anders hätte?

Wenn du zum Beispiel ein sehr impulsives Kind hast, ist es möglich, dass du mit ihm deine Gelassenheit und Achtsamkeit üben kannst. Wenn du eine Freundin hast, die dir nonstop zu jeder Tages- und Nachtzeit von ihren Nöten erzählen will, dann kannst du vielleicht an ihr üben, deine Grenzen besser zu setzen.

_____

_____

_____

_____

_____

_____

Ich finde diese Übung deshalb so unterstützend, wenn es um unsere BONDING-Erfahrung geht, weil sie meiner Meinung nach deutlich macht, dass jede Begegnung und jede Beziehung im Leben wertvoll sein kann. Dass wir aus allen Erfahrungen mit anderen Menschen, auch aus den schmerzlichsten, etwas für unsere eigene Entwicklung lernen können. Wir können uns natürlich entscheiden, Menschen, die uns gefühlt nur Energie entziehen, uns womöglich sogar verletzen oder schlecht behandeln, zu verlassen und müssen es uns nicht zur Lebensaufgabe machen, von einer negativen Erfahrung zur nächsten zu wandern, nur um daran zu lernen. (Zu diesem Punkt machen wir auch gleich noch eine Übung.) Das Leben sorgt schon ganz allein dafür, dass wir irgendwann mit Beziehungsschmerz konfrontiert werden. Und wenn dies der Fall ist, wird es dich immens unterstützen und wieder in deine Kraft bringen, wenn du dir vor Augen führst, was du von dieser Person, die du gerne anders hättest, lernen kannst. Mit der Frage »Was kann ich von dir lernen?« kämpfst du nicht länger aus deinem Performance-Ich gegen die Person und deren dich störende Eigenschaften an, sondern holst dir deinen CARE-Teil an die Seite, um aus deinem Verbundenen Ich heraus dein eigenes Wachstum zu fördern und auch für Versöhnung zu sorgen. Diese Versöhnung muss nicht immer im direkten Austausch mit der Person stehen, die es dir schwer macht im Leben, es kann auch eine innere, stille Versöhnung um deiner selbst willen sein. Du hörst dann auf, verbittert an dem zu hängen, was jemand anderes dir angetan hat, der Person weiterhin so viel Macht zu geben und wertvolle Energie zu schicken, die du doch sinnvoller für die Liebe anderer Menschen verwenden kannst, die sie zu schätzen wissen.

Bin ich bereit, im Kontakt mit anderen hinzuzulernen?

In dieser Übung bitte ich dich nun zu prüfen, ob du auch bereit bist, das zu lernen, was es braucht, um mit den Personen, die du gern anders hättest, einen besseren Kontakt zu haben.

Wenn du dich zum Beispiel mit jemandem triffst, der keine feste Beziehung möchte, sondern nur ab und zu Sex mit dir, hast du bei der Übung oben vielleicht aufgeschrieben, dass du willst, dieser Mensch möge sich diesbezüglich ändern und sich auf eine feste Bindung einlassen.

In der Folge konntest du vielleicht feststellen, dass du an dieser Person lernst, den Moment mehr zu genießen, nicht immer gleich dein ganzes Leben vorauszuplanen und dich auch einmal auf etwas Ungewisses einzulassen.

Jetzt prüfe bitte, ob du das, was du als Lernchance gefunden hast, auch tatsächlich lernen möchtest, ob du wirklich bereit dafür bist und ob es auch zu dir und deinen Herzenswerten passt, wenn du dich entscheidest, an dieser Stelle hinzuzulernen. Sieh dir dazu auch ruhig noch einmal deine Herzenswerte aus dem letzten Kapitel an, und dann notiere hier, ob du bereit bist, im Kontakt mit der Person hinzuzulernen – wohlgemerkt, ohne dass sich die andere Person auch nur ein kleines Stück ändert! Notiere auch, wozu genau du bereit bist und wie du das im Kontakt mit der anderen Person ausdrücken kannst.

Wenn du nicht dazu bereit bist, etwas hinzuzulernen im Kontakt mit einem Menschen, mit dem die Beziehung immer wieder kompliziert, frustrierend oder sogar verletzend und schmerzlich ist, dann hast du eigentlich nur die Möglichkeit, aus diesem Kontakt zu gehen, wenn du dich nicht ständiger Verletzung aussetzen oder dein Leben dadurch verschwenden willst, immer in der Hoffnung zu leben, dass sich der andere ändert.

***

Nährender Kontakt mit anderen Menschen kann immer nur dann stattfinden, wenn du die *Andersartigkeit* des anderen wirklich annehmen und respektieren kannst. Wenn du auch hier aussteigst aus mentalen Boxen und Introjekten, die einordnen, wie jemand zu sein hat, sich deiner Meinung nach zu verhalten, zu fühlen oder zu denken hat. So wie wir uns selbst wünschen, von anderen in unserem Sein geliebt und akzeptiert zu werden, ohne dass wir uns verstellen oder ändern müssen, so wünschen sich andere das auch von uns.

Und auch hier greift wieder die paradoxe Theorie der Gestalttherapie: Wenn wir in einer Beziehung die Erfahrung machen, so angenommen zu werden, wie wir sind, ohne dass jemand uns anders haben will, dann ist die Möglichkeit von Wachstum und Veränderung gemeinsam mit dieser anderen Person möglich. *Durch die Erfahrung von Liebe und Annahme unseres ganzen Ichs* können wir Bindungsstile verändern und destruktive Mechanismen ablegen, weil wir sie nun nicht mehr als Schutzmechanismen brauchen. Und wir können uns mit Authentizität und Bewusstheit auf unseren Partner einlassen.

Mit Bewusstheit meine ich, dir sollte stets bewusst sein, dass auch eine Beziehung ein sich verändernder dynamischer Prozess ist, auf den sich die Partner immer wieder neu einstellen müssen, um sich gemeinsam weiterzuentwickeln. Menschen sind in einer Beziehung

anders, als wenn sie allein sind, haben andere Bedürfnisse und verhalten sich zum Teil auch ganz anders. Daran ist absolut nichts falsch. Es bestätigt vielmehr einen Grundsatz der Gestaltpsychologie, der lautet: »Das Ganze ist immer mehr als die Summe seiner Teile.«
Mein Klient Tom war zum Beispiel im Vergleich zu den Einzelsitzungen mit mir kaum wiederzuerkennen, als wir einmal eine Sitzung gemeinsam mit seiner Frau und eine weitere Stunde gemeinsam mit Frau und Kind gemacht haben. Im Einzelkontakt erlebte ich Tom als einen sehr kommunikativen, interessierten und offenen Menschen, mit dem die Stunden nur so verflogen, weil er stets viel zu erzählen hatte und meine Meinung dazu sehr schätzte. Als er mit seiner Frau kam, mutierte Tom in einen verschlossenen, stillen Mann, ja, er wirkte auf mich fast wie ein bockiger Teenager, der seiner Frau komplett die Bühne überließ und nur damit beschäftigt war, vermeintliche Angriffe von ihr abzuwehren. Als auch das gemeinsame Kleinkind anwesend war, war die Dynamik wieder eine andere, und ich konnte beobachten, wie er das Kind schier mit Liebe und Aufmerksamkeit überschüttete, während er seiner Frau gegenüber weiterhin verschlossen blieb, was bei dieser wiederum zu Ärger auf Mann und Kind führte.

Du kennst das bestimmt aus anderen Kontexten:: Die Freundin, mit der du so gerne shoppen gehst, ist nicht wiederzuerkennen, wenn du sie gemeinsam mit ihren Kindern erlebst. Dein Vater verhält sich ganz anders, wenn du allein mit ihm sprichst, als wenn deine Mutter neben ihm sitzt, so wie du selbst in einem Business-Meeting mit deinem Chef ganz andere Seiten zeigst als beim Fußballspiel mit deinen Jungs. All das ist völlig normal und zeigt, dass wir gerade an Begegnungen und Beziehungen mit anderen Menschen so unglaublich viel über uns selbst lernen können.

Manchmal blockiert es uns und unsere Beziehungen allerdings eher, als dass es uns unterstützt, wie bei meinem Klienten Tom. Dann ist es hilfreich, sich einmal näher anzusehen, warum man im Kontakt mit jemand anderem einen bestimmten Teil von sich zurückhält oder wie man damit umgehen könnte, wenn jemand immer wieder eine bestimmte Seite in einem triggert, die man in dieser Form so gar nicht (mehr) leben will.

Projektionen

Schreibe auf, mit welcher Person du dich regelmäßig auf eine bestimmte, wenig beziehungsfördernde Art verhältst und wie du dann genau bist im Kontakt mit dieser Person:

_____

_____

_____

_____

Und jetzt stell dir einmal die Frage: Arbeite ich mich im Kontakt mit dieser Person vielleicht an jemand anderem (aus meiner Vergangenheit) ab?

Erinnert mich diese Person oder das Verhalten dieser Person an etwas, das mich schon damals bei meiner Mutter, meinem Vater, Bruder oder vielleicht einer Schulfreundin völlig auf die Palme gebracht hat?

_____

_____

_____

Du kannst dich auch einmal fragen, wie alt du dich im Kontakt mit dieser Person fühlst. Das gibt dir oftmals gute Rückschlüsse auf frühere Ereignisse, die in dem entsprechenden Alter passiert sind und die du nun mit dieser Person wieder erlebst.

Bei meinem Klienten Tom zum Beispiel fanden wir heraus, dass er sich mit seiner Frau tatsächlich regelmäßig in seine Teenagerzeit zurückversetzt fühlte, weil ihn ihre dominante Art sehr an seinen Vater erinnerte. Ihm gegenüber konnte er nie frei seine eigene Meinung äußern. Tat er dies, wurde er verbal und auch körperlich dafür bestraft, weshalb er die Strategie entwickelte, sich im Kontakt mit seinem Vater zurückzuziehen und nur noch das Nötigste mit ihm zu besprechen. Als Tom diese Projektion auf seine Frau deutlich wurde, konnte er sie wieder etwas klarer sehen. Als seine Frau ihm zudem Mitgefühl entgegenbrachte für das, was er als Kind mit seinem Vater erlebt hatte, kamen sich beide wieder näher. Spannenderweise wurde ihr Ton auch wesentlich weicher und weniger dominant, sobald sie nicht mehr das Gefühl hatte, alles, was sie sagte, würde nur so an Tom abprallen. Und mit diesem weicheren Tonfall konnte Tom wiederum besser umgehen, weil er seine alte Geschichte nicht so sehr aktivierte. Kannst du erkennen, welche Kraft im Annehmen von unserem ganzen Ich und im (Mit-)Teilen dieses ganzen Ichs in Beziehung steckt?

Stell dir dazu nun selbst nochmals folgende Fragen:
Kann ich mit den Menschen, die mir wichtig sind und mit denen ich viel Zeit in meinem Leben verbringe, mein ganzes Ich leben? Wenn nein, wer genau bin ich mit der jeweiligen Person? Will ich so sein? Welchen Sinn/Zweck hat diese Rolle? Wovor schützt sie mich? Was würde passieren, wenn ich der Person mit meinem ganzen Ich begegnen würde?

_____

_____

_____

_____

_____

Du merkst, dass dieses ganze Ich bei vielen Reflexionsfragen und Übungen immer wieder wichtig ist. Daher möchte ich dich an dieser Stelle daran erinnern, regelmäßig Kontakt zu deinem ganzen Ich mit der Körper- und Meditationsübung aus dem DETOXING-Kapitel aufzunehmen, um die Fragen auch entsprechend beantworten zu können. Erinnere dich dafür an die Geste oder Körperhaltung deines ganzen Ichs, und wiederhole gern ab und zu die Meditation zu dem Ort, an dem du dich vollständig willkommen fühlst, so wie du bist.

Was kann ich für dich tun?

Die zweite zentrale Frage, um dein BONDING zu stärken, lautet: Was kann ich für dich tun? In diesem Teil werden wir uns wieder unterstützende Meditationen an die Seite holen, um die BONDING-Qualität _Empathie_ zu stärken. Empathie ist eine wertvolle Kompetenz und zählt zu einer der Fähigkeiten aus dem Bereich emotionale Intelligenz, die du nachweislich trainieren kannst.

Unter emotionaler Intelligenz versteht man die sensible Wahrnehmung von sich und anderen sowie die Fähigkeit, daraus passende Schlussfolgerungen in Bezug auf das Denken und Handeln zu ziehen. Wenn wir von Intelligenz und IQ-Fähigkeiten sprechen, handelt es sich um den Bereich der Problemlösung. EQ-Fähigkeiten, wozu die Empathie zählt, gehen über Problemlösefähigkeiten hinaus. Du brauchst dafür wieder dein Verbundenes Ich aus CARE, DRIVE und PANIC, denn es geht um die Befähigung, Beziehungen aufzubauen und zu pflegen sowie einen klaren Blick auf andere Menschen zu haben und sich selbst einmal zurücknehmen zu können. Nicht verwunderlich also, dass Menschen mit hoher emotionaler Intelligenz nicht nur einfühlsamer mit ihren Mitmenschen umgehen und kontaktvollere Beziehungen leben, sie sind Studien zufolge auch erfolgreicher im Beruf – selbst wenn ihre fachliche Qualifikation geringer ist als die von Kolleginnen und Kollegen mit geringerem EQ.

Empathie ist bewusstes Wahrnehmen, ohne zu bewerten. Es ist das ehrliche Interesse am anderen, jenseits von Ideen, wie der andere für mich sein sollte. Es geht um Da-Sein, ohne dabei selbst im Mittelpunkt zu stehen. Empathie ist stark an unsere natürliche Fähigkeit von Interesse gekoppelt. Wie ein Kind, das zum allererrsten Mal etwas beobachtet auf dieser Erde, ohne eine Idee dazu zu haben, ob das nun richtig, falsch, schön, hässlich, gut oder schlecht ist. Das Kind *interessiert* sich einfach.

In einer Beziehung bedeutet Empathiefähigkeit, sich wirklich dafür zu interessieren, warum der andere so geworden ist, wie er ist, und in Resonanz zu gehen mit den Gefühlen und Bedürfnissen des anderen, ohne dem Gegenüber schnelle Hilfestellungen oder Ratschläge für seine Situation anbieten zu wollen. Bei der Empathie wird unser Performance-Ich und vor allem das DRIVE-System ordentlich herausgefordert, mal die Füße stillzuhalten, denn es wird mit dem Satz konfrontiert, der vor allem viele Männer regelmäßig völlig aus dem Konzept bringt: »Ich will gar nicht, dass du etwas *tust!* Du sollst einfach nur für mich *da sein!*«

> Die Fähigkeit, empathisch da zu sein, heißt, die Achtsamkeits-
> praxis vom Meditationskissen ins tägliche Leben mit anderen
> Menschen zu bringen. Jemand, der sich ehrlich verbunden mit dir
> fühlt – und du dich mit ihm, denn das eine bedingt das andere –,
> wird nie daran denken, was du alles Tolles für ihn tust oder
> Schlaues sagst. Verbundenheit wird er immer daran festmachen,
> wie er sich mit dir fühlt.

Versuche daher nicht, anderen ihre Gefühle wegzunehmen, die sie auf ihrem Lebensweg fühlen müssen, um zu wachsen. Setz dich neben deinen Partner, wenn er zu kämpfen hat, und sieh ihn mit offenen, wohlwollenden Augen an. Setz dich neben deine Kinder, und lege den Arm um sie, wenn sie leiden oder sich im Gefühlsstrudel verlieren. Bring ihnen bei, wie sie Traurigkeit, Wut, Hilflosigkeit und Schmerz fühlen können, und dass diese Gefühle zum Leben gehören und sich von ganz allein verändern, wenn wir sie anschauen anstatt wegdrücken. Setz dich neben deine Freundin, und zeige ihr, dass das, womit sie zu kämpfen hat, auch dein Herz berührt. Sei Zeuge der Gefühle anderer, und hole dir Zeugen für deine Gefühle an deine Seite, ohne diese aus deinem Performance-Ich mit bestimmten Strategien wegmachen zu wollen. Das sind Empathie und Selbstmitgefühl. Und das ist die Antwort auf die Frage, was du für jemand anderen tun kannst: da sein.

Einfach da sein

Nimm eine aufrechte und gleichzeitig entspannte Meditationshaltung im Sitzen ein. Verbinde dich mit deinem Atem, und lass deine Augen erst noch geöffnet. (…) Wenn du gerade noch mit bestimmten Gedan-

ken oder Gefühlen beschäftigt bist, sag ihnen, dass du dich später wieder um sie kümmern wirst. JETZT geht es nicht darum, Probleme zu lösen, etwas zu durchdenken oder dich mit einem bestimmten Gefühl auseinanderzusetzen. JETZT hast du für ein paar Momente einmal gar nichts zu tun. JETZT wirst du dich nur darauf einlassen, DA ZU SEIN. (…) Um diese Präsenz zu schulen, werden wir nach und nach all deine Sinne im jetzigen Moment erforschen.

Nimm wahr, was du jetzt alles SEHEN kannst. Was nimmst du über deine Augen wahr? (…) Versuche, für einige Momente nur beim Sehen zu bleiben, und wenn du durch Geräusche oder andere Sinneseindrücke abgelenkt wirst, deine Aufmerksamkeit wieder auf das zu lenken, was du SEHEN kannst. (…) Nun schließe ganz langsam und bewusst, wie in Zeitlupe, deine Augen, und nimm wahr, wie es sich für dich anfühlt, die Augen nun geschlossen zu haben. (…) Behalte die Augen, wenn möglich, bis zum Ende der Meditation geschlossen.

Nimm jetzt wahr, was du gerade HÖREN kannst. Was nimmst du über deine Ohren wahr? (…) Versuche auch hier, wieder nur beim Hören zu bleiben, und wenn du durch andere Sinneseindrücke oder Gedanken abgelenkt wirst, deinen Fokus wieder auf die Geräusche zu lenken. Welche Geräusche bemerkst du an dir selbst, welche in deiner unmittelbaren Nähe, welche vielleicht etwas weiter weg und welche in sehr weiter Distanz? (…) Versuche die Geräusche, wie alles andere, das wir uns in dieser Meditation näher ansehen, nicht zu bewerten, sondern bei der neutralen Wahrnehmung zu bleiben.

Nimm nun wahr, was du in diesem Moment RIECHEN kannst. Gibt es einen bestimmten Geruch, den du wahrnimmst? (…) Bleibe auch hier in der neutralen Beobachtung, möglichst ohne zu bewerten. Was kannst du gerade über deine Nase wahrnehmen?

Und jetzt nimm wahr, ob du gerade etwas Bestimmtes SCHMECKEN kannst. Nimmst du einen Geschmack in deinem Mund wahr? (…)

*Lenke deine Aufmerksamkeit auf die Stellen, an denen dein Kör-
per sich selbst, die Unterlage oder den Stuhl BERÜHRT. Bitte tu dies,
möglichst ohne dich zu bewegen. Nimm also wahr, an welchen Stellen
dein Körper gerade Kontakt zu etwas hat, du vielleicht einen leich-
ten Druck oder eine Berührung spürst. (…) Nimm auch wahr, wie
deine Augenlider die Augen berühren (…), wie die Lippen einander
berühren (…), an welchen Stellen die Oberarme im Kontakt mit dem
Oberkörper sind (…), was deine Hände gerade berühren (…), ob dein
Rücken Kontakt hat zum Stuhl (…), dein Po und deine Oberschenkel
Kontakt haben zur Unterlage (…), nimm den Kontakt deiner Füße
zum Boden wahr. (…) Und jetzt nimm deinen Körper als Ganzes
wahr, wie er hier sitzt und einfach DA IST.*

*Denke nun bei jedem Einatmen »Ich« und bei jedem Ausatmen
»bin da«. Ich – bin da. Ich – bin da. Ich – bin da. Behalte deinen
Fokus für die nächsten Momente bei deinem Atem und diesem Mantra. (…)*

*Denke jetzt an einen Menschen, den du liebst, gernhast oder der dir
sympathisch ist. Stell dir vor, wie diese Person vor dir sitzt und wie ihr
euch anseht. (…) Sag innerlich still oder auch gern laut vor dich hin:*
»Dieser Mensch besteht aus Körper und Geist, genau wie ich.

Dieser Mensch hat Gefühle und Gedanken, genau wie ich.

*Dieser Mensch war in seinem Leben traurig, enttäuscht, wütend,
genau wie ich.*

*Dieser Mensch war irgendwann in seinem Leben verletzt und ver-
wirrt, genau wie ich.*

*Dieser Mensch erlebt körperlichen und emotionalen Schmerz, ge-
nau wie ich.*

*Dieser Mensch möchte frei sein von Schmerz und Leiden, genau
wie ich.*

*Dieser Mensch möchte gesund sein und erfüllende Beziehungen
haben, genau wie ich.*

Dieser Mensch will glücklich sein und geliebt werden, genau wie ich.
Schicke jetzt gute Wünsche an diese Person:
»Möge dieser Mensch glücklich sein.
Möge er sein volles Potenzial entfalten und sich verbunden und sicher fühlen.
Möge dieser Mensch die Kraft haben, um die Schwierigkeiten des Lebens zu meistern.
Möge dieser Mensch frei sein von Schmerz und Leiden.
Möge dieser Mensch geliebt und geschätzt werden, so wie er ist.
Möge dieser Mensch Vertraute haben im Leben.
Möge das Leben ein guter Ort für sie/ihn sein.
Möge sie/er mit Freude und Interesse hier sein und Sinn und Erfüllung in ihrem/seinem Tun finden.«
Mach dir nun wieder bewusst, wie du einfach mit dieser Person dasitzt, wie du dich mit ihr verbindest, ganz ohne etwas Bestimmtes zu tun, wie du ihr gute Wünsche schickst und einfach da bist. (…)
Nimm ein paar tiefe Atemzüge, verabschiede dich dann innerlich von der Person, komm wieder mit deiner Aufmerksamkeit im Raum an und öffne langsam die Augen.

Wenn du diese Meditation einmal mit einer geliebten Person geübt hast, kannst du dich als weitere Varianten mit einer Person verbinden, mit der es vielleicht immer mal wieder schwierig ist in deinem Leben oder mit einer Person, deren Verhalten dir sehr fremd ist oder mit einer, mit der du in deinem Alltag zu tun hast, die dir aber nicht besonders sympathisch ist. Probiere einfach verschiedene Menschen aus deinem Leben aus und beobachte, was es mit dem Kontakt zwischen dir und anderen macht, wenn du regelmäßig diese Übung praktizierst. Die Idee zu dieser Meditation ist, deine Empathiefähigkeit zu fördern; du kannst damit aber auch Selbstliebe praktizieren, wenn du die guten Wünsche an dich selbst anstatt an eine andere Person richtest. Ich wünsche dir viel Freude beim

Ausprobieren und hoffe, dass dich auch die BONDING-Übungen wieder einen Schritt weiter auf dem Weg zu mehr Verbundenheit gebracht haben.

Zusammenfassung

- Mantra: *All I ask of you is forever to remember me as loving you.*
- Zentrale Fragen: Was kann ich von dir lernen? Was kann ich für dich tun?
- Im BONDING geht es darum zu prüfen, ob du bereit bist, andere Menschen so anzunehmen, wie sie sind, und dir Menschen und Partner suchen möchtest, die dir guttun.
- Bindung ist ein zentrales Bedürfnis des Menschen nach Kontakt mit anderen Menschen, nach Nähe und Beziehung.
- Oftmals hindern uns BONDING-Introjekte wie »Die große Liebe gibt es nicht« oder »Ich hatte schon den perfekten Partner, eine weitere Chance bekomme ich nicht« daran, uns wirklich auf andere einzulassen und daran zu glauben, dass es uns gut gehen darf im Leben und in einer Beziehung.
- Aufgrund von Kindheitserfahrungen, genetischen Einflüssen und den Erlebnissen in Beziehungen als Erwachsener hat jeder von uns einen bestimmten Bindungsstil. Dieser ist besser oder schlechter mit dem Bindungsstil anderer vereinbar, und es lohnt sich, ein wenig darüber Bescheid zu wissen, um zu verstehen, warum du dir vielleicht immer wieder Partner suchst, mit denen du in frustrierenden Beziehungen endest. Als ängstlicher oder vermeidender Beziehungstyp kannst du von Menschen mit sicherem Bindungsstil lernen.
- »Das Ganze ist mehr als die Summe seiner Teile.« Dieser Grundsatz aus der Gestaltpsychologie trifft auch auf Beziehungen zu:

Du bist mit deinem Partner anders als allein. Das ist völlig in Ordnung, solange du im Kontakt mit anderen nicht ständig Teile deines ganzen Ichs wegdrückst, denn das kostet dich Energie, Präsenz und Verbundenheit.

- Eine wichtige Fähigkeit beim BONDING ist Empathie. Empathie ist das bloße Da-Sein, ein bewusstes Wahrnehmen, ohne zu bewerten, und ein ehrliches Interesse am anderen. Durch Empathie stärkst du nicht nur deine Beziehungskompetenzen, empathische Menschen sind Studien zufolge auch erfolgreicher im Beruf.

Folgende alltagstaugliche CARE-Strategien hast du beim BONDING kennengelernt, die dich dabei unterstützen, echte Verbundenheit zu spüren:

- Finde heraus, ob dich BONDING-Introjekte daran hindern, erfüllende Beziehungen zu leben, und löse sie gegebenenfalls mithilfe der drei Stufen des Body-&-Mind-Detox auf.
- Mache dir bewusst, ob du eher zum sicheren, ängstlichen oder vermeidenden Beziehungstyp zählst. Als Mensch mit ängstlichem oder vermeidendem Beziehungsmuster versuche, dich für die Qualitäten eines sicheren Bindungstypen zu öffnen, anstatt diesen vielleicht als langweilig abzuwerten.
- Höre gut auf deinen CARE-Anteil, wenn es um die Partnersuche geht, und nicht so sehr auf dein Performance-Ich. Dein CARE-Anteil wird dir sagen, dass du beziehungsfähig bist, egal, zu welchem Typus einer Theorie du gehörst.
- Wenn du regelmäßig an jemand anderem herummeckerst und ihn oder sie gerne anders hättest, frage dich einmal, was du an und mit dieser Person lernen kannst. Prüfe danach genau, ob du auch *bereit* bist, das zu lernen.
- Gibt es Menschen, an denen du dich gefühlt abarbeitest und mit denen du immer wieder frustriert in einer Beziehungssackgasse landest? Dann überlege dir, ob dich diese Person vielleicht an je-

mand anderen erinnert, mit dem es schwierig war oder ist in deinem Leben, und ob es hier noch etwas für dich zu klären gibt.

- Grundsätzlich kannst du dich beim BONDING immer fragen: Kann ich im Kontakt mit den Menschen, mit denen ich in meinem Leben zu tun habe, mein ganzes Ich zeigen, oder spalte ich Teile von mir ab? Wie du bereits weißt, ist Heilung – und das trifft auch auf die Heilung in Beziehungen zu – nur durch Integration all unserer Persönlichkeitsanteile möglich. Daher lohnt es sich, wenn du deine Beziehungen so gestaltest und auswählst, dass du bestenfalls ganz du selbst sein kannst.

- Um deine Empathiefähigkeit zu schulen, übe regelmäßig, einfach da zu sein. Sieh Menschen bewusst an, hör ihnen bewusst zu, sei präsent und bei dir, und versuche gleichzeitig, dich selbst auch im Kontakt mit deinem Gegenüber zurückzunehmen und mit deiner Aufmerksamkeit und deinem Interesse beim anderen zu sein, ohne dass du etwas Konkretes für ihn tust.

BOUNDING

Aus Liebe und Verbundenheit heraus grenze ich mich ab.

Dieses Mantra soll dich auf dem Weg zu einer gesunden Abgrenzung beim BOUNDING unterstützen. Wiederhole es im Stillen oder wie zuvor auf andere Weise, um dich auf Schritt 5 einzustimmen.

Schritt 5 – BOUNDING:
Grenzen wahrnehmen und achten

Zentrale Frage:
Wie setze ich passende Grenzen?

Wenn Menschen in Krisen geraten und aus Orientierungslosigkeit, Hilflosigkeit und Überforderung nur noch aus ihrem Performance-Ich heraus denken, fühlen und handeln, dann sorgt diese Notfallreaktion fast immer dafür, dass Folgendes passiert:

1. Du hast das Gefühl, nicht mehr mit beiden Beinen fest auf dem Boden zu stehen, fühlst dich unsicher und unstabil: Dein GROUNDING geht verloren.
2. Du hast das Gefühl, dass dich plötzlich keiner so richtig versteht oder dir helfen kann, und ziehst dich von Menschen zurück: Dein BONDING geht verloren.
3. Du hast das Gefühl, deine Grenzen nicht mehr halten zu können, jede Kleinigkeit geht dir zu nah, oder du schottest dich komplett ab und setzt Grenzen, wo eigentlich gar keine sein müssten: Dein BOUNDING geht verloren.

Unser Performance-Ich macht an dieser Stelle wirklich keinen besonders hilfreichen Job, wenn es uns suggeriert, dass wir nicht mehr sicher, von allen verlassen und viel zu angreifbar sind. Denn es sind ausgerechnet die drei Qualitäten des GROUNDING, BONDING und BOUNDING, die jeder Mensch in einer Krise benötigt, um gut durch diese hindurchzukommen! Du brauchst ein Gefühl von innerer Stabilität und Vertrauen, wenn du von Gefühlen wie Hilflosigkeit und Überforderung übermannt wirst. Und gerade der Kontakt zu und die Unterstützung von anderen Menschen ist immens wichtig, wenn du selbst ins Wanken gerätst. Denn im Grunde ist eine Krise ja nichts anderes als eine Situation, in der deine bisherigen Mechanismen, die du im Leben einsetzt, um gut durch den Tag mit all seinen Herausforderungen zu kommen, gerade nicht mehr greifen. Du musst etwas hinzulernen. Brauchst neues Wissen, eine neue Form von Unterstützung. Und dieses Neue wirst du nie nur in dir selbst, in deinen alten Strategien und Möglichkeiten finden. Dafür brauchst du etwas anderes, *jemand* anderen, der dir Anregungen oder Hilfestellungen geben kann.

Damit die Unterstützung und der neue Input überhaupt ankommen können, ist es wiederum notwendig, dass du dich eben nicht völlig abschottest, sondern auch in einer Krise deine Grenzen auf gesunde Weise setzt: offen genug, damit Unterstützung ankommen kann, und verschlossen genug, um dich nicht noch mehr zu überfordern.

Dieser fünfte Schritt, das BOUNDING, ist dann lohnenswert für dich, wenn du Folgendes näher erforschen möchtest:

- Bist du eher der Typ, der sich schlecht abgrenzen kann, oder der sich im Zweifelsfall zu stark abgrenzt und dann einsam ist?
- Und was brauchst du jeweils, um aus deinem Dilemma herauszukommen?

Als Therapeutin habe ich ständig mit Menschen zu tun, die mir sagen, dass sie an ihrer Fähigkeit zur Abgrenzung arbeiten wollen, weil andere zu nahe kommen oder sie das Gefühl haben, immer mehr zu geben, als zu bekommen. Oft geht es auch um das Thema Grenzen in Bezug auf die Arbeit. Viele Menschen, mit denen ich spreche, fühlen sich in Bezug auf ihr Work-Ich nicht in der Lage, wirklich abzuschalten, und nehmen regelmäßig arbeitsrelevante Themen mit in ihr Life-Ich.

Wie du aus dem DETOXING-Kapitel bereits weißt, halte ich nicht viel von dieser Abspaltung und Einteilung unserer Persönlichkeit in Work- und Life-Boxen. Meiner Erfahrung nach kostet uns diese künstliche Grenzziehung viel mehr Energie, als dass sie uns unterstützt. Sätze wie »Ich muss jetzt endlich lernen, mich bei der Arbeit besser abzugrenzen!«, »In meiner Freizeit will ich kein Wort über meine Arbeit verlieren!«, »Abschalten kann ich nur, wenn ich auch räumlich weit weg bin von meinem Arbeitsumfeld!«, »Ich muss jetzt mal lernen, öfter Nein zu sagen!« entspringen alle der harten und verzweifelten Stimme unseres Performance-Ichs, das krampfhaft versucht, den Zustand der Überforderung durch ein bestimmtes Verhalten zu eliminieren oder nicht zu spüren. Was sich *eigentlich* hinter solchen Sätzen verbirgt und weshalb unser Performance-Ich immer direkt alarmiert wird, sobald etwas unsere Grenzen bedroht, ist die Angst vor Kontrollverlust.

Jeder Mensch wünscht sich, Kontrolle über sein Leben zu haben. Je fremdbestimmter wir uns fühlen, desto frustrierter werden wir, weil wir das Gefühl haben, in unserem eigenen Leben nichts mehr zu sagen zu haben. DRIVE und PANIC sind bei diesem Wunsch nach Selbstbestimmung und Kontrolle immens wichtig, um für unsere Autonomie einzutreten (DRIVE) und diese zu schützen (PANIC). Jedoch tappen wir auf geradem Weg in die Performance-Falle, wenn wir krampfhaft versuchen, unser Leben zu kontrollieren und aus lauter Überanstrengung oder weil wir immer alles richtig machen wollen, nicht mehr mit Situationen umgehen können, die sich spontan entwickeln und auf die wir uns flexibel aus dem Moment heraus einstellen müssen.

Bei unserem Bedürfnis nach Kontrolle und Selbstbestimmung ist das CARE-System also ein wichtiger Baustein. Es sorgt dafür, dass wir uns einen möglichst großen Handlungsspielraum aufbauen, um dann bewusst auswählen zu können, wie wir entscheiden oder auch: kontrollieren wollen. Wir setzen unsere Grenzen dann nicht zu schnell und angstgetrieben aus dem Performance-Ich heraus, sondern besonnen und entspannt im Kontakt mit unserem Verbundenen Ich. Auf diese Weise sorgen wir auch dafür, dass unsere Grenzen von anderen eher bemerkt und respektiert werden. Jemand, der zum Beispiel bestimmt und gleichzeitig entspannt aus seinem Verbundenen Ich zu einer Aufgabe Ja oder Nein sagen kann, wirkt auf andere stets viel glaubhafter und präsenter als jemand, der lauthals und hysterisch verkündet, warum er die ihm angetragene Aufgabe ausführen wird oder nicht.

»Grenzen« – eine Definition

Bevor wir uns genauer ansehen, wie das geht mit dem bewussten Grenzen-Setzen, ist mir noch wichtig zu klären: Was meinen wir eigentlich genau damit, wenn wir von unseren »Grenzen« sprechen? Ich habe die Erfahrung gemacht, dass Menschen diesen Begriff immer wieder verwenden, ohne genauer definieren zu können, was sie darunter eigentlich verstehen. Ich höre dann von Klienten so etwas wie: »Na, Sie wissen schon, meine Grenzen halt, wenn mir was zu viel wird, ich mich völlig verausgabe, mir etwas zu sehr unter die Haut geht, mir jemand zu nahe kommt und keinen Respekt vor meinen Grenzen zeigt.« Das sagt mir noch nicht wirklich viel, und ich wüsste jetzt nicht, *wie* dieser Person denn alles zu viel wird, was *genau* passieren muss, damit sie ein Gefühl von Verausgabung hat, oder worauf ich achten müsste, um ihr nicht zu nahe zu kommen. Mangels Wissen um unsere Grenzen und was wir eigentlich darunter verstehen, ist dieses Thema oft so kompliziert im zwischenmenschlichen Kontakt: Wenn wir noch nicht einmal selbst definieren können, was wir genau damit meinen, wie soll dann jemand anderes eine Idee von unseren Grenzen haben und diese respektieren können? Und wenn wir nicht wirklich wissen, was unsere Grenzen sind, werden wir zwangsläufig daran scheitern, mit diesen bewusster umzugehen oder sie angemessener zu setzen. Daher fangen wir gleich mit der ersten Übung des BOUNDING an.

Was Grenzen für mich bedeuten

Definiere, was du unter deinen Grenzen verstehst, woran du wahrnimmst, dass etwas/jemand über deine persönliche Grenze geht, und wofür du glaubst, diese im Kontakt mit anderen Menschen zu brauchen:

_____

_____

_____

_____

_____

_____

_____

_____

_____

_____

Im Folgenden findest du ein paar Anregungen, was ich unter dem Wort »Grenze« im persönlichen und zwischenmenschlichen Kontext verstehe. Vielleicht gibt dir das auch nochmals ein paar hilfreiche Tipps beim Erforschen der Thematik.

Ich verstehe unter Grenzen vereinfacht gesagt den Empfindungsraum dazwischen. Den Raum zwischen zwei Elementen, die sich unähnlich sind, sich also voneinander abgrenzen und sich gleichzeitig begegnen, also Kontakt haben, um sich überhaupt voneinander abgrenzen zu können. Und dieser Empfindungsraum dazwischen ist dynamisch, er kann sich also verändern.

Ein Organismus begegnet an einer Grenze der Umwelt und geht in Interaktion mit ihr, wie zum Beispiel deine Haut mit der Luft, deine Hand mit einer anderen Hand, deine Zähne mit dem Essen, dein Ohr mit den Worten einer anderen Person, du mit deinem Arbeitspensum, deinem Partner oder deiner Familie. Dieser Grenzbereich ist ein Raum der *Empfindungen*. Wenn sich zwei Menschen an dieser Grenze begegnen, geht es also um die Empfindungen dieser beiden Menschen in diesem Raum. Diese Empfindungen sind nichts Statisches, sondern sie können sich verändern, können je nach Situation dynamisch variieren. Das halte ich für einen wichtigen Punkt. Um herauszufinden, was angemessene Grenzen für dich sind, brauchst du also ein Verständnis oder besser, ein Gefühl für deine Empfindungen und die Empfindungen deines Gegenübers bei dieser Begegnung *und* die Flexibilität, dass die Grenzen von Situation zu Situation variieren können. So kann es für jemanden zum Beispiel völlig angemessen sein, wenn du ihm unter vier Augen eine bestimmte sehr persönliche Frage stellst; wenn du dieselbe Frage aber im Meeting vor allen anderen Kollegen stellst, kann das für die Person durchaus grenzüberschreitend sein.

Wenn du ein gutes Bewusstsein von deinen Empfindungen hast, dich also selbst gut kennst, eine Idee hast, warum du die Dinge tust, die du tust, und auch wahrnehmen kannst, wie es dir dabei geht und was du brauchst, wenn du also ein geschultes Selbstbewusstsein hast und dich gleichzeitig empathisch in deine Umwelt einfühlen kannst, wirst du in der Regel automatisch ein gutes Gespür für deine und die Grenzen anderer haben.

Um ein gutes Gespür für deine Grenzen und die Grenzen anderer zu haben, brauchst du Bewusstheit, Selbstbewusstsein und Empathie.

Wie du merkst, haben wir in den vergangenen Kapiteln bereits viel für dein BOUNDING getan, ohne es explizit so benannt zu haben. Wenn du trotz geschulten Bewusstseins und Empathiefähigkeit die Erfahrung machst, dass es dir mit deinen Empfindungen in diesem Grenzraum nicht gut geht, dann liegt das daran, dass dir eine Situation begegnet, in der du, was deine Grenzen oder die Grenzen anderer angeht, hinzulernen musst. Du kannst dich an dieser Stelle fragen: Was genau passiert hier in diesem Raum dazwischen? An welcher Stelle kann ich diese Begegnung mit dem anderen nicht mehr zufriedenstellend mit den mir verfügbaren Mitteln lösen? Wie genau wird es zum Problem?

Um diese Fragen beantworten zu können, brauchst du eine Idee davon, was genau bei dir passiert, wenn du das Gefühl hast, deine Grenzen nicht mehr auf angemessene Weise halten zu können.

Diesen Wunsch, besser mit ihren Grenzen umgehen zu können und zu verstehen, welche Mechanismen sich dahinter verbargen, hatten auch Robert und Cooper, zwei Klienten von mir, die unterschiedlicher nicht sein könnten und dennoch gemeinsam hatten, dass beide tief in der Performance-Falle feststeckten, als sie zu mir kamen.

Robert ist Autor und Filmemacher aus Berlin und Cooper Social-Media-Experte aus Kalifornien. Robert wurde von seiner Frau in die Therapie geschickt mit dem Auftrag, »weniger egoistisch und stattdessen interessierter an anderen Menschen (insbesondere seiner Ehefrau) zu werden«, und litt im Laufe seines Lebens immer wieder unter depressiven Episoden. Robert sagte, seine Frau wünsche sich, dass er »zugänglicher« werde, sich weniger »abschotte«, sobald sie ein Bedürfnis äußerte. Auf meine Frage hin, ob er denn selbst auch den Wunsch habe, ihr gegenüber weniger abgegrenzt zu sein, reagierte Robert erwartungsgemäß ambivalent. Er liebte seine Frau sehr und merkte, dass er etwas tun musste, um sie nicht zu verlieren, daher war er auch zu dem Gespräch mit mir gekommen. Allerdings war die Angst vor dem Verlust seiner Autonomie, wenn er mehr Nähe zuließ, so groß, dass er nicht sagen konnte, welches Szenario das bessere beziehungsweise schlechtere für ihn war: der fantasierte Verlust seiner Eigenständigkeit, wenn er seine Grenzen lockerte, oder der Verlust seiner Frau, wenn er weiterhin so unnahbar blieb wie bisher.

Cooper hatte genau das gegenteilige Problem. Er wollte es stets allen recht machen und bekam immer wieder von seinen Partnerinnen rückgemeldet, dass sie sich ein »richtiges Gegenüber« wünschten statt einen »Ja-Sager«, der keine eigene Meinung zu haben schien. Gegenüber seinen Partnerinnen verlor Cooper nach nur kurzer Zeit in der Beziehung den Kontakt zu seinen Bedürfnissen, Empfindungen und Grenzen und machte sich dadurch Stück für Stück uninteressant. Er brachte sich durch das übermäßige Einfühlen in die Bedürfnisse seines Gegenübers um seine eigene Präsenz und damit quasi zum Verschwinden. Cooper litt bereits seit Jahren unter diversen Ängsten und kam zu mir, als sich wieder einmal eine Frau von ihm aus den oben genannten Gründen getrennt hatte.

Robert und Cooper – völlig unterschiedliche Menschen und Symptome, gleiches Problem: Beide hatten keine Ahnung, wer sie im tiefsten Inneren eigentlich waren, und versteckten ihr wahres Ich hinter einer Performance-Maske. Der eine trug die vom toughen Cowboy, der sich nur für sich interessiert, und der andere die vom unschuldigen Lamm, der niemandem etwas zuleide tut und selbst keine Ansprüche stellt. Beide hatten kein Gespür dafür, wie ihr jeweiliges Verhalten von zum Teil unbewussten Ängsten motiviert wurde und wie sie sich mit anderen verbinden konnten, ohne sich selbst dabei zu verlieren. Bei Robert ging es in der therapeutischen Arbeit darum, unnötige Barrieren abzubauen, Cooper hingegen brauchte wieder Zugang zu seinen Konturen und Grenzen. Beides ist im Verbundenen Ich zu finden, zu dem ich sie jeweils habe Kontakt aufnehmen lassen.

Der »Gartenzaun«-Typ 1 und 2

In den vielen Jahren, in denen ich mich jetzt mit dem Thema Grenzen setzen und gesunde Abgrenzung beschäftige, habe ich für mich und meine Klientinnen und Klienten die hilfreiche Metapher vom »Gartenzaun« entwickelt. Sie besagt, dass wir in Bezug auf Grenzen eigentlich immer mit zwei Typen von Menschen zu tun haben, für die Robert und Cooper prototypisch stehen. Ich habe die folgende Geschichte auch den beiden Männern erzählt:

Typ 1 baut einen großen Gartenzaun um sein Haus. Der Zaun ist hoch, stabil, oft sehr attraktiv und ansprechend gestaltet, sodass man schon von Weitem darauf aufmerksam wird und sehr gerne wissen möchte, was sich hinter diesem schicken Zaun befindet. Typ 1 hat bewusst von außen einen Knauf an die Zauntür geschraubt, sodass niemand Zugang hat. Nur er allein besitzt einen Schlüssel zur

Zauntür. Ab und zu, wenn Typ 1 in seinem Haus sitzt und vom Fenster aus den schönen, hohen Zaun betrachtet, fragt er sich, warum er hier eigentlich so allein ist und was die Menschen wohl wollen könnten, die er manchmal aus der Ferne von der Schönheit seines Gartenzauns schwärmen hört. Hereinlassen würde er sie aber auf keinen Fall!

In der therapeutischen Arbeit mit Typ 1, du kannst ihn auch Robert nennen, geht es manchmal sehr lange nur darum, dass ich als Therapeutin respektvoll vor diesem Zaun sitzen bleibe und mir dafür eine sehr bequeme Sitzgelegenheit suche, denn es kann eine ganze Weile dauern, bis Typ 1 bereit ist, mir irgendwann einmal die Tür zu öffnen. In der Zwischenzeit kommunizieren wir lediglich über die Sprechanlage an der Gartenzauntür, denn näher lässt er mich nicht an sich heran. Da geht es mir auch nicht anders als seiner Frau. Anders aber als bei ihr, die natürlich ein viel größeres Interesse daran hat, dass ihr Mann auch auf ihre Bedürfnisse eingeht und sich für sie interessiert, ist es für mich als seine Therapeutin nicht so tragisch, wenn er derart auf Distanz bleiben will. Daher können wir gemeinsam erforschen, wofür er denn diesen robusten Zaun überhaupt braucht und wie er sich im Lauf der Zeit entwickelt hat.

Meist hat Typ 1 irgendwann in seinem Leben die Erfahrung gemacht, dass es sicherer ist, nur mit sich selbst in engem Kontakt zu sein, da er von anderen verletzt wurde, als er sich diesen zu sehr öffnete. Er hat wahrscheinlich erlebt, wie er die eigenen Grenzen nicht wiedergefunden hat, nachdem er jemandem vertraut oder sich auf eine andere Person eingelassen hat. Diese Erfahrung, welche oft von Empfindungen wie Hilflosigkeit, Schutzlosigkeit, Schmerz, Trauer oder Scham geprägt ist, möchte er nie wieder machen; daher tut er nun alles, um diese Gefühle im zwischenmenschlichen Kontakt nicht noch einmal erleben zu müssen. Was dabei auf der Strecke bleibt, ist ein echter, nährender Kontakt mit anderen, der notwendig ist, um im Leben zu wachsen und sich verbunden zu fühlen.

Typ 1 wird nicht satt, wenn er sich nur durch den Kontakt mit sich selbst zu nähren versucht, und erlebt daher immer wieder Empfindungen von Leere, manchmal bis hin zur Depression. Der Wunsch nach BONDING und die Sehnsucht nach Liebe und Zuneigung sind auch in Typ 1 als natürliche Bedürfnisse angelegt und melden sich dann unter der Mauer von Abschottung oft in Form von körperlichen oder psychischen Symptomen zu Wort.

Du erinnerst dich an den vermeidenden BONDING-Typen aus dem letzten Kapitel? Dieser ist vergleichbar mit Typ 1 in der Gartenzaunmetapher. Zu viel Nähe macht ihm Angst, und je näher du ihm kommst, ohne dass er sein ausdrückliches Okay signalisiert hat, desto höher wird er seinen Zaun ziehen und dich vor die Zauntür befördern.

Typ 2, zu dem auch Cooper zählt, hat hingegen Ähnlichkeiten mit dem ängstlichen Bindungstypen. Auch er hat ein großes Grundstück mit einem Haus. Er hat so viel Liebe und Energie in das Haus gesteckt und tut es tagtäglich, dass er glatt vergessen hat, um das Haus einen Zaun zu bauen. Irgendwie scheint seine Zeit und Energie dafür nie auszureichen, er hat ja schon mit dem Haus so viel zu tun. Neben Typ 2 fühlen sich auch noch viele andere Menschen in diesem Haus sehr wohl. Manchmal wird es Typ 2 wirklich etwas zu viel Besuch, und er findet es auch etwas unhöflich, wie die Leute ständig bei ihm hereingeplatzt kommen. Was er aber vor allem nicht verstehen kann, ist, warum sein Partner nicht endlich einen Zaun um das Haus baut. Er kennt doch seinen Wunsch und könnte ihn wirklich mal erfüllen!

Die therapeutische Arbeit mit Typ 2 ist nicht minder herausfordernd als mit Typ 1. Während Typ 1 in Bezug auf Grenzen mehr über gesunde Nähe lernen sollte, geht es bei Typ 2 darum, wie er lernt, eine gesunde Distanz zu anderen zu leben, ohne dass ihn seine Angst vor Zurückweisung zu sehr einschüchtert.

Typ 2 hat in seinem Leben ebenso schmerzliche Erfahrungen in Bezug auf Grenzverletzungen gemacht, und er hat wahrscheinlich noch nie erlebt, dass zu Liebe und Zuneigung immer auch die Fähigkeit gehört, sich distanzieren zu können, ohne gleich die ganze Beziehung infrage zu stellen beziehungsweise sich selbst zum Verschwinden zu bringen. Für ihn ist es hilfreich zu lernen, dass Beziehung immer bedeutet, dass jeder Partner auch Freiräume braucht und eine andere Meinung, Bedürfnisse und Wünsche haben darf. Wenn diese Freiheit zur Andersartigkeit und dem Einschlagen eines eigenen Wegs nicht gegeben ist, handelt es sich um Abhängigkeit, nicht um Beziehung.

Die Strategie der totalen Anpassung von Typ 2 war womöglich in seiner Kindheit der einzig effektive Selbstschutz. In der Gestalttherapie nennen wir eine solche Strategie, die einmal sinnvoll, später hinderlich wurde und sich im Erwachsenenalter als Neurose manifestieren kann, *kreative Anpassung*. Ich mag diesen Begriff sehr, weil er, wie ich finde, deutlich macht, dass wir bestimmte Verhaltensweisen nicht deshalb an den Tag legen, weil wir irgendwie verrückt, psychisch krank oder nicht »normal« sind, sondern dass genau diese Verhaltensweisen irgendwann einmal eine sehr kreative Anpassungsleistung unseres Organismus an eine Umwelt darstellten, mit der wir nicht anders umgehen konnten. Immer dann, wenn der Anpassungsdruck oder Einfluss von außen stärker ist als die Kraft des Einzelnen, in dem Feld, in dem er sich bewegt, seinen individuellen Weg zu verfolgen, können wir psychisch nur überleben, wenn wir uns angepasst verhalten.

Vor allem Kinder sind Meister darin zu erspüren, mit welcher Form von kreativer Anpassung sie Kummer und Schmerz entkommen oder besser mit diesem umgehen können. Als Erwachsene ist diese ehemals kreative Anpassung allerdings sehr oft nicht mehr nötig, ja sogar kontraproduktiv, wenn wir uns auf andere Menschen einlassen möchten. Die ehemals kreative Anpassung ist zum starren

Korsett geworden, das uns unflexibel und aus Angst heraus handeln lässt. Dabei können wir als Erwachsene nun in der Regel für unser Überleben sorgen und brauchen manche dieser ehemals hilfreichen Überlebensstrategien gar nicht mehr. Was wir jetzt brauchen, sind kreative Strategien und neue Herangehensweisen an die heutigen Anforderungen.

Inzwischen hast du ziemlich sicher gemerkt, welcher Gartenzaun-Typ auf dich selbst zutrifft, richtig? Je nachdem, ob du dich eher zu Typ 1 wie Robert oder zu Typ 2 wie Cooper zählst, findest du im Folgenden jeweils fünf Übungen, die dich dabei unterstützen, bewusster und angemessener Grenzen wahrzunehmen und zu setzen:

Übungen
für den Gartenzaun-Typ 1

Meine Erfahrung mit Gartenzaun-Typ 1 ist, dass er nichts so sehr fürchtet wie Überraschungen. Denn was bedeutet es, überrascht zu werden? Genau, du hast nicht länger unter Kontrolle, was gleich passieren wird, kannst nicht vorher planen, wie du dich fühlen oder wie du handeln wirst. Wenn du wie Typ 1 wenig Raum für den Einfluss von anderen Menschen in deinem Leben lässt, dann lässt du immer auch wenig Raum für Spontaneität. Diese macht dir eher Angst, und im Extremfall fühlst du dich Situationen ausgeliefert, die du selbst nicht (vollständig) beeinflussen kannst, und versuchst, diesen so schnell wie möglich zu entkommen oder gar nicht erst hineinzugeraten.

Stell dir einmal vor, die neue Freundin von Gartenzaun-Typ 1 überrascht ihn eines Abends *hinter* der Zauntür mit der Nachricht: »Schatz, ich hab mir heute einen Schlüssel für die Zauntür nachmachen lassen, damit wir uns nicht immer so kompliziert verabreden müssen! Deshalb konnte ich dich heute auch mit diesem tollen Abendessen überraschen, sieh mal!« – Ein Horrorszenario für Typ 1 ist gerade wahr geworden. Anstatt zu fühlen, was diese Situation mit ihm macht, wird er mit all seinen Abwehrmechanismen darauf reagieren (Schlüssel einfordern, ausflippen oder völlig unnahbar werden, die Frau hinauswerfen oder nicht mit ihr sprechen, sich nicht mehr melden, wenn sie anruft und wissen will, was denn los war ...), um mit allen Mitteln deutlich zu machen, dass seine Grenzen gerade massiv verletzt wurden.

Die Herausforderung für Typ 1 ist aber gerade, nicht sofort in die undurchfühlte und undurchdachte Reaktion zu gehen, wenn er eine Grenzverletzung spürt, sondern genau wahrzunehmen, was bei ihm in einem solchen Moment passiert, um danach bewusst darauf zu reagieren. Es geht dabei nicht darum, dass er es plötzlich toll finden soll, wenn sich seine Freundin ohne sein Wissen einen Schlüssel hat nachmachen lassen. Vielmehr ist die Aufgabe für Typ 1, nicht sofort in die Reaktion zu gehen, sondern die ganze Bandbreite an Gefühlen zu spüren, die in ihm abläuft, *bevor* er auf die Situation reagieren würde, und dann zu einer *bewussten* Reaktion zu finden, indem er sich die Frage stellt: Könnte ich darauf jetzt auch einmal ein klein wenig anders reagieren, als ich es sonst tun würde? Kann ich ein klein wenig Raum für etwas Neues lassen, ohne es sofort kontrollieren zu müssen?

Grenzverletzende Situationen für Typ 1 können auch durchaus Momente sein, in denen er mit eigentlich angenehmen Gefühlen wie Liebe und Zuneigung konfrontiert wird. Es geht meist darum, dass er schlecht damit umgehen kann, sobald ihn solche Situationen unvorbereitet, also *spontan* treffen.

In der Therapie mit Robert war es immer wieder Teil unserer Arbeit, dass ich ihn überraschte, zum Beispiel, indem ich ihn in seinem Redefluss unterbrach oder damit konfrontierte, welche Gefühle seine Worte in mir auslösten oder indem ich ihm ein Feedback zu seinem Verhalten gab, das er nicht erwartet hatte, weil ihm andere Menschen das so noch nie rückgemeldet hatten. Und genau in diesen kleinen Momenten der Überraschung konnte ich beobachten, wie etwas Neues bei Robert passierte. Er hatte für einen winzigen Augenblick keine Idee, keinen zurechtgelegten Plan, keine bereits vorher errichtete Grenze – und genau das war für ihn der wertvolle Moment, um etwas Neues kennenzulernen über sich selbst und die Welt, in der er lebte. Dieses Neue fand in der spontanen Begegnung, im Kontakt mit mir statt.

Jeden Tag etwas Neues!

Mach Platz für Neues und Spontanes in deinem Leben.

Versuche eine Zeit lang, jeden Tag etwas Neues zu machen. Wechsle zwei Sätze mehr mit deinem Nachbarn als sonst. Nimm die Treppe statt den Fahrstuhl. Bemerke die Details in dem Raum, in dem du arbeitest. Nimm etwas anderes zum Mittagessen zu dir. Mache deiner Freundin oder deinem Freund einen Vorschlag für eine gemeinsame Unternehmung, ohne die Zeit komplett durchzuplanen, oder sage selbst Ja zu einer Idee, die du vorher abgelehnt hast.

Spüre dann, was genau in dir passiert, wenn du es mit dieser neuen oder einer sich spontan ergebenden Situation zu tun bekommst. Versuche, innerlich »Stopp« zu dir zu sagen und nicht sofort automatisch zu reagieren. Atme stattdessen ein paar Mal tief durch, nimm Kontakt mit deinem Körper auf, und erforsche, wie dieser auf die Situation reagiert. Versuche dann wahrzunehmen, was du fühlst oder in welcher

*Stimmung du gerade bist. Sage dir innerlich die drei Worte GROUND-
ING, BONDING, BOUNDING als Erinnerung daran, dass du am besten mit dieser Situation umgehst, wenn du dich erdest, in Kontakt mit
den Menschen um dich herum bleibst und prüfst, wie viel Abgrenzung
jetzt tatsächlich nötig ist.*

Die folgenden vier Übungen stellen Ergänzungen zu dieser Übung
dar.

Experimentiere mit Nähe

*Jedes Mal, wenn dir etwas oder jemand zu nahe kommt, du es also mit
Empfindungen in deinem Grenzraum zu tun bekommst, versuche einmal, genau zu beobachten:*

*Ab wann setzt deine Angst ein? Woran erinnert dich dies? Ist es
wirklich nötig, auf diese Situation oder Person so abgegrenzt zu reagieren, oder kannst du sie ein kleines Stück näher an dich heranlassen beziehungsweise selbst einen Schritt auf sie zugehen?*

Experimentiere auf diese Weise mit Nähe und Distanz.

Lache über dich selbst

Sobald wir in der Lage sind, über uns selbst zu lachen, haben wir
uns wieder ein Stück weiterentwickelt. Humor hat diese unglaub-
liche Kraft der Transformation, und das gilt für alle Menschen.
Allerdings habe ich besonders mit Gartenzaun-Typ 1 die Erfahrung gemacht, dass dieser immer dann einen riesigen Schritt in der
Persönlichkeitsentwicklung weiterkam, sobald er über sich lachen

konnte. Humor in Bezug auf das eigene Leben, Fühlen und Handeln geht tatsächlich auch nur dann, wenn sich die Dinge nicht mehr so furchtbar bedrohlich anfühlen, man schmerzliche Erfahrungen verarbeitet und Strategien entwickelt hat, um selbstbestimmt mit dem eigenen Leben umzugehen.

Diese Übung fordert dich auf, in Momenten, in denen du gewöhnlich wie wild deine Grenzen verteidigen würdest, wieder einmal innezuhalten und zu prüfen, ob du auch über dich schmunzeln oder sogar lachen könntest.

Stell dir dafür vor, was du eigentlich gleich tun würdest, um deine Grenzen ganz deutlich zu verteidigen, und dann übertreibe dein Verhalten in Gedanken, so als wärst du eine Karikatur deiner selbst.

Als Robert die Übung in einer Sitzung mit mir machte, versetzte er sich in die Situation, wie seine Frau ihn vor Kurzem mit einem spontanen Wunsch eines Kurzurlaubs überraschte, was ihn bezüglich seiner Pläne völlig aus dem Konzept brachte. Ich bat ihn daraufhin, mir in übertriebener Form zu beschreiben, wie er reagiert hatte. Robert sprach in doppelter Geschwindigkeit ohne Punkt und Komma, fuchtelte wie wild mit den Händen herum, klopfte sich dauernd aufs Knie und bekam ein nervöses Zucken an der Nase. Wir mussten beide so sehr lachen, als er all das total übertrieb, und es hatte gleichzeitig den Effekt, dass Robert deutlich wurde, was er alles tat, nur um die spontan entstandene Nähe zu seiner Frau nicht zu spüren. Das nächste Mal, als er in einer solchen Situation mit seiner Frau war, erinnerte er sich an das Erlebnis in der Therapiestunde und konnte mit einem Schmunzeln auf den Lippen anders reagieren und aus einer viel souveräneren Haltung heraus mit seiner Frau deren Anliegen besprechen.

Spiele!

Ein weiterer Tipp an Typ 1 lautet: Spiele! So perfekt, wie du den Zaun um dich gebaut hast, kann es gut sein, dass du bereits sehr früh in deinem Leben damit beschäftigt warst, dich zu schützen, weil es kein anderer ausreichend getan hat. Was dabei oftmals auf der Strecke blieb, war unbeschwertes Spielen.

Wenn du Kinder in deinem Umfeld hast, dann lass dir zeigen, wie spielen geht, oder erinnere dich daran, welche Spiele dir in deiner Kindheit Spaß gemacht haben, und spiel sie mal wieder!

Teile!

Was dir als Typ 1 wahrscheinlich immer einmal wieder vorgeworfen wird, ist, dass du zu viel bei dir behältst, vielleicht sogar geizig mit deinen Gefühlen oder auch Gütern bist. Teilen kann nur, wer das Gefühl hat, viel zu geben zu haben. Vielleicht würdest du gern mehr teilen, weißt aber nicht, was überhaupt und ob das jemand anderes eigentlich haben will.

Mach dir einmal bewusst, was du alles an dir schätzt. Aber Achtung: Nicht aus dem Performance-Ich heraus, sondern im Kontakt mit deinem ganzen Ich. Verbinde dich dafür mit deinem ganzen Ich (zum Beispiel durch die Meditation im DETOXING-Kapitel), oder nimm Kontakt mit deinem Herzen auf wie im LOVING-Kapitel. Und dann mach dir bewusst, was du an dir schätzt und für andere anzubieten hast. Suche nicht so sehr in deinen Leistungsfähigkeiten, sondern überlege lieber, wann es Situationen in deinem Leben gab, bei denen du das Gefühl hattest, jemanden durch das, was du anzubieten hattest, zu berühren. Wodurch konntest du das Leben einer Person für einen Moment leichter, interessanter oder lebenswerter machen?

Frag auch einmal deinen Partner, deine Freunde oder dir nahestehende Menschen, was es eigentlich genau ist, das sie an dir schätzen, und erweitere dadurch deine Idee davon, was du alles anzubieten hast.

Übungen
für den Gartenzaun-Typ 2

Typ 1 neigt dazu, Situationen zu *rationalisieren* und sich auf wenig Neues und Spontanes einzulassen. Seine Lernchance besteht darin, innezuhalten und erst einmal zu *spüren*, bevor er seine Grenzen setzt. Typ 2 hingegen spürt oftmals schon fast zu viel. Seine Grenzen gehen verloren, indem er Situationen zu sehr *emotionalisiert* und dann keine angemessene Distanz mehr zwischen sich und seiner Umwelt aufrechterhalten kann, weil er von seinen Gefühlen übermannt wird.

Jeden Tag etwas anderes

Bei der Basis-Grenzübung für Typ 2 geht es darum, dass du versuchst, mehr Unterschiede zwischen dir und deiner Umwelt zuzulassen.

Stell dir dafür regelmäßig die Frage: Was ist anders?

Wichtig ist deine Haltung, während du diese Frage an dich richtest. Diese sollte nämlich möglichst neutral und nicht wertend sein. Du fragst dich zum Beispiel: Was ist an meiner Freundin anders als an mir? Und stellst diese Frage nicht aus einer Haltung heraus, die nach Kriterien wie »besser« oder »schlechter« sucht, sondern aus einer neutralen Beobachtung heraus.

Du kennst bestimmt diese Suchbilder, bei denen Bild 1 auf den ersten Blick wie Bild 2 aussieht, und dennoch findest du beim genaueren Hinsehen zahlreiche Unterschiede zwischen Bild 1 und Bild 2. So solltest du auch an diese Übung herangehen: Versuche einmal, auszusteigen aus deiner Tendenz, Dinge oder Menschen dir und deinen Ansichten gleichmachen zu wollen, und bemerke die Unterschiede, ohne sie zu bewerten!

Spüre dann auch in alltäglichen zwischenmenschlichen Situationen, was genau in dir passiert, wenn du Unterschiede wahrnimmst, anstatt dich auf Ähnlichkeiten zu fokussieren. Versuche, innerlich »Stopp« zu sagen, wenn du das nächste Mal im Kontakt mit jemandem die Tendenz hast, das, was er oder sie sagt, sofort zu bestätigen, automatisch zu nicken oder dir die Zustimmung deines Gegenübers einzuholen. Nimm dir ein paar Sekunden, um zu prüfen, ob du wirklich zustimmen möchtest oder auf die Zustimmung des anderen angewiesen bist und warum. Bleibe während der Übung im Kontakt mit deinem Atem und deinem Körper, und sage innerlich die drei Worte GROUNDING, BONDING, BOUNDING als Erinnerung daran, dass du am besten mit dieser Situation umgehst, wenn du dich erdest, in Kontakt mit den Menschen um dich herum bleibst und prüfst, wie viel Nähe und wie viel Abgrenzung jetzt tatsächlich nötig sind.

Die folgenden vier Übungen stellen Ergänzungen zu dieser Übung dar.

244

Experimentiere mit Distanz

Sobald du durch die vorangegangene Übung die Unterschiede zwischen dir und deiner Umwelt deutlicher wahrnimmst, experimentiere einmal ganz bewusst damit, wie nah du dieser Umwelt eigentlich kommen möchtest. Gehe vielleicht im Gespräch mit einer Person einmal ganz bewusst einen Schritt zurück, oder lehne dich, statt zugewandt nach vorn, bequem auf deinem Stuhl ein Stück zurück. Spüre dann, ob sich etwas in dir und zwischen euch verändert.

Versuche auch wahrzunehmen, ab welchem Moment deine Angst einsetzt, dass du vielleicht den Kontakt verlieren könntest, unhöflich sein könntest, etwas verpassen könntest… Bleibe für ein paar Momente genau an diesem Grenzbereich der Angst.

Du kannst diese Übung nicht nur auf den Kontakt mit Menschen, sondern auch auf Aufgaben beziehen und zum Beispiel damit experimentieren, wie es dir geht, wenn du während einer Aufgabe oder während deines Arbeitstages Grenzen ziehst, indem du mehr Pausen als sonst einplanst oder ganz klar definierst, wann und auf welche Weise du deinen Arbeitstag beendest.

Schaffe auf diese Weise auch ganz bewusste Übergänge, und grenze eine Tätigkeit von der nächsten ab, indem du dir zum Beispiel sagst: »Diese Aufgabe beende ich jetzt«, oder auch körperlich wahrnimmst, wie du ganz bewusst die Tür zu deinem Büro oder den Laptop für heute schließt.

Was hältst du zurück?

Das Dilemma, keine angemessenen Grenzen setzen zu können und sich dann aber im Kontakt mit der Umwelt überfordert zu fühlen, hat oft auch damit zu tun, dass Typ 2 viel für sich behält. Zurückhaltung und Innehalten sind einerseits Qualitäten, zu denen ich im Laufe dieses Buches immer mal wieder aufgefordert habe und die wesentliche Fähigkeiten darstellen, wenn ich bewusster wahrnehmen und handeln möchte.

Es gibt jedoch eine Form von schädlicher Zurückhaltung, in der Gestalttherapie auch *neurotische Retroflektion* genannt. Damit ist gemeint, dass eine Person im Kontakt mit ihrer Umwelt zu viel bei und für sich behält und eine Hemmung vor gesunder Aggression und Auseinandersetzung hat, was meist in der Angst vor Konflikt oder der Vermeidung von Frustrationserleben begründet ist. Die Energie, die eigentlich nach außen gerichtet sein sollte, wendet die betreffende Person dann gegen sich selbst, indem sie ihre Worte nicht äußert, sondern hinunterschluckt, Grenzen nicht im Kontakt mit anderen setzt, sondern nur sich selbst durch rigide Grenzsetzung peinigt (zum Beispiel durch Hungern oder bestrafende Gedanken). Der Retroflektierende hat so noch das Gefühl von Kontrolle, ist irgendwie dauernd mit seiner Umwelt beschäftigt, ohne wirklich an ihr *teil*zuhaben, weil er sich gar nicht bis an den Grenzbereich der Empfindungen herantraut. Kontakt bekäme er mit diesem Grenzbereich, wenn er sich trauen würde, Einfluss zu nehmen und die Energie, die er bislang gegen sich selbst wendet, an die entsprechenden Stellen in der Umwelt zu richten.

Wenn das für dich vertraut klingt und du einmal probieren willst, diese neurotische Retroflektion zu lockern, habe ich folgende Übung für dich:

Führe eine Zeit lang Tagebuch darüber, was du heute alles NICHT gesagt oder getan hast. Lege dir dafür Stift und Papier neben dein Bett, und mache dir vor dem Schlafengehen eine oder mehrere kurze Sequenzen deines Tages bewusst, bei denen du Kontakt hattest zu anderen Menschen. Das kann auch per Telefon, SMS oder E-Mail gewesen sein. Frage dich dann:

Was habe ich alles nicht gesagt/getan?

Und was ist meine Befürchtung, wenn ich es sagen oder tun würde?

Was habe ich stattdessen mir angetan, beziehungsweise wie habe ich diese Energie, die eigentlich nach außen bestimmt war, gegen mich gerichtet (zum Beispiel Essen, Müdigkeit, Genervtheit, Langeweile, Trinken, Kopfschmerzen, krank werden …)?

Schreibe auf, was dir zu diesen Fragen einfällt. Fühle dich danach nochmals in eine oder mehrere Situationen ein, und versuche wahrzunehmen, ob du vielleicht an einer Körperstelle merkst, wie sich diese Retroflektion physisch ausdrückt.

Gibt es eine bestimmte Körperstelle, an der du diese gestaute Energie wahrnehmen kannst? Wenn ja, dann versuche, bewusst zu dieser Stelle hin zu atmen, oder folge deinen Impulsen, was diese Körperstelle mit der gestauten Energie jetzt brauchen könnte – vielleicht magst du dort Wärme erzeugen, indem du kräftig reibst oder dich schüttelst, oder du atmest die angestaute Energie bewusst und kräftig durch den Mund aus.

Übe gesunde Aggression

Nachdem du dich eine Weile beim Retroflektieren beobachtet hast und damit wieder einen Schritt weitergekommen bist auf dem Weg zu mehr Selbstbewusstsein, kannst du in einem nächsten Schritt versuchen, deine Aggression in eine stimmige Richtung zu lenken.

Beziehe für diese Übung aktiv deinen Körper ein. Retroflektionen lassen sich so am effektivsten lösen. Nimm dir einen Ball oder auch ein Stück Stoff, das du wie zu einem kleinen Ball zusammenknüllen kannst, und stelle dir vor, dass dies die Energie ist, die du bei dir behältst, anstatt sie nach außen zu richten. Wirf nun den Ball oder das Stück Stoff ganz bewusst von dir weg, und experimentiere dabei damit, wie es sich anfühlt, deinen »Energieball« einmal stärker und einmal weniger stark zu werfen. Du kannst diese Körperbewegung auch durch Worte begleiten, indem du zum Beispiel sagst oder laut rufst: »Ich wende diese Aggression nicht länger gegen mich!«, oder »Die Energie geht ab sofort da entlang!«, oder ganz simpel »Raus!« oder »Weg!« oder irgendein Wort oder einen Satz, der für dich stimmig ist.

Du kannst dir auch eine konkrete Situation vorstellen, in der du etwas zurückgehalten hast, das du jetzt mit Unterstützung des Balls in die passende Richtung »wirfst«. Ich bitte dich allerdings bei der Übung zu beachten, die Verantwortung dafür zu behalten, dass du die Energie zu dir umgeleitet hast. Es geht in der Übung nicht darum, dass du dir vorstellst, wie du sauer auf dein Gegenüber wirst und ihm diese Energie um die Ohren haust, sondern darum, dass du wieder die angemessene Richtung findest und deinem Körper zeigst, wie es sich anfühlt, nicht alles bei sich zu behalten, sondern auch einmal etwas mit Kraft von sich zu weisen.

Wenn das Werfen des Balls nicht das Richtige für dich ist, kannst du das Ganze auch nur mit Worten ausprobieren und all das aus der vorangegangenen Übung bewusst laut aussprechen, was du bisher zurückgehalten hast. Achte dabei auf deine Kiefermuskulatur, unterstütze die Übung, indem du deine Kiefer vorher lockerst, deine Zunge lockerst und gern auch alle möglichen Grimassen schneidest, die für dich mit Aggression in Verbindung stehen, um dich körperlich mit diesem Prozess zu verbinden.

Nicht zu dir gehörige Energie kannst du auch ganz bewusst mit deinen Füßen in die Erde stampfen und dabei den Rest deines Körpers schütteln, so als wolltest du alles, was nicht bei dir bleiben soll, von dir abschütteln.

Egal, was du ausprobierst: Das Wichtigste bei dieser Übung ist, dass du Spaß dabei hast. Trau dich, ruhig ein wenig zu übertreiben und dich darauf einzulassen, auch wenn es dir anfangs vielleicht albern vorkommt.

Hol dir deine Energie zurück

Eine weitere sehr effektive Übung zur Grenzsetzung habe ich vor Kurzem erst wieder mit einer Klientin gemacht, die wie Gartenzaun-Typ 2 immer wieder damit zu kämpfen hatte, das Gefühl für ihre Grenzen und sich selbst im Kontakt mit anderen zu verlieren. Du kannst diese Übung direkt in der Situation machen, in der du das Gefühl hast, deine Grenze nicht halten zu können, oder auch im Nachhinein, um nach einer solchen Situation wieder in deine Kraft zu kommen.

Für diese Übung mache dir im ersten Schritt bewusst, dass du es bist, die oder der die Grenze nicht hält und zu viel Kraft oder Energie nach außen gibt. Du wirst nicht dazu gezwungen, sondern bist aktiv beteiligt an diesem Prozess. Sprich am besten laut aus: »Ich bin es, die/ der die Grenze nicht hält, zu viel Energie nach außen gibt und zu sehr beim anderen ist.«

Im zweiten Schritt überlege dir bitte, was genau es ist, das du deinem Gegenüber gibst, wenn du das Gefühl hast, all deine Energie gehe in den anderen (oder deinen Job oder eine Aufgabe) über. Was genau ist es, das du viel zu großzügig oder zu unüberlegt verteilst? Benenne es.

Und dann stelle dir bitte im dritten Schritt vor, wie du dir ganz bewusst das, was du jetzt so konkret benannt hast, wieder zurückholst, indem du zum Beispiel sagst: »*Ich hole mir meine Fürsorge wieder zurück,*« *oder* »*Ich hole mir meine Kraft wieder zurück*«, *und dir bildlich vorstellst, wie du dir das, was du vorher deiner Umwelt in für dich grenzüberschreitendem Ausmaß gegeben hast, zu dir zurückholst.*

***

Ich hoffe, du hast auch in diesem Kapitel wieder Anregungen gefunden, die dich dabei unterstützen, bewusster mit dir, deiner Umwelt und insbesondere mit deinen Grenzen umzugehen.

Zusammenfassung

- Mantra: Aus Liebe und Verbundenheit heraus grenze ich mich ab.
- Zentrale Frage: Wie setze ich passende Grenzen?
- In jeder Krise brauchst du die Qualitäten von GROUNDING, BONDING und BOUNDING, um dich zu stabilisieren, Unterstützung zu erhalten und stimmige Grenzen setzen zu können.
- Unter Grenzen verstehe ich den dynamischen Empfindungsraum zwischen einem Organismus und seiner Umwelt.
- Wenn du eine geschulte Selbst- und Fremdwahrnehmung hast und mit Bewusstheit und Empathie durch die Welt gehst, hast du in der Regel auch ein gutes Gespür für deine Grenzen und die Grenzen anderer.
- An Stellen, an denen du noch Probleme mit deiner Grenzsetzung hast, kannst du dich fragen: Was genau passiert hier in diesem Raum dazwischen? An welcher Stelle kann ich diese Begegnung mit dem anderen nicht mehr zufriedenstellend mit den mir verfügbaren Mitteln lösen? Wie genau wird es zum Problem?
- Mit der Gartenzaun-Metapher habe ich dir zwei Typen von Menschen vorgestellt: Typ 1, der sich zu sehr von seiner Umwelt abgrenzt und sich dann oft einsam und leer fühlt, und Typ 2, der sich schlecht abgrenzen kann, sich dadurch überfordert und im Kontakt mit anderen verschwindet.
- Für Typ 1 besteht die Lernchance darin, die Erfahrung zu machen, dass Nähe und Kontakt nicht gleich die völlige Aufgabe von Autonomie bedeuten. Und Typ 2 wird es unterstützen, wenn er sich traut, mehr Unterschiede zuzulassen und Distanz als notwendigen Bestandteil von Begegnungen anzuerkennen.

Folgende CARE-Strategien hast du beim BOUNDING kennengelernt, die dich dabei unterstützen, echte Verbundenheit zu spüren:

- Übungen für Typ 1, der sich zu sehr abgrenzt:
  - Jeden Tag etwas Neues: Lasse Platz für Neues, Unerwartetes und Spontanes in deinem Leben, und mach auch eine Zeit lang bewusst jeden Tag eine Kleinigkeit anders als sonst.
  - Experimentiere mit Nähe: Bleibe ein paar Momente länger an deiner Angst, wenn dir jemand zu nahe kommt, und frage dich ganz bewusst, wofür du deine Abgrenzung jetzt brauchst und ob sie wirklich in dem Ausmaß nötig ist.
  - Lache über dich selbst: Stell dir vor, wie eine Karikatur von dir Grenzen in Bezug auf andere Menschen zieht, und fange an, über dich und dein Verhalten zu schmunzeln.
  - Spiele: Nimm mal wieder Kontakt zu deinem inneren Kind auf und spiele!
  - Teile: Überlege dir, wann du das letzte Mal einen Menschen wirklich berührt hast mit dem, was du ihm gegeben hast, und mach dir bewusst, was du – abgesehen von Leistungserrungenschaften – alles für andere zu geben hast.
- Übungen für Typ 2, der sich zu wenig abgrenzt:
  - Jeden Tag etwas anderes: Lass mehr Unterschiede zwischen dir und deiner Umwelt zu, und nimm diese wertfrei wahr. Stell dir dafür immer wieder die Frage: Was ist anders (an ihm, an ihr ...)?
  - Experimentiere mit Distanz: Anstatt körperlich sehr zugewandt zu anderen Menschen zu sein, experimentiere einmal damit, wie es dir mit mehr Abstand geht und was das mit eurem Kontakt zueinander macht.
  - Frage dich regelmäßig: Was halte ich zurück? Was habe ich heute alles nicht gesagt oder getan? Was ist meine Befürchtung, wenn ich es sagen oder tun würde? Was habe ich stattdessen mir angetan, beziehungsweise wie habe ich diese Energie, die eigentlich nach außen bestimmt war, gegen mich selbst gerichtet?

- Übe gesunde Aggression: Bringe spielerisch deinem Körper bei, Aggression oder bei dir behaltene Energie nach außen zu richten, indem du etwas von dir wegwirfst, laut aussprichst oder rufst, deine Kiefer und alle Gesichtsmuskeln lockerst, ganz bewusst durch den Mund ausatmest oder die Energie kräftig mit den Füßen in den Boden stampfst.
- Hole dir deine Energie zurück: 1. Sei dir bewusst, dass *du* es bist, der im Kontakt die Grenze nicht halten kann. 2. Überlege dir, *was genau* es ist, das du zu großzügig nach außen verteilst. 3. Stell dir vor, wie du das, was du in Schritt 2 benannt hast, ganz bewusst wieder zu dir zurückholst, indem du zum Beispiel laut aussprichst: »Ich hole mir meine Kraft wieder zurück.«

GROWING

*Ich gebe meinem Wachstum
die Zeit, die es braucht.*

Dies ist dein GROWING-Mantra für dein Persönlichkeitswachstum. Verinnerliche und wiederhole es wie die Mantras in den Mediationen zuvor, während du dich nun Schritt 6 zuwendest.

Schritt 6 – GROWING:
Integration und Wachstum

Zentrale Frage:
Wie kann ich wachsen und mich weiterentwickeln?

GROWING – ich muss schmunzeln bei diesem Wort, denn wenn ich mich damit verbinden will, was Wachstum bedeutet, brauche ich nur an mir herunterzusehen. Ich schreibe dieses letzte Kapitel nur wenige Tage vor dem errechneten Geburtstermin meines zweiten Sohnes. In den vergangenen neun Monaten ist mein Bauchumfang auf hundertzwanzig Zentimeter gewachsen und in mir ein kleiner Mensch. Wenn er so weit ist, wird er auf die Welt kommen und innerhalb weniger Stunden auch mich dadurch wieder zu einem neuen Menschen machen. Ich werde durch diese Geburt eine neue Erfahrung machen, an der ich wachsen darf. Und auch mein Mann und mein bereits vierjähriger Sohn werden sich an dieser Erfahrung und an dem Familienzuwachs verändern und sich weiterentwickeln. Unser Miteinander bekommt eine neue Dynamik. Das Spannende daran: Keiner kann genau vorhersagen, *wie* es sich verändern wird. Wir können uns vorbereiten, uns etwas vornehmen und vorstellen – wie es dann schlussendlich genau sein wird und auf welche Weise wir alle wachsen werden, wissen wir nicht. Das Einzige, das ich bereits jetzt ziemlich sicher weiß: Dieses Wachstum wird gleichzeitig mit Freude, Liebe und Schmerz verbunden sein.

Was braucht es also für Wachstum und Weiterentwicklung, und was darfst du in diesem letzten, sechsten Schritt, dem GROWING, Lohnenswertes üben? Meiner Meinung nach in erster Linie Vertrauen.

Vertrauen darauf, dass alles sich schon so entwickeln wird, wie es soll. Vertrauen in den ganz natürlichen Wachstumsprozess des Lebens, bei dem unsere größte Aufgabe darin besteht, ihn nicht zu bremsen, sondern uns auf das einzulassen, was sich ganz von allein entwickeln will. Und Vertrauen darauf, dass du die Kraft hast, mit den Gefühlen umzugehen, die mit jedem Wachstumsschritt verbunden sind, auch wenn alles vielleicht ganz anders kommt, als du es dir vorgestellt oder vorgenommen hast.

In diesem letzten Schritt auf dem Weg zu mehr Verbundenheit mit dir selbst und anderen wollen wir uns im GROWING also ansehen:

- Wie kannst du das natürliche Wachstum des Lebens zulassen?
- Was unterstützt dich dabei, Neues wirklich zu integrieren und darauf zu vertrauen, dass du dich so weiterentwickelst, wie es dir guttut?
- An welchen Stellen blockierst du dein natürliches Wachstum, und wie kannst du es wieder ins Fließen bringen?

Wie können wir wachsen und uns weiterentwickeln?

Im Grunde ist es ganz einfach: In uns steckt bereits das gesamte Wissen, das wir für ein erfülltes Leben und unser Wachstum brauchen. Unser Körper ist ein fantastischer Wissensspeicher, der uns absolut zuverlässig und zum passenden Zeitpunkt genau die Signale sendet, die wir brauchen, um uns selbst zu regulieren, in Balance zu halten und zu wachsen. Alles, was wir dabei zu tun haben, ist, wieder besser auf ihn zu hören und unseren Geist aufzufordern, ebenso zuzuhören, wenn ihm der Körper Signale gibt.

Der Geist hat die Tendenz, sich wichtiger zu nehmen als der Körper und uns durch viele interessante Geschichten, die er zudem in immensem Tempo und meist ohne Pause produziert, davon abzuhalten, Kontakt mit unserem Körper aufzunehmen oder zu wahren. Daher ist es so wichtig, regelmäßig innezuhalten und den CARE-Teil in uns zu aktivieren. Das ermöglicht uns, den rasanten alltäglichen Denkprozess zu durchbrechen und uns mehr auf das langsamere Tempo des Körpers einzustellen.

Das wichtigste Tool bei diesem Verlangsamungsprozess ist die Konzentration auf unseren Atem. Schneller, flacher Atem aktiviert unseren DRIVE- und PANIC-Anteil. Bewusster, tiefer Atem, bei dem wir wirklich wahrnehmen, wie er Brust und Bauch hebt und senkt, aktiviert unseren CARE-Anteil und verlangsamt dadurch automatisch unser Gedankenkarussell.

Wann immer du aus dem täglichen Autopilot-Modus aufwachst, indem du Kontakt zu deinem Atem aufnimmst oder einfach kurz innehältst, wächst du, und etwas Altes wird durch etwas Neues ersetzt. Aufwachen kannst du nur durch Bewusstheit. Jeder Moment, in dem du wirklich Kontakt zu dir und anderen hast, jeder Moment, in dem du Kontakt zu deinen Bedürfnissen hast, ist eine Gelegenheit, in der du etwas Gewohntes durchbrichst und Platz machst für Entwicklung und Wachstum. Beglückwünsche dich für jeden bewussten Augenblick, denn du bist schon wieder ein Stück gewachsen!

Eigentlich kann ich dieses Kapitel ganz kurz halten, denn die zentrale Botschaft lautet:

> **Du wirst dann am besten wachsen und dich weiterentwickeln, wenn du Wachstum einfach geschehen lässt, denn es ist der ganz natürliche Prozess des Lebens.**

Jetzt denkst du vielleicht: »Irgendetwas werde ich ja schon *tun* müssen, und wenn es nur essen, trinken und schlafen ist. Und zu Wachstum und Weiterentwicklung gehört doch auch, Entscheidungen zu treffen, mit Hindernissen und Krisen umzugehen, zu überlegen, wo ich im Leben hinwill ...« Ganz genau! Da widerspreche ich dir gar nicht. Was mir dabei wichtig ist: All das wird dir so unendlich viel leichterfallen, wenn du es auf der Basis von Vertrauen und Verbundenheit heraus tust.

Was wäre also, wenn du dich einmal auf den Gedanken einlässt, dass alles bereits genau so ist, wie es sein soll? Wenn der Grad an Freude, Zufriedenheit, Glück, Schmerz oder Verzweiflung, den du gerade jetzt und heute erlebst, genau das ist, was für dein persönliches Wachstum nötig ist?

Was wäre, wenn alles zur passenden Zeit geschieht, sich genau so entwickelt, wie es sich entwickeln soll? Wenn du dich gar nicht überanstrengen musst, um etwas besser, schneller, schöner zu machen? Nicht länger am Gras ziehen, damit es schneller wächst. Nicht noch mehr Energie für noch bessere Ergebnisse aufbringen. Nichts mehr krampfhaft optimieren an dir, an anderen, deinem Job, deinem Haus, deinem Aussehen, deinem Umfeld, weil sich all das ganz natürlich mit dir verändert, mit dir wächst, so wie es für dich, dein Tempo und dein Leben passt. Und weil dein Zutun für diese Veränderung dir leichtfällt und du nicht aus Anstrengung und Überforderung heraus agierst.

Was wäre, wenn du keine Angst mehr davor hättest, was die Zukunft bringt und wie es weitergeht? Wenn sich das Leben nicht mehr so schrecklich getrieben anfühlen würde, sondern so, dass du wirklich etwas davon mitbekommst, weil du verstanden hast, dass es in Ordnung ist, wie es ist? Wenn du jeden Tag du selbst sein könntest und es auf die Frage »Wie kann ich wachsen und mich weiterentwickeln?« nur eine Antwort gäbe: Indem du immer wieder dafür sorgst, mit dir und der Welt verbunden zu sein.

Wenn wir unser Leben aus dem Performance-Ich heraus führen, sind wir entweder damit beschäftigt, andauernd etwas zu verbessern oder Gefühle zu unterdrücken, aus Angst davor, wir könnten sie nicht aushalten oder wüssten nicht, wie wir das Leben, das wir uns bis heute aufgebaut haben, sonst rechtfertigen sollen. Alles fühlt sich aber nur so lange so unglaublich gehetzt und von Angst getrieben an, bis du den CARE-Teil in dir aktiviert hast und anfängst, dein Leben aus dem Verbundenen Ich heraus zu leben. Das ist die Verbindung von Körper, Geist und Seele. Das ist dein ganzes Ich, dein wahres Selbst, das bist du.

Mit der Aktivierung des CARE-Systems regst du deine Fähigkeit an, wieder kreativ zu sein, zu einer *Kreator,* zu einem *Schöpfer* oder einer *Schöpferin* zu werden, zu einem kreativen Wesen, das Neues erschafft und zum Wachsen anregt, anstatt sich den ganzen Tag damit zu beschäftigen, sich zu schützen, aus einem Defizit heraus zu leisten und zu performen.

Nicht mehr jeden Tag nach dem immer gleichen Rezept herstellen, sondern offen sein für Neues, das dich und dein Umfeld automatisch wachsen lässt, sobald du dafür sorgst, dass es in dein Leben kommen darf. Verbinden statt trennen, lieben statt kämpfen, aus Verbundenheit abgrenzen und vertrauen, dass es das Leben gut mit dir meint, wenn du ihm dein Interesse und deinen Mut schenkst ...

Wachstum bedeutet dann, dass du bereit bist, dich so richtig auf das Leben einzulassen, auf die Freude genauso wie auf den Schmerz, auf Momente der Stagnation genauso wie auf den Flow, weil all das dazugehört und uns allen immer wieder begegnen wird. Wachstum heißt auch, dass du ab und zu zurückfallen wirst in alte Muster, dies bemerkst und durch das Bemerken wieder ein Stück gewachsen bist. Es bedeutet, dass du Räume schaffst für das Wachstum anderer, deines Partners, deiner Kinder, deiner Mitarbeiter und Freunde, und zulässt, dass sich für jeden einzelnen dieser Menschen Wachstum anders ausdrückt als für dich. Du kannst das Wachstum anderer unterstützen, jedoch nie bestimmen oder forcieren.

Natürliches Wachstum nicht zu blockieren oder zu verlangsamen heißt, mit deinem ganzen Ich verbunden zu sein und wahrzunehmen, dass es DRIVE-, PANIC- und CARE-Anteile in dir gibt, die alle ihre Berechtigung haben und gehört werden wollen.

Du darfst dich also ruhig weiterhin vergleichen, mit anderen konkurrieren, dich über deine Leistungen und Erfolge freuen, Spaß daran haben, Ziele zu erreichen, und damit deinen DRIVE-Anteil füttern. Und sicherlich wirst du auch ab und an *nicht* fähig sein, mit dem natürlichen Wachstums-Flow des Lebens mitzuschwingen, weil du aus deinem PANIC-Anteil heraus Angst hast vor dem, was dich in Zukunft erwartet. All das gehört zum Menschsein dazu.

Es geht immer wieder um das Gleiche: Sobald du dir über deine DRIVE- und PANIC-Anteile bewusst bist und aus deinem CARE-Anteil heraus freundlich mit dir sein kannst, wird es sich bereits verändern und dich zu passender Zeit weiterbringen, weil du dann selbst-bewusst und selbst-verantwortlich Entscheidungen triffst, anstatt vom Leben gelebt zu werden.

Wenn du dir also darüber bewusst bist, ob du gerade mit jemandem konkurrierst, Angst hast oder unbedingt etwas Bestimmtes erreichen willst, wirst du auch merken, ob dir das guttut oder dich zu sehr anstrengt, dich oder andere vielleicht sogar verletzt und in eurem Wachstum eher behindert als voranbringt. Und so wird sich aus dieser Bewusstheit wieder ganz natürlich neues Denken und Handeln ergeben. Vielleicht macht dir und anderen das Vergleichen, Konkurrieren und Erreichen-Wollen aber auch gerade großen Spaß. Dann ist es völlig in Ordnung, und du darfst es auch genießen!

Findest du das alles ganz einleuchtend und hast dennoch das Gefühl, dass du dich immer wieder in deiner persönlichen Weiterentwicklung bremst? Das kenne ich auch nur zu gut und möchte dir deshalb anhand eines diagnostischen Instruments aus der Gestalttherapie aufzeigen, wie wir Menschen diesen natürlichen Kontakt- und Wachstumsfluss oft verhindern. Wenn du erkannt hast, an welcher Stelle du dich selbst blockierst, wird es dir leichterfallen, das beim nächsten Mal zu bemerken und etwas anders zu machen.

Die Gestaltwelle

Die sogenannte Gestaltwelle beschreibt einen idealtypischen Ablauf davon, wie ein Organismus mit seiner Umwelt in Kontakt gehen kann, um an dieser Begegnung bestmöglich zu wachsen.

Die Gründer der Gestalttherapie Perls, Hefferline und Goodman beschreiben in ihrem Grundlagenwerk *Gestalttherapie* vier Phasen des Kontakts:

1. Vorkontakt
2. Kontaktanbahnung
3. Kontaktvollzug
4. Nachkontakt

Vorkontakt

Diese Phase kannst du dir folgendermaßen vorstellen: Du spürst vielleicht eine diffuse Unruhe, eine *ansteigende Energie*, die du nicht genau beschreiben kannst; du merkst lediglich, dass irgendetwas in dir los ist. Beispielsweise spürst du einen Druck im Kopf.

Kontaktanbahnung

Jetzt wird dieses diffuse Etwas schon deutlicher. Du kannst es als Kopfschmerzen und körperliche Anspannung benennen und nimmst dein *Bedürfnis* nach Entspannung und einer Pause deutlich wahr. Während der Phase der Kontaktanbahnung überlegst du, wie du deinem Bedürfnis am besten nachkommen kannst und welche *Ressourcen aus der Umwelt* dir dafür zur Verfügung stehen (zum Beispiel hinlegen, einen Tee trinken, etwas essen, spazieren gehen).

Kontaktvollzug

Hier ist nun Aggression (im positiven Sinn!), also aktives Zupacken nötig. Du suchst die zu deinem Bedürfnis am besten passende Ressource aus und triffst eine Entscheidung. Zum Beispiel fällt deine Wahl auf den Spaziergang, anstatt dich hinzulegen.

Nachkontakt

Im Nachkontakt finden nun Integration und Wachstum statt. Du lässt das, was du dir zur Bedürfnisbefriedigung ausgesucht hast, wirken, assimilierst es, nimmst dir Zeit, um es wirklich in dich und deinen Körper aufzunehmen, und spürst die Befriedigung und die Veränderung, die es für dich gebracht hat. Du nimmst also auch wahr, ob die Entscheidung für den Spaziergang dir tatsächlich die erhoffte Entspannung gebracht hat.

Wenn die vier Schritte beendet sind, widmest du dich etwas Neuem – der nächste Kontaktzyklus beginnt –, und du nimmst zum Beispiel wieder deine Arbeit auf.

Solltest du das Gefühl haben, unbefriedigt aus einem solchen Kontaktprozess herauszugehen, dann liegt das daran, dass in einem oder mehreren der vier Phasen Störungen aufgetreten sind.

Störung im Vorkontakt

Im Vorkontakt kommt es zu einer Störung, wenn du bereits den Entstehungsprozess deines Bedürfnisses unterdrückst. Du nimmst deine Körpersignale zum Beispiel gar nicht mehr wahr, weil du dich in der Hektik des Alltags dafür gefühllos und taub gemacht hast, um dein Tempo überhaupt aufrechterhalten zu können. Du hast verlernt, innezuhalten und auf einer ganz basalen Ebene Kontakt zu dir aufzunehmen. Du spürst dich nur noch, wenn DRIVE und PANIC bereits den Überlebensmodus angeknipst haben.

Um eine Störung im Vorkontakt aufzulösen, unterstützen dich vor allem die Übungen, die du im GROUNDING und DETOXING kennengelernt hast und mit deren Hilfe du wieder lernst, Kontakt zu deinem Körper herzustellen und dich von blockierenden Introjekten zu befreien.

Störung in der Kontaktanbahnung

Bei der Kontaktanbahnung geht es wie bereits gesagt darum, dass du erstens in der Lage sein musst, dein Bedürfnis zu benennen, und zweitens deine Umwelt nach entsprechenden Ressourcen für deine Bedürfnisbefriedigung abzusuchen.

Du könntest zum Beispiel deutlich spüren, dass dir jetzt ein Spaziergang am besten tun würde, doch du hast Hemmungen, das Büro zu verlassen, kochst dir stattdessen einen Kaffee und verbringst so deine Pause. Vielleicht war die Kaffeepause auch eine angenehme Ablenkung, du merkst aber, dass dir die frische Luft viel besser getan hätte.

In dieser Phase ist es auch möglich, dass eine Störung deshalb auftritt, weil du dir dein eigenes Bedürfnis nicht zugestehst und denkst, du müsstest das gleiche Bedürfnis haben wie die Menschen um dich herum. Vielleicht arbeitet ein Kollege gerade noch hochmotiviert am gemeinsamen Projekt, während du vor lauter Kopfschmerzen schon gar nicht mehr klar denken kannst. Erinnere dich in solch einem Fall an die Frage »Wer bin ich, wenn ich niemand mehr sein muss?« aus dem DETOXING-Kapitel, und mach dir bewusst, dass du nur dann am besten in deine Kraft kommst, wenn du gemäß *deinen* Bedürfnissen handelst und nicht an einem Idealbild von dir festhältst, das du gar nicht bist. Auch das Mantra »Aus Liebe und Verbundenheit heraus grenze ich mich ab« aus dem BOUNDING-Kapitel kann dich in dieser Phase unterstützen, denn es ist doch viel respektvoller, deinen Kollegen ehrlich wissen zu lassen, dass du nichts mehr von dem, was er sagt, aufnehmen kannst, anstatt dich innerlich darüber zu ärgern, dass dieser Typ einfach nicht aufhört zu reden.

Allerdings kannst du dich in dieser Phase auch dadurch in deinem Wachstum blockieren, indem du krampfhaft an einer Möglichkeit der Bedürfnisbefriedigung festhältst und nicht mehr flexibel in deiner Umwelt nach Alternativen Ausschau hältst. Womöglich ist ein Spaziergang tatsächlich nicht möglich in deiner aktuellen Situation. Anstatt dich darüber zu ärgern, dass dir das, was du bräuchtest, nicht zur Verfügung steht, und dir damit noch mehr Stress zu machen, kannst du überlegen, wie du deinem Bedürfnis zumindest sehr nahe kommen kannst, indem du zum Beispiel die Büroräume einmal kräftig lüftest, deinen Körper dehnst und streckst oder ein paar Schritte gehst.

Störungen im Kontaktvollzug

Zu Störungen im Kontaktvollzug, also im aktiven Umsetzen und Auswählen der Ressource, kommt es immer dann, wenn du dich dabei bremst, mit der nötigen Aggression nach außen zu gehen. Das kann auch bedeuten, dass du deinen Wunsch nicht deutlich genug äußerst oder dass dir relevante Informationen aus deiner Umwelt entgehen, weil du ihr nicht genug Aufmerksamkeit schenkst. Was du in dieser Phase also ganz besonders brauchst, sind offene Wahrnehmungskanäle und die Fähigkeit zum BONDING, also dich mit deiner Umwelt zu verbinden, Menschen um etwas zu bitten, gut zuzuhören, genau hinzusehen, ins Gespräch zu gehen, Fragen zu stellen, Informationen einzuholen.

Störungen im Nachkontakt

Die Phase des Nachkontakts ist insbesondere bezüglich der Themen Integration und Wachstum interessant. Es kann sein, dass dir die drei vorherigen Schritte wunderbar gelingen und du dennoch regelmäßig das Gefühl hast, irgendwie auf der Stelle zu treten, obwohl du doch schon so bewusst durchs Leben gehst, deine Bedürfnisse kennst und weißt, wie du sie mit der nötigen Portion Aggression befriedigst.

Dieses Phänomen begegnet uns allen ständig. Wir haben an einem spannenden Workshop teilgenommen, und nach ein paar Tagen verpufft der Effekt. Haben ein interessantes Buch gelesen und verbringen vielleicht noch ein, zwei Tage nach der Lektüre mit den darin empfohlenen Übungen, bevor wieder andere Themen in den Vordergrund treten. Wir nehmen uns vor, mehr Zeit mit unserem Partner zu verbringen, und nachdem wir uns einmal um eine Verabredung gekümmert haben, vergessen wir dranzubleiben, weil uns der Alltag eingeholt hat. Wir wollen in unserer Firma ein neues Projekt zum Beispiel zum Thema »Achtsamkeit am Arbeitsplatz« umsetzen, und dann brennen plötzlich andere Themen, die viel wichtiger und unaufschiebbar erscheinen. Ich könnte unzählige weitere Beispiele geben, wie es beim Nachkontakt zum Wachstums- und Integrations-Stopp kommen kann.

Auch mein Klient Tom, der aufgrund einer Burn-out-Erfahrung zu mir kam, wollte wissen, wie es denn endlich nachhaltig bei ihm klick machen könnte, um all das, was er über gesunde Lebensführung bereits wusste, auch längerfristig in seinem Leben umzusetzen, sodass er nicht regelmäßig an den Rand der Erschöpfung gelangte.

Tom war schon, seit er denken konnte, ein »High-Performer«. Als Kind hatte er mehrere Klassen übersprungen, dann das Studium in Rekordzeit mit zahlreichen Auszeichnungen und Stipendien absolviert, und jetzt, mit Anfang dreißig, war er bereits CEO eines großen Softwareunternehmens.

Als er mir in einer Sitzung etwas ausführlicher über seine Vergangenheit und seine Biografie erzählte, erfuhr ich, dass er als jüngster von insgesamt vier Söhnen schon sehr früh sein ganzes Dasein nach folgendem Glaubenssatz ausgerichtet hatte: »Wenn ich einen Raum betrete, kann ich nur dadurch auf mich aufmerksam machen, dass ich schneller, schlauer und innovativer bin als alle anderen Anwesenden. Vor allem schnell muss ich sein.« War er zu langsam, hatte er das Gefühl, dass er neben seinen großen Brüdern total unterging.

Seine Schnelligkeit hatte Tom einerseits sehr viel Großartiges erreichen lassen. Und: Sie hatte auch ihren Preis. Da sich Tom nie die Zeit nahm, Dinge gründlich zu reflektieren, sondern immer schon einen Schritt weiter war als alle anderen und das Leben um ihn herum, ließ er sich nie genügend Zeit, um Erfahrungen wirklich zu integrieren und daraus zu lernen und daran zu wachsen.

Seine Nachkontaktstörung strahlte in alle möglichen Bereiche in seinem Leben aus: Beim Umgang mit sich selbst gelangte er regelmäßig ans körperliche und psychische Erschöpfungslimit, in seiner Partnerschaft kam es immer wieder zu den gleichen Streitigkeiten, die nie wirklich gelöst wurden, weil auch hier Raum und Zeit fehlten, um wirklich herauszufinden, worum das Paar eigentlich stritt. Und auch im Job hatte er das Gefühl, sein Business seit einem gewissen Punkt nur noch mit größter Anstrengung dort zu halten, wo es gerade stand. Wachstum schien nicht mehr möglich – eher im Gegenteil: Tom hatte alle Hände voll zu tun, um zu verhindern, an allen Ecken und Enden Verluste einzubüßen.

Das habe ich bei anderen Klienten, die zum Business-Coaching zu mir kamen, auch immer wieder erlebt. Eine Zeit lang lässt sich ein Unternehmen durchaus nach dem Grundsatz führen: Je mehr Leistung und Energie, desto größer der Output. Doch es gibt einen Punkt, an dem diese Gleichung nicht mehr aufgeht. Am deutlichsten ist das immer dann zu sehen, wenn Menschen aufgrund von zu viel Anstrengung »ausbrennen«, also zu lange über ihre Leistungskapazitäten gegangen sind. Dann ist es wichtig zu verstehen, dass nicht nur Anstrengung und stetiges Tun Energie erzeugen, sondern ganz im Gegenteil die eigentliche frische Energie aus der Erholung, aus Pausen und Ruhezeiten kommt.

Auch in den Therapiestunden war Toms Neigung der Nachkontakt-Vermeidung spürbar, und so arbeitete ich mit ihm genau daran, immer wenn es im Kontakt mit mir deutlich wurde. Im Grunde ging es dabei stets um das Thema Verlangsamung. Wir sahen uns zum Beispiel an, wie es Tom damit ging, wenn er Tempo aus seiner Sprechgeschwindigkeit nahm und wenn er versuchte, nicht auf alles sofort zu antworten, was ich sagte, sondern sich einmal wirklich Zeit für eine Antwort zu nehmen. Es war sehr spannend, dass hier die alten Ängste in ihm hochkamen, die ihn an Situationen mit seinen Brüdern erinnerten. Er merkte, dass er immer noch auf der Grundlage dieses alten, kindlichen Ichs handelte und allen anderen Menschen unterstellte, dass sie, wie seine Brüder, ihm nicht den Raum und die Zeit geben würden, um das, was er zu sagen hatte, in der Zeit auszudrücken, die er dafür benötigte. Im Kontakt mit mir konnte er diese Projektion auflösen, weil er merkte, dass ich ihm durchaus sehr gern den Raum und die Zeit gab, die er brauchte. Ich hatte ihm sogar immer wieder gesagt: »Tom, stopp! Ich komme nicht mehr mit. Du bist zu schnell für mich. Wenn du möchtest, dass ich dir noch folge, dann musst du bitte mal eine Pause machen!« Dieses Feedback war sehr ungewohnt und gleichzeitig befreiend für ihn, wie er mir sagte, weil er doch eigentlich *für mich* so schnell sein wollte, damit ich die Klugheit und Besonderheit in ihm erkannte, und er nie in Erwägung gezogen hatte, dass diese Schnelligkeit für andere auch anstrengend sein könnte.

Als Tom sich nun mehr und mehr auf Verlangsamung einließ, probierte er dies auch in seinem Alltag aus. Er nahm sich mehr Zeit für Pausen, Reflexion, Verdauen, Nachdenken, Ruhe und Stille. Er experimentierte sogar damit, bewusst langsamer zu laufen und nicht mehr von einem Ort zum nächsten zu hetzen. Nach einiger Zeit lösten sich auf einmal seine Blockaden sowohl im Job als auch in der Partnerschaft und was seine Neigung zur Überforderung anging. Er fand aus seinem Performance-Tunnelblick heraus und bekam frische Ideen für sein Business. Auch erlebte er es als viel effektiver, sich einmal wirklich Zeit zu nehmen und damit auseinanderzusetzen, was zwischen ihm und seiner Frau stand, anstatt einen kleinen Streit nach dem anderen zu führen.

Bei sich selbst bekam er durch die Verlangsamung nun viel früher mit, wenn ihm sein Körper Signale der Überforderung schickte, und konnte rechtzeitig gegensteuern. Für Tom war es faszinierend, dass wir nicht langwierig am Job, an der Partnerschaft und am Burn-out arbeiten mussten, sondern dass es tatsächlich auf seine innere Haltung aus seinem ganzen Ich heraus ankam und sich dann automatisch die Probleme auf allen Ebenen lösten.

Aus der Performance-Falle auszusteigen ist ein Prozess, der beinhaltet, dein ganzes Ich immer mehr ins tägliche Leben zu holen. Dies passiert mit jeder einzelnen Entscheidung, die du triffst, mit jeder Geste, jedem Gedanken, jedem Lächeln, jedem Moment, in dem du Kontakt, (Selbst-)Mitgefühl und Liebe zulässt.

Die ersten fünf Schritte sollten dich dabei unterstützen, diese natürlich in dir angelegten Fähigkeiten und Gefühle wieder zu aktivieren und zu kultivieren. Mit den nachfolgenden GROWING-Übungen möchte ich dir noch einige Tools an die Hand geben, die dich bei der Integration der vergangenen Schritte bestmöglich unterstützen und nachhaltiges Wachstum ermöglichen.

Komme in der Langsamkeit in deine Kraft

Prüfe einmal, ob es dir ähnlich geht wie Tom und du an der einen oder anderen Stelle zu schnell durch dein Leben stolperst. Du kannst das am besten wahrnehmen, indem du Aufmerksamkeit auf deinen Körper und dein Verhalten lenkst und zum Beispiel prüfst:

- *Wie atme ich gerade? Sehr gehetzt und flach oder ruhig und entspannt?*
- *Wie spreche ich gerade? Entspricht diese Art zu sprechen meinem natürlichen Sprechtempo?*
- *Wie laufe ich gerade? Kann ich mich und meinen Körper wirklich wahrnehmen beim Gehen? Vielleicht magst du eine Gehmeditation ausprobieren, bei der du dich vollständig auf den Prozess des Gehens konzentrierst und ganz kleinschrittig wahrnimmst, wie deine Füße bei jedem neuen Schritt den Boden berühren.*
- *Wie kommuniziere ich gerade? Lasse ich anderen Zeit auszureden, Gedanken zu Ende zu denken, und höre ich ihnen wirklich bis zum Ende zu, oder mache ich mich bereits zu Beginn ihres Satzes bereit für eine Antwort und bin daher mehr mit dieser beschäftigt, als dass ich wirklich zuhöre? Lasse ich auch mir angemessen lange Zeit, wenn ich mit jemandem rede? Erlaube ich mir Sätze wie »Darüber muss ich jetzt erst einmal nachdenken«, »Ich gebe dir später Bescheid, gerade habe ich nicht die Möglichkeit, wirklich gut darüber zu entscheiden«, »Ich möchte darüber erst noch in Ruhe mit XY*

sprechen« usw. In Bezug auf tägliche Kommunikation kannst du auch einmal prüfen, wie gut es dir möglich ist, auf eingehende SMS oder E-Mails nicht sofort zu reagieren und zu antworten, sondern dann, wenn es wirklich für dich passt.

Verbringe Zeit in Stille

Versuche, dir im Alltag immer wieder Zeit und Raum zu verschaffen, wo du einfach nur in Stille bist. Das heißt nicht, dass du dich in einem schalldichten Raum einschließen oder sonst einen Ort suchen sollst, an dem du keinen Pieps hörst. Es ist gar nicht so wichtig, wie laut oder leise die äußeren Geräusche sind, es kommt mehr darauf an, dass du dich entscheidest, eine Zeit lang still zu sein, indem du schweigst, auch sonst deinen Fokus nach innen richtest und einmal ganz bewusst nicht mit der Außenwelt kommunizierst.

Ich habe stets die größten Energieschübe bekommen, nachdem ich einige Zeit in Stille verbracht hatte, und habe das auch schon von vielen anderen Menschen gehört. Es ist allerdings auch möglich, dass Stille bei dir erst einmal den gegenteiligen Effekt hat und du dich sehr kraftlos fühlst, weil du im stillen Innehalten mit deiner Erschöpfung in Kontakt kommst. Ich weiß, es klingt etwas schräg, aber freu dich darüber, denn die Erschöpfung war so oder so schon da, und nur wenn du sie wahrnimmst, kannst du auch angemessen darauf reagieren und dadurch wieder zu Kräften kommen.

Eine Möglichkeit für die Zeit in Stille ist, ganz formell ein Schweigeretreat oder einen Schweigetag zu machen, es genügt aber bereits, wenn du einmal versuchst, deine Mittagspause komplett in Stille und auch ohne sonstige Kommunikationseinflüsse (Handy, Zeitung, Gespräche etc.) zu verbringen.

Mache bewusste Pausen

Fange an, Pausen mit der gleichen Priorität zu behandeln wie deine täglichen To-dos, indem du dir auch das Wort »Pause« in den Kalender einträgst oder dir bestimmte Reminder im Handy einstellst. Du kannst diese Zeiten auch »Energieboost« oder »Kraft tanken« nennen, um dir immer wieder in Erinnerung zu holen, dass eine Pause nicht bedeutet, dass du faul oder unproduktiv bist, sondern du genau hier frische Energie bekommst!

Nutze die Kraft von Mantras

Ich habe dir in diesem Buch immer ein Mantra vor ein neues Kapitel gestellt, das dich wie gute Wünsche durch das jeweilige Thema begleiten soll. Gerade was das Thema Integration und Wachstum betrifft, habe ich die Erfahrung gemacht, dass Mantras eine immense Kraft haben, um diese Nachkontakt-Prozesse zu unterstützen.

Ein Mantra ist eine Silbe, ein Wort oder eine Wortfolge, die wie in einer Endlosschleife immer wiederholt werden – gesprochen, gesungen oder lediglich gedacht. Diese Wiederholung hat die Funktion, deinen Geist zur Ruhe zu bringen. Er lernt dadurch, sich längere Zeit auf ein und dasselbe zu fokussieren und nicht ständig etwas Neues zu produzieren, um dich vom Hier und Jetzt abzulenken. Und wenn dein Geist auf diese Weise zur Ruhe kommt, verbraucht er nicht deine ganze Energie fürs Grübeln, Nachdenken oder Problemewälzen, sondern diese Energie steht dir auch für wichtige Wachstums- und Regenerationsprozesse zur Verfügung.

Wenn das Mantra-Singen oder -Rezitieren auf dem Meditationskissen nichts für dich ist, kannst du Mantras wunderbar zum Beispiel beim Spazierengehen vor dich hin sagen oder singen oder diesen über Kopfhörer zuhören. Es muss natürlich kein indisches Mantra sein, das du dir anhörst, wenn du damit nichts anfangen kannst. Such dir ein Wort, einen Satz oder ein Lied aus, das dich in irgendeiner Form berührt, und beobachte, wie es dir damit geht, wenn du es immer und immer wiederholst. Vielleicht in einer Zeitspanne, die du dir vorher vorgibst, oder einfach so lange, wie es sich gut anfühlt.

***

Du hast dich mithilfe der Übungen in diesem Buch intensiv mit den sechs Schritten zu mehr Verbundenheit und einem Weg zum »echten Leben« vertraut gemacht. Du kannst die einzelnen Schritte auch wunderbar im Alltag nutzen, ohne dafür alle Übungen immer wieder zu machen.

Wenn du dich zum Beispiel gestresst fühlst, einen Konflikt mit jemandem hast, unzufrieden mit dir selbst bist oder mit Gefühlen oder Situationen zu kämpfen hast, die dir das Leben gerade schwer machen, dann zeige ich dir jetzt, wie du die sechs Schritte auf kompakte Weise anwenden kannst, um wieder in deine Kraft zu kommen. Vielleicht merkst du auch, dass dich eine Situation voll in die Performance-Falle manövriert hat, dann helfen »Die sechs Schritte kompakt« oder die »Meditation zur Aktivierung des Verbundenen Ichs«, dich schnell wieder herauszuholen und in Kontakt mit dir und der Umwelt zu bringen. Diese sind sozusagen eine Anleitung für »Einmal Verbundenes Ich to go«, wenn du im Alltag in den unterschiedlichsten Situationen schnell Unterstützung brauchst.

Die sechs Schritte kompakt

Du brauchst dir für diese Übung nur die sechs Schritte in Erinnerung zu rufen und sie dann auf deine jeweilige Situation anzuwenden, indem du dir folgende Fragen stellst:

1. GROUNDING: *Wie kann ich mich jetzt am besten erden und erst einmal zu mir kommen?*
2. DETOXING: *Gibt es etwas, woran ich festhalte, das mir aber in der jetzigen Situation eher schadet, als dass es mich unterstützt, und das ich daher loslassen sollte?*
3. LOVING: *Wie kann ich jetzt freundlich mit mir selbst umgehen?*
4. BONDING: *Was kann ich von den Menschen um mich herum und der jetzigen Situation gerade lernen, und welche Menschen könnten mich jetzt zusätzlich unterstützen?*
5. BOUNDING: *Braucht es in der aktuellen Situation mehr oder weniger Abgrenzung von mir?*
6. GROWING: *Lasse ich mir und anderen gerade genügend Zeit und Raum, oder versuche ich, Dinge zu forcieren, die sich nicht erzwingen lassen?*

Meditation zur Aktivierung des Verbundenen Ichs

Die letzte Übung in diesem Buch möchte ich dafür nutzen, um den Prozess, den du in den einzelnen Schritten durchlaufen hast, nochmals in einer Meditation zusammen mit dir zu durchwandern und zu integrieren und mich damit dann auch von dir zu verabschieden. Ich finde es eine schöne Vorstellung und stimmig für das, was ich dir in diesem Buch vermitteln wollte, wenn wir diesen Abschluss gemeinsam in einer Meditation erleben anstatt in einer theoretischen Zusammenfassung der wichtigsten Learnings – diese stehen ja bereits am Ende der einzelnen Kapitel.

Finde nun also wieder eine aufrechte und gleichzeitig bequeme Position im Sitzen. Atme ein paar Mal tief ein und aus, und schließe wenn möglich die Augen. (…)

Stell dir nun vor, wie ein guter Freund, eine gute Freundin oder eine andere Person, von der du leicht Unterstützung annehmen kannst, vor dir erscheint und dir die folgenden Fragen stellt:

Wie geht es dir?

Was ist los?

Die Person nimmt dich nun an der Hand und sagt: »Komm, wir gehen jetzt erst mal ein Stück zusammen«, und ihr verlasst den Ort, öffnet eine Tür, und als ihr hinausgeht, erscheint vor euch eine wunderschöne Landschaft. Gemeinsam startet ihr einen Spaziergang, auf dem dir deine Begleitung in regelmäßigen Abständen Fragen stellt, die du auf dich wirken lässt. Du musst nicht sofort Antworten darauf finden, es genügt, dich einfach für die Fragen zu öffnen und abzuwarten, ob Antworten auftauchen oder nicht.

Ihr geht also weiter durch die wunderbare Landschaft und atmet bei jedem Schritt ganz bewusst und tief die frische, klare Luft ein.

Deine Begleitung fragt dich nun: »Was brauchst du jetzt? Was würde dir jetzt guttun und dich unterstützen?«

Ihr geht weiter.

»Versuchst du gerade, jemand zu sein, der du gar nicht bist? Kannst du einen bestimmten Anspruch an dich, der dir nicht guttut, jetzt loslassen?« So lauten die nächsten Fragen.

Und ihr geht weiter.

»Auf welche Weise kannst du jetzt so freundlich wie möglich zu dir sein?«

Ihr geht weiter.

»Was kannst du von den Menschen und der jetzigen Situation lernen? Und gibt es jemanden, der dich jetzt gut unterstützen könnte?«

Ihr geht weiter.

»Grenzt du dich gerade zu viel oder zu wenig ab?«

Ihr geht weiter.

»Gibst du den Dingen den Raum und die Zeit, die sie brauchen, oder versuchst du gerade, etwas zu erzwingen, das sich nicht erzwingen lässt? Ist jetzt vielleicht der richtige Zeitpunkt für eine Pause und etwas Abstand, sodass sich alles erst einmal ordnen kann?«

Ihr geht noch ein paar Schritte weiter, atmet dabei wieder tief ein und aus, bleibt dann stehen und nehmt den Kontakt eures Körpers zum Boden wahr. Du siehst deiner Begleitung einmal direkt in die Augen, bedankst dich bei ihr, und ihr verabschiedet euch voneinander. Nimm wahr, wie es dir jetzt geht, wie sich dein Körper anfühlt und in welcher Stimmung du bist, und dann öffne langsam wieder die Augen und fahre in deinem Tag fort.

Zusammenfassung

- Mantra: Ich gebe meinem Wachstum die Zeit, die es braucht.
- Zentrale Frage: Wie kann ich wachsen und mich weiterentwickeln?
- Für persönliches Wachstum braucht es in erster Linie Vertrauen in den natürlichen Wachstumsprozess des Lebens, dessen Teil du bist, und die Fähigkeit, diesen Prozess nicht künstlich zu bremsen.
- Zugang zu dem, was du für dein Wachstum brauchst beziehungsweise dafür, es nicht zu verhindern, bekommst du am besten über die Signale deines Körpers. Und auf diese kannst du dann gut hören, wenn du deinen Geist regelmäßig zur Ruhe bringst und dich auf das langsamere Tempo deines Körpers einstellst.

- Die »Gestaltwelle« (Vorkontakt, Kontaktanbahnung, Kontaktvollzug und Nachkontakt) beschreibt einen idealtypischen Ablauf von Kontakt und Wachstum. Dieses theoretische Instrument kannst du dafür nutzen, um herauszufinden, an welchen Stellen du vielleicht deinen Wachstumsprozess blockierst und wie du gegebenenfalls gegensteuern kannst.
- Aus dem Performance-Ich heraus sind wir andauernd damit beschäftigt, etwas zu verbessern oder Gefühle zu unterdrücken, aus Angst davor, wir könnten sie nicht aushalten oder wüssten nicht, wie wir das Leben, das wir uns bis heute aufgebaut haben, sonst rechtfertigen sollen. Dadurch bremsen wir unser natürliches Wachstum. Du kannst aber jederzeit aus deinem CARE-Anteil heraus für eine Verbindung von Körper, Geist und Seele sorgen und damit deine Weiterentwicklung aus deinem ganzen Ich heraus unterstützen.

Folgende alltagstaugliche CARE-Strategien hast du beim GROWING kennengelernt, die dich dabei unterstützen, echte Verbundenheit zu spüren:

- Finde heraus, ob du dich selbst im natürlichen Kontakt- und Wachstumsprozess blockierst, indem du dich mit den vier Schritten der Gestaltwelle näher beschäftigst.
- Verlangsame alltägliche Aktivitäten wie Sprechen, Gehen, Kommunizieren, wenn du merkst, dass du dir nicht genügend Zeit für den Nachkontakt nimmst.
- Verbringe Zeit in Stille.
- Mache bewusste Pausen und betrachte sie als Energie-Boost und Kraftspender und nicht als verlorene Zeit.
- Nutze die Kraft von Mantras, um deinen Geist zu zentrieren und mehr Energie für Wachstums- und Regenerationsprozesse zur Verfügung zu haben.
- Praktiziere regelmäßig die »Meditation zur Aktivierung des Ver-

bundenen Ichs« beziehungsweise »Die sechs Schritte kompakt«, wenn du alle sechs Schritte nochmals durchlaufen willst oder um dir im Alltag schnell einmal Unterstützung zu holen.

Wenn du Lust hast, kannst du nun auch nochmals den Performance-Fragebogen (Seite 65) und den LOVING-Fragebogen (Seite 181) ausfüllen, um zu prüfen, ob sich deine Antworten und damit deine Haltung in Bezug auf Verbundenheit und Selbstliebe nach den Übungen bereits verändert haben.

Ich wünsche dir auf deinem Weg von Herzen alles Gute!

Nachwort

Als mein sehr persönliches Fazit dieses Buches möchte ich den folgenden Text mit dir teilen. Ich habe ihn für meine beiden Söhne Nandi und Franz geschrieben. Er drückt aus, was ich meinen Kindern wünsche und allen, die ein erfülltes Leben anstreben.

Verbringt so viel Zeit wie möglich in Liebe.

So viel Zeit wie nötig in Schmerz.

Lacht, weint, singt und schreit.

Laut – und noch lauter!

Freut euch, seid wütend, mutig und ängstlich.

Macht Fehler, enttäuscht, verzweifelt und fangt immer wieder neu an.

Hört nie auf zu vergeben.

Hört nie auf zu bemerken.

Vertraut euch.

Seht, hört, riecht, berührt und schmeckt.

So viel ihr nur könnt!

Macht die Welt zu eurer Welt.

Nehmt alles, was ihr braucht.

Gebt alles, was ihr habt.

Schätzt Gleiches und respektiert das Andere.

Geht hin und geht auch wieder weg.

Haltet ganz fest.

Und dann lasst wieder los.

Lebt, träumt.

Und liebt, liebt, liebt.

Dank

Mein Dank gilt allen, von denen ich in den letzten vierzig Jahren meines Lebens lernen durfte und noch darf.

Doch wenn ich mich frage, wer den größten Einfluss darauf hatte, dass ich mich mit den Themen dieses Buches beschäftige, dann ist meine Antwort ganz klar: mein Vater, meine Mutter und mein Bruder Matthias. Daher möchte ich hier als Erstes euch dreien danken. Wir haben es nicht immer leicht miteinander, oft sogar richtig schwer, doch darauf kommt es der Liebe nicht an. Meine Liebe und Verbundenheit zu euch ist immer da, und ich bin dankbar dafür, dass ich durch euch wachsen und lernen darf.

Dann habe ich das große Glück, von zwei wunderbaren Söhnen und einem großartigen Mann lernen zu dürfen, die ich von Herzen liebe. Danke, Nelson, dass wir gemeinsam Träume wahr werden lassen und du deinen Kindern ein so toller und präsenter Vater bist.

Und Victoria! Wow, haben wir schon viel erlebt und geteilt! Von Sorgen und Glücksmomenten mit unseren Söhnen, Mani- & Pediküre-Dates bis hin zur selben Buchagentin und der Liebe zur Meditation. Ich danke dir für alles und freue mich so sehr auf das, was da noch kommt, weil ich weiß, dass wir uns gegenseitig immer wieder so fantastisch unterstützen werden, egal, ob wir Erfolge feiern oder mit Schwierigkeiten zu kämpfen haben.

Und Ulli! Und Marina! Und Sabine! Und Franka! Und Juliane! Wie schön, dass es euch alle für mich gibt. Seid von Herzen gedrückt.

Danken möchte ich auch diesen wunderbaren Menschen, Kollegen, Lehrern, Orten und Institutionen, die mich der Verbundenheit mit mir selbst stets ein Stück näher gebracht haben, indem sie mich unterstützt, gelehrt, gefordert, mir vertraut und an mich geglaubt haben:

Dr. Hans Bruno, Institut für Gestalttherapie und Gestaltpädagogik IGG Berlin, Roger Trenka-Dalton, Michaela Buckl, Prof. Reinhard Beyer, Dr. Karin Nadig, Azulfit Fuerteventura, Jivamukti und Kundalini Yoga, Inadevi Fürstenau-Burgdorf, Esther und Johannes Narbeshuber und die Community um das Mindful Leadership Institut Salzburg, Hannah Lisa Linsmaier, das Team von www.sinnsucher.de, ganz großen Dank an meine Agentin Katrin Kroll und vor allem einen herzlichen Dank an all meine Klienten und Klientinnen!

Und danke an Berlin. Und an Portugal, meine neue Heimat…

Weiterführende Bücher, Links und Tipps

Literatur

John Bowlby: *Bindung als sichere Basis. Grundlagen und Anwendung der Bindungstheorie.* München 2018[4]

Martin Buber: *Das dialogische Prinzip.* Gütersloh 1999

Paul Gilbert: *Compassion Focused Therapy.* Paderborn 2013

Klaus E. Grossman und Karin Grossmann (Hrsg.): *Bindung und menschliche Entwicklung. John Bowlby, Mary Ainsworth und die Grundlagen der Bindungstheorie.* Stuttgart 2003

Rick Hanson mit Richard Mendius: *Das Gehirn eines Buddha.* Freiburg 2010

Amir Levine und Rachel Heller: *Warum wir uns immer in den Falschen verlieben: Beziehungstypen und ihre Bedeutung für die Partnerschaft.* München 2015

Esther Narbeshuber und Johannes Narbeshuber: *Mindful Leader.* München 2019

Frederick S. Perls, Ralph F. Hefferline und Paul Goodman: *Gestalttherapie: Grundlagen der Lebensfreude und Persönlichkeitsentfaltung.* Stuttgart 2019[7]

Yongey Mingyur Rinpoche: *Buddha und die Wissenschaft vom Glück.* München 2007

Daniel J. Siegel: *Wie wir werden, die wir sind.* Paderborn 2006

Daniel J. Siegel: *Mindsight.* München 2012

Links und Tipps

Wenn du die Themen Verbundenheit, Achtsamkeit und persönliche Weiterentwicklung über dieses Buch hinaus mit meiner Begleitung vertiefen möchtest, empfehle ich dir meinen Online-Kurs zum Buch.

Der Kurs ist dann etwas für dich, wenn dich das Buch dazu motiviert hat, den Wachstums-Kick von Krisen zu nutzen und aus dem Höher-schneller-weiter-Hamsterrad nun mit Mut und Freude tiefer zu gehen und dir ein erfülltes Leben abseits der Performance-Falle zu erschaffen.

Doch du weißt ja, wie das mit guten Vorsätzen so ist: Wenn wir nicht gleich dranbleiben, haben wir all die schönen Ideen, welche Übung wir jetzt am besten täglich machen wollen, nach kurzer Zeit wieder vergessen. Der Online-Kurs soll dich dabei unterstützen, dich nachhaltig aus dem Performance-Korsett zu befreien und das, was du während der Krisenzeit gespürt hast, wirklich zu verändern.

Dir stehen im Online-Kurs alle Übungen und Meditationen (lebenslang!) auch als Audio-Download zur Verfügung. Das macht es sicherlich leichter, ganz in die Meditationen einzutauchen, ohne immer nachlesen zu müssen, und du kannst sie so stets auf deinem Smartphone dabeihaben. Du erhältst darüber hinaus ein Journal mit Coaching-Übungen zum Kurs und praktische Tipps, wie sich der Sechs-Schritte-Plan am besten im Alltag umsetzen lässt, und ich gehe auf mögliche Stolpersteine und häufige Schwierigkeiten ein.

Du findest den Kurs auf www.jasminschott.de oder www.sinnsucher.de.

In meinem Podcast »DEAR THERAPIST« findest du wöchentliche Inspiration zur Stärkung deiner psychischen Gesundheit, und ich würde mich sehr freuen, wenn du über den Podcast regelmäßig mit mir verbunden bleiben möchtest. Du findest die Podcastfolgen auf Apple Music, Spotify, Youtube und auf meiner Webseite www.jasminschott.de

Links

Informationen zu mir, meinem Therapie- und Coachingangebot, meinen Kursen und auch zahlreichen kostenfreien Ressourcen für deine persönliche Weiterentwicklung findest du auf meiner Webseite:
www.jasminschott.de

Achtsamkeits-, MBSR-& MBCL-Kurse, Entspannung und Selbstmanagement in Berlin:
www.karin-nadig.com

Institut für Coaching und Achtsamkeit Berlin, u. a. mit Weiterbildung zertifizierter Trainer für Mindfulness in Organisationen:
www.institut-coaching-achtsamkeit.de

Verbände für Achtsamkeit und Mindfulness in Deutschland, Österreich und der Schweiz:
www.öbam.at/de

Gestalttherapie in Berlin:
www.igg-berlin.de

Sachregister

Sachregister